686

Über das Buch:

Sie ist Journalistin und lebt in Hamburg. Er arbeitet als Fotograf in London. Aber auf Dauer eine Wochenendbeziehung zu führen, kommt für beide nicht in Frage. Deshalb machen sich Susanne Haase und ihr Freund Adler auf die Suche nach einem Ort für sich und den anderen. Ein Jahr reisen sie um die Welt, um genau diesen einen perfekten Platz zu finden. Ein schöner Plan. Und ob es ihnen gelungen ist, erzählt dieses Buch.

Aber gibt es so etwas überhaupt, einen perfekten Platz? Und wenn ja, was macht ihn dazu? Können wir im Paradies leben oder in Phnom Penh, dieser Anti-Stadt zwischen schrecklicher Vergangenheit und kaum hoffnungsvoller Gegenwart?

Susanne Haase träumt nicht vom Auswandern, vom Ausstieg aus der alltäglichen Routine. Sie sucht das Leben und fragt, wie es gelebt wird: dort vor Ort in Singapur, in den Bergen von Laos oder auf einer Rinderfarm im australischen Nirgendwo. Ihre Reise führt von Indien bis zu den Cook Islands. Ganz nebenbei erkundet sie mit Mianmian das Nachtleben Schanghais, erfährt, was Werner Herzog auf der Weihnachtsinsel treibt und lernt die Vorzüge einer traditionellen Thai-Massage kennen. Und dann stellt sich immer wieder die alles entscheidende Frage: Ist das der Platz, den wir suchen?

Die Autorin:

Susanne Haase, Jahrgang 1968, geboren in Hamburg, aufgewachsen in Berlin, Rottach-Egern und Steinhude. Vor ihrer Reise arbeitete sie als fest angestellte Redakteurin. Heute ist sie freie Autorin für verschiedene Magazine, darunter »Mare«, »Allegra«, »Brandeins« und »SZ-Magazin«. »Gibt es den perfekten Platz zum Leben?« ist ihr erstes Buch.

Susanne Haase

Gibt es den perfekten Platz zum Leben?

Eine weltweite Suche

Kiepenheuer & Witsch

Für special agent Cooper

2. Auflage 2003
© 2002 by Verlag Kiepenheuer & Witsch, Köln
Alle Rechte vorbehalten.

Umschlaggestaltung: Barbara Thoben, Köln
Umschlagfoto: Corbis/Craig Tuttle
Gesetzt aus der Minion
Satz: Pinkuin Satz und Datentechnik, Berlin
Druck und Bindearbeiten: Clausen & Bosse, Leck
ISBN 3-462-03108-2

Inhalt

Der Plan

Die Nacht vom elften auf den zwölften Juni 2000 war in London so kalt, dass Heiko, der Mitbewohner des Adlers, am nächsten Morgen gegen zehn Uhr meinte, sein Atem würde draußen immer noch weiße Schlieren in der Luft hinterlassen. Das eigentlich Bemerkenswerte ist weder der Temperatursturz noch die Tatsache, dass ich meinen Freund Adler nenne, sondern dass ich in dieser Nacht zum ersten Mal in meinem Leben geträumt habe, ich könne fliegen. Nicht wirklich gut, eher wie jemand, der gerade schwimmen lernt und sich noch nicht richtig gut über Wasser halten kann. Ich hatte die Tendenz, immer wieder an Höhe zu verlieren und in gefährliche Nähe der Baumwipfel zu gelangen. Glücklicherweise konnte ich zwischen den Ästen hindurchtauchen, wenn ich mich mit aller Kraft darauf konzentrierte.

Gegen Mittag kam ein schwitzender Spediteur, lud zehn Umzugskisten auf seinen Wagen und wir flogen mit fünfzig Kilo Gepäck nach Hamburg. Der letzten Etappe vor der eigentlichen Abfahrt. Noch zweieinhalb Monate, in denen sich Gespräche mit Freunden oder Bekannten in der Regel so gestalteten: »Was, ihr geht auf Weltreise, für ein Jahr, das ist ja unglaublich.« Ja, sagten wir dann, Anfang September geht's los. »Ach so«, lautete die Antwort, »na, das ist ja noch ewig hin.«

Wir bekamen im Laufe der Zeit auch viele nützliche Tipps, die in etwa dem Schema folgten: »Wenn ihr nach Indien kommt, fahrt bloß nicht nach Goa, das ist das blanke Grauen.« Oder: »Ihr müsst unbedingt nach Goa, da gibt es auch richtig schöne Ecken.« Es ist nicht so, dass wir uns nicht über die rege Anteilnahme gefreut hätten. Das Interesse war nur einfach ein zweischneidiges Schwert. Erzählten wir von unseren Ängsten, den Sorgen und Nöten der Vorbereitung, hieß es, uns fehle der nötige Enthusiasmus. Während abgeklärte Zurückhaltung schnell als Überheblichkeit gewertet wurde.

Außerdem hatte ich ein schlechtes Gewissen. Ich fand, dass es eigentlich keinen überzeugenden Grund gab, warum mir eine Tür offen steht, die anderen verschlossen bleibt. Und begann, mir in solchen Momenten mantramäßig zu sagen, dass diese Tür sich nur geöffnet hat, weil ich viel Mut zusammengekratzt habe.

Anfangs klang alles so einfach, klar und sinnvoll. Ich lebte in Hamburg, in wunderbarer Festangestelltheit bei einer Frauenzeitschrift, mein Freund in nervenaufreibender Selbständigkeit jenseits des Ärmelkanals. Dauerhafte Hin- und Herpendelei erschien uns indiskutabel. Hamburg war Westentasche, das Londoner Preis-Leistungs-Verhältnis jedoch auch nicht gerade der Gipfel der Sehnsucht. Und überhaupt: Als Journalistin und Fotograf müsste sich schließlich von überall aus arbeiten lassen. Wäre doch dumm, dieses, durch die virtuelle Vernetzung der Welt entstandene Privileg, ungenutzt zu lassen. Zumal sich dabei ja noch der perfekte Platz zum Leben finden ließe.

Er würde uns von ganz allein über den Weg laufen, der Ort, der ein ausgewogenes Verhältnis von Kosten, Nutzen und vor allem Wohlfühlen bietet und den geeigneten Rahmen für das bildet, was man sich vom Leben erhofft. Soweit unser Plan.

Aber wie das so ist mit Gedanken, die sich wie Mosaiksteinchen verschieben lassen, bis sie ein verlockendes Bild ergeben. Gemessen werden sie dann letztlich an der Wirklichkeit.

Zunächst bestand die Realität für mich aus unerfreulichen Korrespondenzen mit Ämtern und Krankenkassen, aus Visaanträgen und Besuchen bei Ärzten, zwecks letztmaliger Zahnuntersuchungen oder dem Verabreichen von Hepatitis-, Diphterie-, Tollwut- und Weiß-der-Henker-was-sonst-noch-für-Viren. Von den Fallstricken des Internets und den Abgründen von Computersystemen, mit denen sich der Adler freundlicherweise herumschlug, mal ganz zu schweigen.

Hintergründig musste ich mich von meinem bisherigen Dasein verabschieden, von den Menschen, die mir ans Herz gewachsen waren, von meiner wunderschönen Wohnung, von lieb gewonnen Gewohnheiten und bevorzugt aufgesuchten Caféhäusern und Bartresen.

Ich fing auf einmal an, mein Leben mit Lupenaugen zu betrachten. Ich wollte wissen, was mir fehlen würde, wollte mir über das klar werden, was wirklich wichtig ist, nach welchen Mustern ich funktioniere. Mir fiel dabei auch auf, dass ich für gewisse Situationen ganz bestimmte Rituale entwickelt hatte: Nach einem zermürbenden Tag gibt es das genau auf meine Person zugeschnittene Aufbauprogramm, in eine heiße Badewanne zu steigen und danach mit einem Kübel Nudeln auf dem Sofa zu campieren und apathisch auf den Fernseher zu starren. Genauso, wie ich in euphorischer Stimmung gerne Plätze aufsuche, von denen ich weiß, dass sich dort Freunde versammeln und ich mich noch nicht mal verabreden muss, um jemanden zu treffen. Das ist eine Form von Freiheit, die nicht errungen werden kann, sondern sich von ganz allein einstellt. Aber was bedeutet, unabhängig und nur von den eigenen Bedürfnissen gelenkt durch die Welt zu reisen, gegen *diese* Freiheit, die einfach zu dir kommt?

Und was werde ich in Bombay machen, wenn mir Lärm, Hektik und Elend das Seelenkostüm zerfleddern? Oder wenn mich in der australischen Wüste plötzlich der starke Wunsch nach ausschweifenden Feierlichkeiten überkommt?

In einem Jahr wird jedenfalls nichts mehr so sein, wie es war. Hoffe ich. Und befürchte ich.

Jetzt steht der endgültige und alles entscheidende Abflug unmittelbar bevor. Zwei kleine Rucksäcke (für das jeweilige technische Equipment) und zwei Reisetaschen (mit Minimalausstattung) sind gepackt. Das Telefon wird in wenigen Stunden abgestellt. Der Adler hat mir für alle Fälle eine Trillerpfeife geschenkt und ein Freund ein Herz aus Rosenquarz, das ich so oft wie möglich in den Schein des Mondes legen soll, damit es mich immer schön beschützen kann.

Vergangene Nacht hatte ich wieder einen Traum. Wir saßen ganz oben auf der Spitze eines Berges. Die Sonne schien und direkt vor unseren Augen zog eine lange Reihe weißer Wölkchen in Schafsformat vorbei. Wir legten immer abwechselnd ein Foto und einen Brief auf die weichen Wolkenrücken. Wir wussten, dass dieses himmlische Fließband den Vertrieb reibungslos organisieren würde. Alles war ganz leicht. Und wir waren glücklich.

Verwackelte Bilder
Indien, September–Oktober 2000

Mit zwei Stunden Schlaf im Nacken shoppen gehen zu wollen, war vielleicht nicht unbedingt die beste Idee meines Lebens. Aber ich fühlte mich schutzlos. Als hätte ich endlos in heißem Wasser gelegen und mir dabei die Haut so stark aufgeweicht, dass sie keine brauchbare Grenze mehr ist, mich der Umwelt ohnmächtig ausliefert. Und in meinem Kopf flitzten poröse Gedanken umher wie eine Herde hysterischer Schafe.

Als ich aufwachte, stand der Adler auf dem Balkon des Hotels und schrie dem schwarzen Krähenvolk, das einen heftigen Monsunguss nutzte, um die allgegenwärtige Staubschicht abzuwaschen, enthusiastisch entgegen: »Ich liebe Indien.« Ich hatte mich demonstrativ Richtung Wand gedreht. War er einfach nur naiv oder seit unserer Landung in Bombay verrückt geworden? Der Adler sollte doch mein Verbündeter sein. Wie kann er sich hier bloß wohl fühlen?

Ich lag auf dem rechten Ohr und blickte auf die undefinierbare Fleckenlandschaft des frisch gewaschenen Lakens. Passt nicht zusammen, dachte ich. Schmutzig und sauber zugleich.

Wo waren wir nur hineingeraten? Und warum? Bisher hatten wir immer einen Bogen um Indien gemacht. Erst als wir die Route für das Perfekte-Platz-Unternehmen ausarbeiteten, wurden wir wieder damit konfrontiert. Mehr als eine Milliarde Menschen. Ein Subkontinent. Englischsprachig. Softwarewunderland. Kinder statt Inder. Chicken

13

Tikka Marsala. Bindi und Bollywood. Yoga und Ayurveda. Konnte man das wirklich links liegen lassen? Nein.

»In Indien findest du zu deinem wahren Ich«, hieß es, bevor wir losfuhren. Und: »Da fliegt der Dreck durch die Luft.« Alles Informationen aus zweiter Hand, die vor der Abreise tausendmal im Kopf hin und her gewendet und doch erst nach der Ankunft zum Leben erweckt werden: wenn man mitten in der Nacht mit einem Taxi vom Flughafen aus Richtung Colaba fährt, einem Viertel direkt hinter dem berühmten Taj Mahal Hotel am Gateway of India. Die Taxis sind klein und schwarz und bedecken den Asphalt wie Fliegenschwärme.

Eine Stunde waren wir unterwegs. Die Fahrt führte vorbei an Wellblech- und Plastiktütenbehausungen, an Menschen, die auf löchrigen Bürgersteigen, in Gebäudeeingängen oder mit baumelnden Beinen auf vermoderten Stromkästen schliefen. Direkt hinter einem Kreisel, auf dem unser Fahrer unter lautem Hupen ein halsbrecherisches Überholmanöver einleitete, stießen wir um Haaresbreite in eine Gruppe heiliger Kühe. Sie standen wiederkäuend in bauchtiefem Müll. Einer Kuh hing ein Teil einer hellblauen Plastiktüte aus dem Maul. Der nachlassende Fahrtwind machte Platz für einen Gestank, der meine persönliche Ekelskala im dreifach negativen Sinne erweitert hat und den Magen auf Murmelgröße reduzierte.

Es klopfte. Das Badezimmer ist auf dem Gang, und als ich mir vor dem Einschlafen die Zähne putzte, hatte ich ihn schon gesehen. Den indischen Mann in einem sackbraunen Gewand, der zusammengerollt vor unserer Tür auf einer dünnen Bastmatte schlief. Wie ein Wachhund. Dabei sah er ganz zerbrechlich aus.

»Koppie or Ti?«, rief er durch die schwere Mahagonitür. Wir bestellten Kaffee, bekamen dazu handgerösteten Toast mit Orangenmarmelade auf einem Silbertablett serviert, tauften den freundlichen Herrn »Mr. Koppie« und ich begann, mich etwas zu entspannen.

Meine erste Nach-Deutschland-Psycho-Diagnose lautete: »O Gott, wir haben es wirklich getan und was nun?«-Panik.

Draußen, auf der von Mango- und Mimosenbäumen gesäumten Straße wurde ich unverhohlen angestarrt, Kinder sprangen auf mich zu und fassten mich an, ein zwergenhafter Mönch wickelte mir in Windeseile einen roten Faden ums Handgelenk und murmelte: »Fortune, Fortune.« Wir gaben ihm ein paar Rupien, die Kinder ließen sich mit einer Dose Cola abschütteln. Doch die vielen schwarzen Augen blieben an uns kleben.

Das war der Moment, in dem ich beschloss, einkaufen zu gehen und mir so schnell wie möglich ein indisches Gewand zuzulegen. In der Hoffnung, dann etwas weniger aufzufallen.

Verkehrte Welt. Normalerweise gibt man sich viel Mühe, um angesehen zu werden. Um von der Umwelt als das wahrgenommen zu werden, was man gerne darstellen möchte. Hier marschiere ich durch unzählige Läden, um eine möglichst dezente Tunika zu finden und mich dahinter verstecken zu können. Schließlich erstehe ich für umgerechnet acht Mark (zwanzig Rupien sind ungefähr eine Mark) ein handgewebtes Modell aus hellblauer Baumwolle. Im Hotelzimmer probiere ich es an. Ich sehe darin aus wie ein Patient auf der Intensivstation. Aber das ist gut so.

Ich hatte das pragmatische Kleidungsstück in einem Kaufhaus erstanden. Oder in etwas, das hier als Kaufhaus gilt. Im Schaufenster waren einige verstaubte Gegen-

15

stände verteilt. Ali-Baba-Sandalen mit roten Bommeln und Teppiche und Elefanten aus Holz. Darüber ein vergilbtes Bild von Mahatma Gandhi mit einer Inschrift: »Dient dem Kunden, denn der Kunde dient Indien.« Im Halbdunkel des Inneren standen schlafende Angestellte, jeweils zwei hinter einem Tresen. Der Adler stöberte lustlos in der schier unerschöpflichen Palmölabteilung.

Als ich fündig wurde, nahm mir eine der Verkäuferinnen den Bügel ab, füllte einen Zettel aus, drückte ihn mir in die Hand und deutete auf einen Maschendrahtverschlag in der Ecke hinten rechts. »Cashier« las ich auf dem Schild. Nach dem Bezahlen bekam ich einen Stempel auf den Zettel und wurde in die gegenüberliegende Ecke zur Warenausgabe geschickt.

Dort gab es einen Menschen, der mir den Zettel abnahm. Einen, der die darauf angegebenen Details in ein schwarzes Buch übertrug. Einen, der den Zettel an einen anderen weiterreichte, der meine Ware in rosafarbenes Papier einschlug und einen Faden drum herum schlang. Und dann noch einen, der mir das Paket würdevoll entgegen hielt.

Es heißt, dass die aufgeblasene Bürokratie ein Relikt aus der englischen Kolonialzeit ist. Auf dem Weg zurück zum Hotel dachte ich darüber nach, dass vermutlich alle Menschen, die ihre Heimat verlassen, von dem Wunsch beseelt sind, möglichst viel von dem, was ihnen am Herzen liegt, an die neue Wirkungsstätte zu verfrachten. Sie wollen ihre Wurzeln verpflanzen und erkennen erst daran, dass diese nicht anwachsen, wie fremd es in der Ferne wirklich ist.

So ähnlich dürfte es den Engländern in Indien gegangen sein, als sie am 22. November 1927 den Candy Breach Club in Bombay eröffneten. Einen schicken Club

16

wollten sie sich da hinsetzen. Finanziert aus Mitteln des Bombay Steamer Fund. Und dann ist ihnen der ganze Beton schwarz angelaufen. Wie ein Silberlöffel, der versehentlich in ein weiches Frühstücksei gestippt wurde.

»For the European Public« steht heute noch auf dem Marmorschild am Eingang. Hier verbringen Deutsche, Engländer, Amerikaner und Japaner ihr Wochenende. Flugkapitäne, Stewardessen, Sekretärinnen und Geschäftsführer ausländischer Firmen mit familiärem Anhang treffen sich an diesem Ort aus längst vergangenen Zeiten. Ein Amerikaner sitzt auf den niedrigen Stufen des Pools, der die Form Indiens hat, ungefähr auf der Höhe von Srinagar, der Hauptstadt des Bundesstaates Kaschmir. Das Wasser geht ihm bis zum Bauch, und er liest »Omerta« von Mario Puzo. Zwei junge Engländerinnen liegen mitten in der Sonne. Sie sind bereits granatapfelfarben, aber das scheint ihnen nichts auszumachen. Alle fünf Minuten schwebt eine Maschine der Air India über die Hochhäuser, an denen das Nobelviertel Malabar Hill schon von weitem zu erkennen ist. Und das Meer, das hier an eine schmutzige Suppe erinnert, schwappt in hohen Wellen auf die schwarzen Steine am Ufer.

Der indische Oberkellner steht hinter der Theke des Clubhauses, er hat schwarz gefärbte Haare, darunter einen fünf Zentimeter breiten grauen Ansatz. Seine untergebenen Landsmänner laufen so schnell wie die Schweißperlen auf ihrer Stirn zwischen den Liegestühlen hindurch und servieren gekühlte Getränke.

Auch ich bin im Candy Breach Club auf der Suche nach etwas, das mich zumindest entfernt an Zuhause erinnert. Ich will mir in Ruhe die Blicke, die sich an mich geheftet haben, von der Seele pflücken. Will vergessen, dass sich Millionen von Menschen hier nachts die mondlandschaftartigen Bürgersteige zum Schlafen mit mindestens ebenso vielen Ratten teilen.

Der Taxifahrer wusste sofort, wo wir hinwollten. »Swimmingpool?«, fragte er. »Ja, genau«, sagten wir. Er setzte uns direkt vor dem Members-Only-Tor ab. Es scheint nicht viele Schwimmbäder in Bombay zu geben. Und offensichtlich nach wie vor nicht viele Inder, die Mitglied im Candy Breach Club sind.

Später gehen wir in ein Restaurant: The Pizzeria. Auf dem Namensschild unseres Kellners steht »Lenin«. Er begrüßt uns mit »Lufthansa« und erklärt, das sei das einzige deutsche Wort, das er kenne. Er kann gerade noch ein Golden-Peacock-Bier für uns aus dem Eisschrank holen, dann fällt der Strom aus.

Im Laufe der Tage fällt mir auf, dass ich nur von Männern umgeben bin. In den Restaurants, den Cafés, den Läden, auf der Straße, alles ist voller Männer. Einheimische Frauen sind höchstens mal in gebückter Haltung unterwegs, eine Toreinfahrt oder den Rinnstein fegend. Die Augen auf den Boden gerichtet. Der Adler kann mein Unbehagen nicht verstehen: »Ich weiß gar nicht, was du hast«, sagt er. Unglücklicherweise kann ich nicht richtig erklären, was ich meine. Denn es wäre falsch, die Männer hier als Machos zu bezeichnen. Ihnen fehlt dieses typisch südländische Gockeltum. Als müssten sie ihre Frauen nicht einmal mehr beeindrucken oder für sich gewinnen. Sie werden mehr als eine Selbstverständlichkeit, ein Gebrauchsgegenstand behandelt. Durchsichtig und ausreichend vorhanden, nicht der Rede wert.

Ich fange gerade an, mich auch unpassend zu finden, wie eine Birne in einem Meer von Äpfeln, als ich durch Zufall herausfinde, wo sich die ganzen Frauen herumtreiben: Im Beautysalon »Trendy« herrscht Haremsatmosphäre, oder das, was ich mir darunter vorstelle. Eigentlich wollte ich nur Nagellackentferner kaufen, als ich feststellte, dass die Pediküre dort genauso viel kostet wie eine Flasche von dem Zeug in einer deutschen Drogerie.

Zwei indische Matronen stehen mitten im Raum in geblümten Frotteezelten, die an das erinnern, was ich in meiner Kindheit unter Badesee-Umkleidekabinen abgespeichert hatte. Auf ihren ausgestreckten Armen liegen dampfende Handtücher. Um sie herum knien jeweils drei junge Mädchen in dunkelroten Kitteln mit grünen Schürzen und streichen dickflüssiges Heißwachs auf die freiliegenden Körperteile. Dann legen sie dünne Plastikfolienstreifen darauf, reiben sie fest und reißen sie mit einem kräftigen Ruck wieder herunter. So wird jedes schwarze Haar ausgerupft.

Für das Gesicht (die Inderinnen neigen zu Damenbärten und Augenbrauenwildwuchs) gibt es eine spezielle Technik mit einem weißen Bindfaden. Der wird auf der einen Seite mit den Zähnen festgehalten und auf der anderen mit Daumen und Zeigefinger. Dazwischen bildet sich eine Schlaufe, die unter kräftigem Hin- und Hergezurre mit der Präzision eines Rasenmähers zu Werke geht.

Ich staune über die Möglichkeiten des Vor-Silk-Epil-Zeitalters, und Lilly und Lucy, die beiden Inderinnen, die mit mir betraut sind, bewundern meine feinen blonden Haare. Fragen mich, ob ich verheiratet bin und können sich nicht vorstellen, dass ich wirklich noch keine Kinder habe.

Sie sind vielleicht 15 oder 16 Jahre alt und denken nur ans Heiraten. Warum das so wichtig ist, frage ich sie. Die Antwort ist ein verständnisloser Gesichtsausdruck, dann ein Kichern.

In Indien werden nach wie vor mehr als neunzig Prozent aller Ehen von der Familie arrangiert. Sie wählt den passenden Partner unter Berücksichtigung der Kaste, des finanziellen Hintergrunds, der sozialen Stellung und (absolute Priorität) der astrologischen Konstellation aus.

Ich stellte mir das zunächst wie den ersten Besuch in einem neuen Restaurant vor: Man weiß zwar in etwa, welche Zutaten ein Teller Spagetti all' Arrabiata enthält, aber ob das, was dann serviert wird, wirklich mundet, steht auf einem ganz anderen Blatt.

Wie viel komplexer die Angelegenheit tatsächlich ist, wird mir erst Wochen später klar, als Jaswant Sing, 25, gut aussehend (wenn man Omar Sharif für gut aussehend hält), studiert und in einträglicher Position als Manager im Mandir Palace Hotel in Jaisalmer tätig, die Situation aus seiner Sicht schildert.

Jaswant Sing hat es auf uns abgesehen. Sobald wir in seine Nähe kommen, streicht er wie eine hungrige Katze um uns herum, auf ein Stichwort harrend, das ihm die Möglichkeit gibt, ins Gespräch zu grätschen. Ich beschwere mich beim Adler wiederholt über seine Aufdringlichkeit. Das sei ein schleimiger Schleicher, sage ich, und nenne Jaswant Singh nur noch »Just-one-thing«.

Erst würde ich mich ärgern, dass ich nur als potenzieller Kunde angesprochen werde, sagt der Adler. Jetzt wolle sich endlich jemand ernsthaft mit uns unterhalten und das sei auch wieder nicht recht. Und überhaupt: Seit wir in Indien angekommen seien, hätte ich an allem etwas auszusetzen. Unerträglich.

Nach der ersten Schrecksekunde muss ich mir eingestehen, dass all die schlauen Dinge, die ich mir vor der Abreise vorgenommen hatte, im Off verschwunden sind.

Von wegen Selbstreflexion, Weiterbildung, emotionale Transparenz. Sicher, manchmal gibt es lichte Momente, aber sie sind flüchtig. Stattdessen habe ich mich in eine sprechende Klagemauer verwandelt, in ein wandelndes Misstrauensvotum. Dieses Land zieht mich an und stößt mich ab. Wir verstehen uns nicht. Das macht mir Angst, und, um von allen Seiten vermutete Angriffe abzuwehren, rassle ich vorsichtshalber mit Rüstung und Säbel.

Ich nehme mir vor, offener zu werden und frage Jaswant, ob er eine Frau habe. Er würde gern so schnell wie möglich heiraten, sagt er, aber erst müsse sein älterer Bruder unter die Haube, vorher sei daran nicht zu denken. Also wird ihm frühestens in zwei Jahren das Foto einer potenziellen Gemahlin präsentiert. Sollte ihm das Bild gefallen, sei dies der Auftakt zu langwierigen Verlobungsvorbereitungen, die sich bis zu einem Jahr hinziehen können.

Anlässlich der Verlobung bekäme er seine Zukünftige zum ersten und einzigen Mal vor der Hochzeit zu Gesicht. Miteinander sprechen oder gar anfassen dürften sie sich selbstverständlich nicht. Aber danach könnten sie sich schreiben. Das heißt, sich brieflich nach dem Befinden der werten Eltern oder der Geschwister erkundigen, da die Korrespondenz den Argusaugen aller Beteiligten ausgesetzt werde. Erst nach der Hochzeit hätten die Brautleute die Möglichkeit, sich zu treffen, wie Jaswant es ausdrückt. Sollte das Paar allerdings, wie in seinem Fall, in einer »conducted family« leben, also unter dem Dach der Familie des Mannes, würden die Eltern auch Häufigkeit und Umstände dieser so genannten Treffen steuern.

Er sieht uns dabei verschwörerisch an und meint noch, dass die Anziehungskraft so bis ins hohe Alter erhalten bliebe.

Um Himmels willen, denke ich, deshalb ist es den Indern so wichtig, schnell zu heiraten. Es geht um Sex und nicht um Liebe. Aber wer weiß, vielleicht liebt man ja den einzigen Menschen, mit dem man in seinem Leben Sex hat, gerade weil er einem die Möglichkeit zu körperlicher Nähe gibt. Ich bin nicht mal sicher, ob das so verkehrt ist. Zumal die Leichtigkeit mit der unsereins von einer Herzensangelegenheit zur nächsten hüpft, auch nicht zu wirklich überzeugenden Resultaten führt.

Als wir Bombay verlassen wollen, stehen wir vor einem großen Wohin? Indien ist zu groß, um es en détail zu untersuchen. Wir müssen uns auf die verheißungsvollsten Ecken beschränken. Sonst würden wir auf der Suche nach dem perfekten Platz zu viel Zeit verplempern.

Also konsultieren wir den Lonely Planet. Den König der Reiseführer, wenn man so will. Ich vermute mal, dass Tony Wheeler, der australische Herausgeber, der meistgeliebte und meistgehasste Mann Indiens sein dürfte. Wahrscheinlich legt jeder Restaurantbesitzer oder Hotelier, der in seinem Zwei-Kilo-Klotz über dieses Land Erwähnung findet, morgens und abends ein kleines Opfer in den Schrein des Wohlstandsgottes Shiva, auf dass die Lonely-Planet-Redaktion ihm wohlgesonnen bleiben möge. Die anderen, die Nobodys sozusagen, dürften Tony Wheeler die Gottheit Kali an den Hals wünschen. Eine gruselige Figur mit einem Krummsäbel in der einen und einem abgeschlagenen Kopf in der anderen Hand. Sie ist für die Zerstörung zuständig und verlangt nach regelmäßigen Blutopfern.

Die Aufregung ist berechtigt. Jeder, der hier ein ausländisches Gesicht durch die Gegend trägt, hat entweder einen Aktenkoffer oder besagtes Buch unterm Arm. Das klassische Gespräch unter Rucksackreisenden beginnt mit der Klärung der Nationalität, um über Reisedauer und Route bei einer Einschätzung der aktuellen Übernachtungslage zu enden. Gedächtnislücken können aufgrund des gemeinsamen Hintergrunds spielend überbrückt werden: Ach, den Namen weiß ich nicht mehr, aber es ist die Nummer 18 im Lonely Planet.

Für den Fall, dass der Name doch einprägsam ist, haben die Inder natürlich vorgesorgt (neben einem im Lonely Planet gepriesenen Hotel »Sweet Dream« gibt es dementsprechend ein »Wonderful Dream« oder ein »Best Dream«). Und manch einer aus der verbitterten Fraktion verfasst zähneknirschend Flugblätter folgenden Inhalts (die dann in vom Lonely Planet beschriebenen Lokalitäten ausliegen): »Nein, wir sind nicht in DER BIBEL erwähnt, aber bei uns ist es auch nicht schlecht.«

Es ist gut, dass diese vorgefertigten Pfade existieren. Die meisten Touristen, uns eingeschlossen, wären ohne die Lonely-Planet-Informationen nur schwerlich in der Lage, Indien anders als im Schoße einer Reisegruppe zu erleben.

Sie würden am Bahnhof in einer endlosen Schlange vor dem falschen Schalter verrotten oder am verkehrten Gleis in einen Zug in die entgegengesetzte Richtung steigen. Und das alles nur, weil niemand wissen kann, dass es irgendwo einen speziellen Fahrkartenservice für Kriegsversehrte, Fremdenlegionäre und sonstwie Behinderte gibt, an dem sie sich auch anstellen dürfen. Und dass an diesem Schalter jemand sitzt, der einige Brocken Englisch spricht.

Die Kehrseite der Medaille ist die Ausschließlichkeit. Indien wird zu 99 Prozent Lonely-Planet-gemäß erfahren. Das ist wie in Helmut Dietls »Kir Royal«: Wer in der Society-Kolumne des Klatschreporters Baby Schimmerlos auftaucht, ist drin. Aus. Schluss. Punkt. Und die anderen müssen leider draußen bleiben.

Wenn wir uns beispielsweise auf dieses Diktat verlassen hätten, wären wir nie im Mandir Palace gelandet (auf der LP-Skala unter Das-Geld-nicht-wert). Wir hätten nie beobachtet, wie der Maharadscha, der zwölf Zimmer seiner 1001-Nacht-Pracht vermietet, anlässlich eines Festes zur Besänftigung der Gottheit Kali (siehe oben) einen Ziegenbock schlachten ließ.

Direkt vor unserem Fenster hielten ihn zwei prachtvoll gewandete Männer mit an den Hörnern befestigten Seilen in Schach, und ein dritter konzentrierte sich auf den Hieb mit dem Krummsäbel, der seinen Kopf mit einem sanften »Pfft« abtrennte. Später ging der Fürst mit seinem kleinen Sohn an unserem Zimmer vorbei und legte den Schädel auf den Altar seines hauseigenen Tempels eine Etage höher. Er ist das ganze Jahr über verschlossen und wird nur zu diesem Anlass geöffnet. Ich bin Vegetarierin und ich liebe Tiere. Aber dieses Erlebnis will ich trotzdem nicht missen und werde es wohl auch nie vergessen.

Wir haben uns in Bombay somit entschieden, dass unser Weg zunächst in den Wüstenstaat Rajasthan führen soll. Da könne man auf Dachterrassen sitzen und in den Sternenhimmel sehen, sagte der Adler, und auf Kamelen über Dünen schaukeln. Wie im Märchen.

22 Stunden brauchte der Zug für die rund tausend Kilometer in die Hauptstadt Jaipur. Als wir ankamen, hatte der Adler vierzig Grad Fieber. Entweder die Nachwehen der Nacht in einem auf Nordpolklima heruntergekühlten Abteil oder die Auswirkungen des freundlichen Angebots eines Army-Colonels, der uns auf einem Teil der Strecke gegenübersaß. Er las »Outlook«, die indische »Spie-

gel«-Variante, trug eine Baseball-Kappe mit NY-Yankees-Aufschrift und erkundigte sich, wie wir den Sierra-Leone-Konflikt einschätzen.

Seine Frau hatte ihm etwas zu essen eingepackt. In einer flachen, mit roter Folie beklebten Pappschachtel befand sich Chapati und Lamm in dicker brauner Soße. Und es gab kleine karoförmige Süßigkeiten mit silberner Oberfläche, eine Art indischer Türkischer Honig, aus Kuhmilch und Nüssen, dessen glänzende Glasur auch zum Mitessen war. Der Adler probierte alles, ich nur den Nachtisch. Dafür bekam er dann drei Tage gekochten Reis, Wadenwickel, sechs Paracetamol 500 und diverse Tüten Elektrolyt-Lösung aus der Reiseapotheke.

Ich konnte »Mr. Nice«, die unterhaltsame Autobiografie des britischen Drogendealers Howard Marks, in Ruhe zu Ende lesen, mir überlegen, wie viele verschiedene Identitäten ich wohl bewältigen könnte (Marks hatte zeitweise knapp fünfzig) und mich davon überzeugen, dass alle weiblichen Indien-Reisenden von diesem merkwürdigen Anpassungswahn befallen sind. Jeden Morgen kamen sie aus den Zimmern in den Garten, in ihre neu erstandenen Kurtas (von mir als Tunika abgehandelt) und Saris gehüllt.

Die Amerikanerin Sarah, 23, aus Nummer fünf könnte sogar als waschechte Inderin durchgehen. Bindi zwischen den Augen, glatt zurückgekämmtes Haar mit Zopf und einem Schleier obendrauf. Ich sehe sie an einem einzigen Tag in drei verschiedenen Saris. Nicht irgendwelche Alltagssaris, sondern eher die Hochzeitsversion. Dafür trägt Mike, ihr Freund, immer noch seine Sneakers, die karierten Shorts und das olivfarbene Stüssy-T-Shirt. Sie essen zum Frühstück Toast mit Rührei und sprechen nie ein Wort, als gäbe es eine geheime Macht, die ihnen die Finger abhackt, wenn sie von ihren Büchern aufblicken. Vielleicht hat er aber auch einfach nur Angst, dieser Fremden in die Augen zu sehen. Und sie, seinem Unverständnis zu begegnen.

Ich selbst war jedoch bester Dinge. Ich hatte den Eindruck, ganz Jaipur sei so idyllisch wie diese streifenhörnchen- und wellensittichbevölkerte Wiese hinter den dicken Mauern des Hotel Madhuban. Und die vierzig Grad im Schatten waren auch zu ertragen, wenn man einen Ventilator zur Hand hatte.

Was für ein Irrtum. Zusammengefasst ist diese Zwei-Millionen-Stadt, deren Fläche sich ungefähr mit der meines Heimatörtchens Steinhude am Meer (5000 Einwohner) decken dürfte, eine als menschliche Siedlung verkleidete Mad-Max-Kulisse. Weder entsprechen die Häuser in der Altstadt unseren Vorstellungen – Dach, vier Wände, Fenster, Tür –, noch wohnen in ihnen nur Menschen. Sicher, in einigen wohnen Menschen, in anderen aber auch Wasserbüffel oder ganze Kuhherden.

Aber die Kühe stehen oder liegen sowieso überall herum. Und die Kuhfladen auch. Am Rande der komplett überladenen Hauptverkehrsader (man stelle sich hier bitte alle irgendwie mobilen Berliner samt Haustierbestand »Unter den Linden« vor und entferne sämtliche Verkehrszeichen) gibt es tiefe Gräben, durch die eine dunkle, stinkende Suppe fließt. Dahinter sitzen Menschen vor ihren winzigen Läden, ihren Kochtöpfen oder einfach nur so. Ein altes Männchen hat zwölf Tomaten auf ein Stück Stoff drapiert, immer drei untenrum und eine obendrauf.

Ein nackter Priester, die hier Sadhus heißen, geht vorüber. Er hat eine orangefarbene Blumenkette um den Hals und einen Blecheimer in der Hand.

Der Adler lässt sich für fünfzig Pfennig rasieren. Der Friseursalon besteht aus einem Stuhl und einem Spiegel, der an einem Haken an einem Baum hängt. Die drei Angestellten wollen ihm unbedingt die Haare schneiden. Er mag sie so, wie sie sind, sagt er. Dann aber kämmen, antworten sie. Will er auch nicht. Sie schütteln den Kopf und starren auf meine dunkelrot lackierten Fußnägel und die Uhr am rechten Handgelenk, eine Casio Illuminator.

Wir lernen an diesem Tag drei Inder kennen. Hussain, 27, ist der Sohn eines Schmuckfabrikanten. Er sei schon oft in Deutschland gewesen, erzählt er uns, und dass er eine deutsche Freundin habe. Sie wohne in Frankfurt am Main gleich neben Kaufhof. Er würde sie im Herbst ein letztes Mal besuchen, um sich von ihr zu verabschieden. Seine Eltern hätten im Frühjahr eine Hochzeit für ihn arrangiert. Zum Abschied lädt er uns für den nächsten Tag zum Tee ein.

Deepak, 17, spricht den Adler an, er sehe aus wie ein Künstler. Nach der üblichen »Which country?«- und »First time in India?«-Nummer erzählt er uns, dass er ein Schmuckdesigner sei. Er will unbedingt, dass wir ihn in seiner Werkstatt besuchen kommen. »Vielleicht«, sagen wir zum Abschied. »Okay, promised«, sagt er.

Und dann ist da noch Dinesh, 19. Er fährt ein Rikscha genanntes Moped mit überdachter Rückbank. Wie wir den Tag verbracht hätten, fragt er, nachdem wir eingestiegen sind. Wir berichten von unseren Bekanntschaften, und er sagt, wir sollten uns auf keinen Fall mit ihnen treffen. Sie hätten nur Profit im Kopf. Wie alle Inder. Er würde uns ja auch nicht einfach so durch die Gegend kutschieren, ohne etwas davon zu haben. Klingt einleuchtend und ehrlich. Wir sagen zu, als er anbietet, uns für sieben Mark am nächsten Tag einige Sehenswürdigkeiten zu zeigen. Immerhin wissen wir bei ihm, woran wir sind.

Es schien mir unmöglich, dass wir auf diese Weise jemanden kennen lernen würden. So wie man sich zu Hause kennen lernt und anfreundet. Weil man jemanden mag oder lustig oder interessant findet. Oder weil man zehn Bier miteinander getrunken hat. Dabei braucht man Menschen, um an einem Platz festzuwachsen. Inder hätten dafür keine Zeit, sagt Dinesh. Die freie Zeit gehört der Familie. Aber wenn wir wollen, könnte er uns einige interessante Leute vorstellen.

Wer hätte das gedacht. Seine interessanten Menschen haben auch eine Schmuckfabrik. Wir werden Raj, 25, vorgestellt, eine Art Subdirektor von »Monetary Gems« (Wertvolle Edelsteine). Er spricht ausgezeichnet Englisch und führt uns herum. 250 Leute arbeiten hier, fertigen Ringe, Armbänder und Colliers für Cartier, Tiffany und alle anderen internationalen Firmen. Sagt er. »Da kommen später nur noch die Stempel drauf und dann ist jedes Stück gleich zehnmal so viel wert.« Im obersten Stockwerk ist es brütend heiß und so dunkel, dass ich die vielen kleinen Jungs, die auf dem Fußboden sitzen und an Metallteilen und glänzenden Steinen herumschaben, erst auf den zweiten Blick erkenne.

»Die kommen aus dem ganzen Land«, erzählt Raj. »Alle aus sehr armen Familien.« Die Eltern seien froh, dass sie Geld verdienen und etwas lernen. Hier würden sie in vier Jahren zum Schmuckdesigner ausgebildet. Für siebzig Rupien am Tag und etwas zu essen. »Arbeit ist so billig in Indien«, sagt er noch. Das sei das Kapital dieses Landes.

Und dann, als hätte er eine Antenne für meine Skepsis, erzählt er seine eigene Geschichte. Er war auch so ein Junge ohne Zukunft. Mit zwölf Jahren stand er am Strand von Goa und verkaufte Räucherstäbchen. Sein Vater starb, als er sieben war, und als das Älteste von acht Kindern hatte er nicht viel vom Leben zu erwarten. Dann kam sein heutiger Boss vorbei, unterhielt sich mit ihm und fand, dass er ein intelligenter Junge sei. Immerhin sprach er drei Sprachen. Und dass, ohne je eine Schule besucht zu haben. Ich nehme dich mit nach Jaipur, sagte er. Seine Mutter weinte, aber einverstanden war sie trotzdem. »Das erste Jahr war schrecklich«, fährt Raj fort. »Ich konnte mich nicht an das Klima und an die Menschen gewöhnen.« Aber er biss sich durch, sah, dass es seine große Chance war. Mit zwanzig flog er zum ersten Mal nach Italien. Und heute darf er sich neben seinen Boss setzen. Einfach so, berichtet er nicht ohne Stolz.

Als Nächstes will er nach Amerika. Er wartet nur noch auf sein Visum. »Wenn man etwas wirklich will, dann geht es auch.« Selbst wenn es nicht sofort klappt, stehe er wieder auf und gehe von neuem los. »Alles eine Frage der Energie.«

Und dann erzählt Raj, dass sein Freund Ajay für diese Energie zuständig ist. »Ajay ist mein persönlicher Guru und er hat heilende Kräfte.« Er könne die Aura eines jeden Menschen sehen und sofort sagen, was mit einem los sei. Ja, sagen wir, den würden wir gerne kennen lernen.

Ajay, 27, kommt in das kleine, unterkühlte Büro ohne Fenster, mit den vielen Kästen, in denen Ohrringe und Armbänder liegen, die in Beverly Hills für 2000 Dollar verkauft werden und hier nur 200 kosten, weil sie keinen Stempel haben. Er ist relativ klein und schmal und hat diesen indischen Einheitshaarschnitt, kurz geschorener Nacken mit Stirntolle. Er trägt ein dunkelblaues Polo-Ralph-Lauren-

Hemd und Jeans mit Bundfalten. Wieder sind da Augen, die sich festkleben wie eine Zunge an einem Eiswürfel, der gerade aus der Gefriertruhe kommt.

»Mit so viel Metall um mich herum ist es schwierig, den Menschen zu fühlen«, sagt er. »Die Energie wird abgelenkt.« Ob ich etwas über mich wissen will, fragt er, als ich mich gerade frage, warum wir uns eigentlich immer so sehr wünschen, von anderen verstanden zu werden und gleichzeitig nichts mehr fürchten, als dass jemand wirklich in uns hineinsehen kann. Ich hätte Probleme im Nacken- und Kreuzbereich, fängt er an.

Mein Kehlenchakra sei verstopft. Ich würde meine Gefühle nicht richtig ausdrücken und zu viel mit mir herumschleppen. Meine Aura sei weiß und mein Kronenchakra sehr ausgeprägt. »Du bist ein Macher, hast ganz besondere Gedanken«, sagt er. Da sei sehr viel Kreativität. Das müsse ich unbedingt ausleben.

Der Adler sei von außen ganz anders als von innen. Nur ganz wenige Menschen würden ihn verstehen. Ich könne das. Als wir gehen, lädt Ajay uns ein wiederzukommen, wenn wir mehr wissen wollen.

Draußen wartet Dinesh. »Das sind sehr ehrliche Leute«, sagt er. Er habe früher auch für sie gearbeitet. Aber dann sei einer der Geschäftsführer wegen einer »business competition« erschossen worden. Daraufhin habe er sich entschlossen, doch lieber auf Rikschafahrer umzusatteln.

Wir verabreden, dass Dinesh uns am nächsten Tag noch einmal dort vorbeifährt.

Wieder werden wir in dieses Hinterzimmer geführt. Ajay fragt, ob es vor sieben Jahren ein wichtiges Ereignis in meinem Leben gab und ob der Adler in London gewohnt habe. Richtig. Dann erzählt er uns noch allerlei über Auren und darüber, was wir in unserem Leben verändern müssten, um wirklich glücklich zu werden. Ein wichtiges Hilfsmittel auf dem Weg dahin sei übrigens ein Stein.

Dann geht er raus und schickt einen Mann herein, der ein schwarzes, stramm über den Kopf gespanntes Tuch trägt. Seine Augen sehen aus wie aufgepumpt. Auf der Stirn prangt ein dicker Dutt, unter dem sich dem Anschein nach die Haare verstecken. Er stellt sich als Mister Happy vor und sagt, er sei Ajays Schüler. Er drückt uns einige Steine in die Hand und fragt, ob wir etwas spüren. Beim Adler kitzelt ein Rubin in der Innenfläche, bei mir nichts. Aber Mister Happy sagt, dass ein Aquamarin genau meinem Wesen entspräche.

Das Ganze geht noch ein wenig hin und her, bis der Adler einen mit viel Brimborium abgewogenen und auf 1300 Rupien berechneten »Star Ruby« und ich einen kleinen Aquamarin (1500 Rupien mit Silbereinfassung) unser Eigen nennen. Wir sollen die Steine an einer Kette tragen, direkt neben dem Herzen, damit wir ganz wundervolle Menschen werden. Die wir selbstverständlich schon sind, aber eben noch ein wenig wundervoller.

Nebenan spricht Ajay mit vier deutschen Mädchen. Sie inhalieren jedes seiner Worte. Die Gesprächsfetzen, die durch das Ventilator-Luftzerhacke zu mir dringen, kommen mir verdammt bekannt vor. Haben wir da gestern genauso gehockt?

Zweifel nisten sich in meine Gedanken. Aber Herrgott noch mal, ist es etwa schon wieder vorbei mit der neuen Offenheit? Wenn wir für den Preis eines gepflegten Abendessens in einem Hamburger Lokal auch nur einen Hauch besser durchs Leben gehen können, wollen wir das gerne bezahlen. Dann wird die Mastercard durch die Maschine gezogen, und wir erhalten noch etliche Instruktionen für den Umgang mit unseren Schmuckstücken.

Wir sollen sie 14 Tage lang in ihrer Papierhülle lassen (weil Stein und Metall sich erst anfreunden müssen), währenddessen niemandem zeigen (wegen des bösen Blickes) und nach dem Auspacken dreimal hintereinander in Milch und Wasser tauchen, um sie energetisch aufzuladen. Der Adler hat das Gefühl, sein Stein sei nicht der, den er sich ausgesucht hat. Aber im Grunde genommen sind wir noch nicht bereit, uns unseren Glauben einfach so zunichte machen zu lassen.

Am nächsten Morgen frühstücken wir mit Peter Cox, 42, aus Sydney. Ein Computerspezialist auf der Flucht vor der Olympiade. Er sei vor 15 Jahren das erste Mal in Indien gewesen, sagt er, naiv, unreif und unsicher. Er hat gerade einer Freundin einen Ring gekauft. 150 Rupien hat er für seinen »Star Ruby« bezahlt. Später in der Stadt gehen wir in ein Schmuckgeschäft, zeigen dem Verkäufer unsere Steine und fragen, wie viel sie wert sind. 300 Rupien.

Jetzt reicht's. Ich hänge dieses verdammte Ding sofort um meinen Hals. Zum Teufel mit Mister Happy und seinem idiotischen Zwei-Wochen-Wasser-Milch-Käse-Ritual. Das hat nichts mit Kraft und Energie zu tun, sondern einfach nur damit, dass wir möglichst weit weg sein sollen, wenn wir den ganzen Schmus entdecken. Ich denke an die Mädels aus Münster oder Schwäbisch Gmünd oder sonstwo und greife zum nächsten Telefon.

Mr. Happy ist ganz enttäuscht, bemitleidet mich, weil ich nichts verstanden habe und weil ich nicht weiß, dass die Steine sowieso einen ganz anderen Wert haben. Ist mir egal, antworte ich. Ich will mein Geld zurück und zwar sofort. Sonst komme ich mit der Tourist Police. Der Boss übernimmt den Hörer. Ich diskutiere eine halbe Stunde mit ihm, werde beschimpft und bedroht. Aber ich bleibe hart. Kurz darauf kommt Raj mit dem Geld vorbei. Er habe von der ganzen Sache nichts gewusst, sagt er.

Werden wir jemals begreifen, wie Indien funktioniert? Wie die Gesellschaft und ihr Wertesystem aufgebaut sind? Wenn nicht, können wir hier nie unseren Platz finden. Wir müssen uns etwas ansehen, das ihnen viel bedeutet, sage ich dem Adler. Vielleicht kommen wir auf diese Weise weiter.

Pushkar. Das ist ein Zauberwort. Ein See in den Bergen. Einer der heiligsten Orte Indiens. Wo die Menschen hinpilgern, um sich vom Leben zu säubern.

Wir nehmen den De-Luxe-Bus (75 Rupien für 150 Kilometer) an einem Sonntag. Irgendwie hatte ich mich auf eine ruhige Fahrt auf leeren Landstraßen eingestellt. Vielleicht, weil ich mir nicht vorstellen konnte, dass dort genauso ein Chaos herrscht wie in den Städten. Und weil ich bisher so gut wie keine Privatautos gesehen hatte. Auf den Landstraßen gibt es auch keine, aber dafür unzählige Lkws, die bis zur Hutkrempe mit Wer-weiß-was beladen sind.

Wir sitzen ganz vorn und ich komme mir vor wie in einem dieser 3-D-Kinos im Serengeti-Park oder im Hansa-Land, in denen der Zuschauer permanent das Gefühl hat, gegen die Felswände des Grand Canyon zu knallen. Nach zehn Minuten beschließe ich, dass es für meine Nerven gesünder ist, nur noch aus dem Seitenfenster zu schauen. Das hilft nicht wirklich viel, aber wenigstens kommen die Geschosse nicht frontal auf mich zu, sondern fegen einige Millimeter neben mir vorbei.

Fast bin ich geneigt, zu glauben, dass sich aus

Dauerhupen und wildem Gestikulieren ein bestimmter Code ergibt, mit dem sich die Fahrer untereinander verständigen. Ein frommer Wunsch, stelle ich fest, als sich unser Fahrer verschätzt. Er kann den Bus in letzter Sekunde herumreißen, und wir schwanken wie der Wipfel einer Palme, die in einen Taifun geraten ist. Die nächsten drei Stunden hoffe ich auf ein Wunder oder kleinere entgegenkommende Fahrzeuge (die würden zumindest den Kürzeren ziehen). Und ich wünsche mir, eine heilige Kuh zu sein. Das einzige Lebewesen, auf das Rücksicht genommen wird. Zumindest habe ich alles Mögliche in Einzelteilen am Straßenrand entdeckt. Nur keine tote Kuh.

Wir erreichen Ajmer anderthalb Stunden vor der angegebenen Zeit. Für indische Verhältnisse absolut unüblich. Später werde ich erfahren, dass die Busfahrer eine Prämie für jede Minute erhalten, die sie früher ankommen und dass sie für Verspätungen Strafe zahlen müssen. Und dass sie bestimmte Techniken anwenden, um die Fahrzeuge anderer Busunternehmen zu überholen. Worin diese Techniken bestehen, will mir der Inder, der mir diese offenen Geheimnisse unter dem Siegel der Verschwiegenheit anvertraut hat, nicht verraten. Ich tippe mal auf Kamikaze. Immerhin erreichen wir Pushkar so noch vor Sonnenuntergang.

Hier scheinen neben Indern vor allem Israelis und in kleineren Anteilen auch der Rest der internationalen Rucksackflotte nach dem richtigen Spirit zu suchen. Die Israelis sind in der Regel gerade dem Militärdienst entronnen und steigen breitbeinig von ihren Enfields (die indische Harley-Variante). Einer hat das Motorrad hinten mit dem Dreizack des Gottes Shiva geschmückt. Sieht aus wie eine Mistforke mit ganz vielen bunten Tüchern, die im Wind hinter ihm herwehen. Generell gilt: Je mehr Kettchen, Klingeln oder sonstigen Klimperkram man mit sich herumschleppt, desto länger ist man unterwegs.

Vor dem Sai-Baba-Café wird eine Kuh mit fünf Beinen vorbeigetrieben. »Superholy cow«, sagt der Inder dahinter und streckt eine Blechschale in unsere Richtung. Ein Franzose mit verrutschtem Bindi auf der Stirn empfiehlt ein Guesthouse gleich um die Ecke. Die Besitzer seien nicht sehr freundlich und richtig sauber wäre es auch nicht, aber dafür kosten die Zimmer nur achtzig Rupien und es gäbe ganz viel Shanti. Frieden. »Real shanti, you know.« Uns kommen zwei Amerikaner entgegen. Einer trägt ein gelbes T-Shirt. »Karma« steht vorne drauf.

Auch in unserem Hotel, dem »Paramount«, können wir der hiesigen Erleuchtung nicht entgehen. Raffael, 29, aus Turin, wohnt nebenan. Seit drei Monaten ist er in Indien. Jetzt raucht er seinen letzten Joint und packt Geschenke ein, für seine Freundin, von der er sich gerade getrennt hat. Dafür hat er jetzt einen Sadhu, der sagt, wo es langgeht.

Von den Sadhus gibt es in Pushkar eine ganze Menge. Weil niemand in den See, in dem angeblich die Asche von Gandhi und allerlei wichtigen und anderen Leuten liegt, steigen darf, ohne dass ein Priester vorher ein Reinigungsritual vollzogen hat. Pushkar-Passport nennt sich das. Und die, die ihn haben, tragen ein rotes Fädchen um das rechte Handgelenk. Eigentlich ist es so, dass einem freigestellt wird, wie viel man dafür bezahlt oder vielmehr spendet. Aber Andrew, 32, aus London erzählt, dass sein Sadhu hundert Dollar wollte und einen Riesentanz hingelegt habe, als er ihm weniger gab.

Heiligkeit und Geld, dass passt sowieso nicht zusammen, denke ich. Und überhaupt: Wer will mich hindern, einfach so ins Wasser zu steigen? Ist ein See wie jeder andere auch. Ich gehe die Stufen hinunter, setze einen Fuß in die undurchsichtige Brühe, spüre, dass kleine Knochenstücke auf dem glitschigen Untergrund liegen und höre, wie der Adler hinter mir in ein Gespräch verwickelt wird.

Ich drehe mich um und erblicke einen jungen Mann. Er hat sehr dunkle Haut, die das Weiße in seinen Augen leuchten lässt. Seine Lippen sind rot eingefärbt, zwischen den braun angelaufenen Zähnen kleben die Reste einer kräftig durchgekauten Betelnuss. Über der rechten Schulter hängt ein rotes Handtuch und um seinen Hals so was wie ein ausgefranster Rosenkranz. Auf der Stirn drei gelbe Querstreifen und ein roter Strich, senkrecht.

Der Adler und der Sadhu knien sich auf die vorderste Stufe, murmeln vor sich hin, werfen Reis, Blumen, rotes und gelbes Pulver in den See und zwischendurch eine Hand voll Wasser. Nach vorne und nach hinten über die Schulter. Ich höre zwischen dem englisch-indischen Kauderwelsch die Namen einiger Familienmitglieder und dann hat er ein rotes Band am Handgelenk. Irgendwie hat mich die Zeremonie fasziniert, mit all dem exotisch klingenden Geflüster, den Om-Shiva-Mantren und den symbolischen Opfern.

Also verbeuge auch ich mich unter Anleitung des Mannes, den ich als Anhalter durch die Galaxis eingeordnet habe (wegen des Handtuchs), vor dem See. Bitte ihn, mich zu beschützen, und meinen Bruder, meine Oma und alle, die mir sonst noch ans Herz gewachsen sind. Ich bitte um Ruhe und Frieden für meine verstorbenen Großväter und für mich um eine gute Seele, gute Gedanken, um viel gutes Wissen und gutes Business (alles Wasser nach vorn). Ich möchte gern alle bösen Gedanken vergessen (Wasser nach hinten). Ich bitte um Liebe (Blumen) und um Schutz für Haus und Herd (Reiskörner und Kokosnuss).

Eine Kokosnuss hat der Adler nicht ins Wasser geworfen, sage ich. Die steht ja auch für den Herd, sagt der Priester, der sich als Vinod vorstellt. Wir geben ihm 100 Rupien. Er bedankt sich und lädt uns auf ein Gläschen Chai (süßer Tee mit viel Milch) ein, wenn wir gebadet haben. Sein Haus stehe gleich da oben am Anfang der Stufen.

Jetzt, wo wir gewissermaßen legitimiert sind, erscheint mir der See nur noch halb so einladend. Vielleicht, weil ich mir vorher eingeredet habe, es handle sich um ein ganz normales Gewässer (der Farbe nach dem Steinhuder Meer nicht unähnlich). Plötzlich hat er eine ganz andere Bedeutung. Die Inder glauben, dass der Pushkar-See Gott Brahma (der größte Gott von allen) persönlich ist. Er wird von seinen beiden Frauen (die jeweils in einem Tempel auf zwei gegenüberliegenden Bergen wohnen) und dem Affengott Hanuman (dessen Tempel steht auf der anderen Seite direkt am Ufer) gefangen gehalten.

Überall brennen Räucherstäbchen. Menschen stehen bis zu den Knien im Wasser, die Frauen in ihre Saris gehüllt, die Männer nur mit einem Stück Stoff um die Hüften. Sie singen ihre Mantren und schippen Wasser nach vorne und hinten. Aus den vielen Tempeln rundherum wird dem Sonnenuntergang entgegengetrommelt. Von allen Seiten Echos, die keine sind.

Ich mache einen Schritt, fühle wieder diese Bröckchen unter der Fußsohle und hoffe, dass es wenigstens Gandhis sterbliche Reste sind, auf denen ich herumtrete. »Wenn so viele Menschen daran glauben, kann es nicht schlecht sein«, sagt der Adler. Bestimmt hat er Recht. Ich schwimme eine kleine Runde. Etwas Glibberiges berührt mein Bein. Und etwas weiter weg sehe ich zwei Augen, die zur Hälfte aus dem Wasser ragen. Ein Krokodil, sage ich. Eine Wasserschildkröte, meint der Adler.

Vinods Haus ist ein acht Quadratmeter großer Raum. Er wohnt hier mit seinen Eltern, dem Bruder, dessen Frau und ihren beiden kleinen Söhnen. Wir werden vor die Tür auf ein Bettgestell ohne Matratze gesetzt, bekommen zwei Blechbecher mit Tee und jeweils eine Scheibe Toast, auf die Vinod mit dem Zeigefinger Butter streicht. Ich bringe es nicht fertig, sein Angebot abzulehnen, obwohl mein Magen »nein« schreit. Der Adler fragt nach der Toilette und Vinod zeigt hinter den Baum, der gleich neben uns steht.

Er habe einen Freund aus Deutschland, erzählt Vinod. Und wiederholt einen Ortsnamen, der uns nichts sagt, beim besten Willen nicht: Maremmingenmaremmingenmaremmingen. Oder so ähnlich. »Sein Name ist Wilfried«, sagt er. »Aber wir haben ihn Bansi genannt.« Das bedeutet so viel wie Flöte. Er sei Anfang Juli aus Goa gekommen. Völlig fertig, voller schlechter Erfahrungen. Vinod hatte ihn hier am See aufgelesen, sich seine Geschichte angehört und ihn bei sich aufgenommen. »Ich wollte ihm zeigen, dass Indien auch anders sein kann. Vier Wochen hat er bei uns gewohnt, dann ist er wieder nach Hause gefahren.« Vinod kramt noch zwei Fotos hervor und einen Brief. Die Bilder zeigen ihn und Wilfried-Bansi-Flöte, sie stehen nebeneinander und sind ganz verwackelt. Blond und braun, Arm in Arm. Auf zwei eng beschriebenen Seiten lesen wir, dass der deutsche Freund nach der Rückkehr seinen Job in der Firma seines Vaters aufgegeben hat. Er baue sich gerade einen Bus aus, schreibt er, mit dem könnte er dann hinfahren, wo er will. Wie ein freier Mann.

Ich fühle mich wie damals, als zwei Freunde, mit denen ich im selben Zimmer übernachtete, plötzlich Sex hatten und ich so tat, als schliefe ich tief und fest. Wer will schon unerwartet Zeuge von etwas werden, das er nie wissen wollte? Aber Vinod ließ uns keine Wahl. Er hielt uns diesen Brief vor die Nase, als ginge es um die Rettung seiner Seele, als sei er so was wie ein Ehrlichkeitszertifikat.

Es funktioniert. Der Adler mag ihn, und ich kann auch nicht anders. Wir werden zum Mittagessen eingeladen. »Morgen ist der zehnte Todestag meiner Großmutter«, sagt Vinod, »und es gibt ein ganz spezielles Essen zu ihren Ehren.«

Da sitzen wir also, in diesem winzigen Zimmer, in dem sieben Menschen leben. Auf einer Bastmatte auf dem vom vielen Fegen und Laufen glatt geschliffenen Lehmboden. Die Matratzen, auf denen sie nachts schlafen, haben sie in einer Ecke übereinander gestapelt, darüber ein Regal mit zwei Eisentruhen. An der Wand hängen ein paar Kleiderbügel und ein Bild von Shiva. Neben der Tür steht ein Gaskocher und Blechbüchsen mit Reis, Milchpulver, Tee, Zucker, Salz und Gewürzen. Vinods Schwägerin hockt davor und kocht.

Darüber hängt ein Foto von ihrer Hochzeit. Sie im goldenen Sari, den Kopf voller Schmuck, er in einer khakifarbenen Uniform, mit getönter Brille. Zwei ernste Gesichter. Das Fest kann nicht länger als zehn Jahre her sein, der ältere Sohn ist acht, der jüngere fünf. Sie dürften also um die dreißig sein. Aber die Haare von Vinods Bruder sind schon ganz grau, und sie hat zwanzig Kilo zugenommen. Ihre beiden Söhne haben sich an mich gekuschelt und wir sehen uns den Deutschland-Kalender an, den Bansi-Wilfried vor ein paar Wochen geschickt hat. Juli 2000 ist Neuschwanstein. Das gefällt ihnen besonders gut.

Vinod ist 29 Jahre alt. Und ebenfalls vom Hochzeitsfieber ergriffen. Er möchte nächstes Jahr gern heiraten, weil es schlecht sei, älter als dreißig zu sein und keine Frau zu haben. Aber das geht erst, wenn er ein eigenes Haus hat, sagt er. Er will eins bauen, auf der anderen Seite des Baumes. 1200 Mark würde es umgerechnet kosten und er spart jede Rupie dafür.

Als wir uns von Vinod verabschieden, schenkt er mir eine Kette mit vielen kleinen Kugeln aus Sandelholz. Er habe sie schon mindestens tausendmal durchgebetet, sagt er. Sie soll mich in Zukunft beschützen. Und er würde jeden Abend für uns beten. Den Adler fragt er später noch, ob er ihm seine Kontonummer geben kann, falls es bei uns bald richtig bergauf geht und wir denken, er habe uns Glück gebracht.

Also doch, denke ich. Und bin enttäuscht, weil ich mich schon wieder in die Goldeselecke gestellt fühle. Indien ist anstrengend. Alles folgt dem Zwei-Schritte-vor-einen-zurück-Prinzip. Aber vielleicht liegt der Fehler auch woanders: In der Beurteilung der Erlebnisse nach westlichen Maßstäben. Vinod hat ja nicht gesagt, wir *sollen* ihm Geld geben, sondern wir können, wenn wir wollen, unter bestimmten Umständen. Mein Problem ist, dass eine Summe, die ich leicht entbehren kann, sein Leben verändern würde. Ich fühle fast schon eine moralische Verpflichtung, zu helfen. Nicht aus dem Herzen, sondern aus dem Kopf. Einem Freund würde ich ganz sicher helfen, aber Vinod ist noch nicht mein Freund. Und eine solche Konstellation ist leider auch nicht freundschaftstauglich. Womit wir mal wieder bei dem wären, was Indien als perfekten Platz verbietet: das enorme Ungleichgewicht im zwischenmenschlichen Bereich.

Wahrscheinlich muss man seine Denkstruktur ändern, um hier glücklich werden zu können. Ein Prozess, der sicher Jahre in Anspruch nimmt.

Raffael, der italienische Sadhu-Jünger, hatte uns erzählt, dass es ihm lange Zeit ebenso erging. Monatelang wohnte er bei indischen Familien, teilte ihre Armut, ihren Alltag. Aber nie ihr Leben. Das hätte sich erst geändert, als er nach Varanasi kam. Das war der Wendepunkt.

Varanasi ist die heiligste Stadt der Hindus. Und angeblich auch die älteste der Welt. Dreitausend Jahre. Am Ganges gelegen, von allen Seiten führen Ghats genannte Treppen zum Fluss hinunter. Pilger baden dort. Und Leichen brennen. Für die Inder bedeutet ein Tod in Varanasi, den sicheren Aufstieg in die nächste Ebene der Wiedergeburtskette.

Wir finden uns drei Stunden nach der Landung am Flughafen im Vorhof der Hölle wieder. Verloren in den endlosen Tiefen der labyrinthischen Gassen, in denen sich kaum die Arme zu beiden Seiten ausstrecken lassen. Unter Häusern begraben, die sich ab Hochparterre-Höhe wie alte Freunde aneinander lehnen. Von Ziegen, Kühen und undefinierbaren Müllansammlungen eingekeilt. Um uns herum versteckt sich das funzelige Laternenlicht im Nebel der Lehmöfen, Räucherkerzen und Open-Air-Krematorien. Und dann fällt in der ganzen Gegend der Strom aus.

Der Adler ist gerade mit einem kleinen Jungen, der uns bei der Suche nach einem Guesthouse helfen will, um die nächste Ecke verschwunden. Ich sollte hier warten. Mein Herz rast, mit nassen Handinnenflächen klammere ich mich an den Griff unseres mistverklebten Rollkoffers. Was, wenn sie dem Adler die Kehle durchschneiden, ihn ausrauben? Vor meinen Augen nichts als dunkler, undurchsichtiger Rauch. Drei Schritte nach hinten, und ich stehe mit dem Rücken an einer Mauer. Ich spüre, dass Menschen näher kommen, höre ihren Atem, das kleine Kratzgeräusch ihrer nackten Füße auf dem Boden aus fest getretenem Sand.

Als das Licht plötzlich wieder aufflackert, sehe ich vier Inder, die um mich herumstehen. »Go away«, schreie ich ihnen entgegen. Sie lachen und kommen einen Schritt näher.

Ich habe Angst wie selten in meinem Leben. Um den Adler, um mich, um unser essenziellstes Hab und Gut (Laptop, Kameras, Kreditkarten, Pässe). Aber nichts geschieht.

Wir finden dann doch ein Guesthouse. Und als wir endlich auf der Terrasse des zugehörigen Rooftop-Restaurants sitzen, bringe ich kaum einen Bissen runter, weil ich fürchte, Opfer einer Lebensmittelvergiftung zu werden. Etwas, was im entsprechenden Lonely-Planet-Kapitel in einem Kästchen mit Ausrufezeichen untergebracht ist und wovor man sich in Varanasi besonders hüten soll. Weil ein kranker Gast länger bleibt als ein gesunder, steht da.

Varanasi ruft mir immer wieder die Schlussszene der Tarantino-Rodriguez-Produktion »From Dusk till Dawn« ins Gedächtnis. Das wahre Gesicht des »Titty Twister«. Was hinter allem steckt. Der Masterplan. Hier offenbart die Welt, wie sie wirklich ist: Leben und Tod, Lust und Leid, Elend und Schönheit. Ein Himmel voller Brieftauben bei der Morgengymnastik und der Geruch kokelnder Kadaver, der durch den Dunst langsam nach oben dringt. Das ganz große Einmaleins.

Wir verbringen Tage auf der Dachterrasse, die zu unserem Beobachtungsposten wird. Kurz vor Sonnenaufgang kann man voll gepackte Ruderboote auf die andere Seite fahren sehen. Die Menschen stehen dann in weißen Gewändern bis zum Knie im Wasser und singen und beten. Die hellen Punkte auf braunem, von Bächen durchzogenen Schlammuntergrund, ähneln einem surrealistischen Baumwollstrauch.

Etwas später lässt die Qualmerei in der Regel nach, vermutlich wegen des Leichenwechsels. Dann werden die Reste in den Ganges gekippt. Und einmal sehe ich einen dicken Mann auf einem Boot unter einem Sonnenschirm sitzen. Neben ihm tauchen immer wieder Männer aus dem dunkelbraunen Wasser auf. Sie reichen ihm Schmuckstücke der Verstorbenen entgegen.

Und abends, wenn der Rauch am dichtesten wird, schwimmen ganz viele Kerzen den Fluss hinab. Dazwischen wieder schmale Boote mit in Tücher gewickelten Leichen. Diese Toten sind Schwangere oder Menschen, die von einer Kobra gebissen wurden. Sie gelten als unrein und dürfen nicht am Ufer verbrannt werden. Was für ein unglaublicher Glaube.

Ein Wendepunkt für unsere Indien-Fremdelei ist Varanasi trotzdem nicht. Die Stadt ist etwas ganz Besonderes. Aber wir können unmöglich die ganze Zeit auf dem Dach verbringen.

Lass uns nach Goa fahren, sagt der Adler. Dazu hätte jeder eine Meinung und wir bräuchten unsere eigene.

Genau da wollte ich nie hin. Indien light, das war mein Etikett. Batikalarm. Leere Gesichter, volle Blutbahn. War vielleicht mal gut. 1972, als unser väterlicher Freund Manfred aus Bad Berleburg hier das Paradies gefunden hat. Jetzt fliegt LTU direkt ab Düsseldorf.

Genau, antwortet der Adler. Das, was man am

besten zu kennen meint, birgt die größten Überraschungen.

Wir fliegen zurück nach Bombay und nehmen einen Overnight-Sleeper in die Hauptstadt Panaji. Das ist ein zum Schlafwagen umgebauter Bus. Die Bahn war mal wieder ausgebucht. Unsere Plätze sind im oberen Regal, 1,80 lang und fünfzig Zentimeter breit. Nur in Löffelchenstellung lässt es sich in dieser Schublade aushalten.

Andreas, 40, griechischer Zypriote, teilt sich den Platz mit einem unbekannten Inder, der alle zwei Minuten einen Schluck aus einer zerknitterten Papiertüte mit Flaschenhals nimmt und eine Zigarette nach der anderen raucht. Er habe kein Auge zugetan, erzählt er während des mitternächtlichen Essensstopps. Aber das sei eben Indien. Wir nicken.

Mittwochs ist Flohmarkt in Anjuna Beach. Da sind sie alle hingezogen, nachdem die Pauschaltouristen Calangute erobert haben. Ein Stand neben dem anderen. Silberketten und Ringe für alles, was rund ist. Bunte Hemden. Durchsichtige Hosen und Tops aus alten Saris. Mit Spiegeln bestickte Umhängetaschen. Das typische Was-man-hier-so-braucht-und-zu-Hause-nie-brauchen-wird-Sortiment.

Im Hintergrund rauscht die gräuliche Arabian Sea und die Palmen wiegen sich im Wind. Wir springen ins Wasser und legen uns an den Strand, in Windeseile umringt von indischen Frauen mit Fruchtkörben auf dem Kopf oder Muschelbändchen in der Hand. Massage machen sie auch. Wir sagen »No« bis das Wort auch für uns seine Bedeutung verliert, dann setzen wir uns in die Sea Breeze Bar.

Ich schätze die Dreadlockdichte auf mehr als fünfzig Prozent. Eine Inderin versucht, einen betrunkenen Engländer davon zu überzeugen, dass er ihr etwas abkaufen möchte. »Come and see my shop«, sagt sie. »Möglich dass ich komme«, antwortet er. »In India, everything is possible.« Sie gibt auf. Schneller als ich vermutet hatte. Aber wahrscheinlich kennt sie diese Sorte.

Vor uns sitzt eine deutsche Familie. Sie schenken den kleinen Jungs, die sie umringen, Kugelschreiber. Im Reiseführer steht, das sei besser, als ihnen Geld zu geben. Als sie gegangen sind, werfen die Kinder die Stifte in den Sand.

Wir mieten ein Motorrad, vielmehr eine Enfield. Der Adler ist eben auch nur ein Mann. Und bei denen ist Herzschlag und Knatterpegel miteinander verbunden. Ich denke an die Israelis in Pushkar und die Mistforke mit den vielen bunten Tüchern. Aber was soll's, wir sind in Goa.

Wir fahren Richtung Süden. Immer weiter, bis kurz vor die Grenze zum Nachbarstaat Karnataka. Eine wunderschöne, kaum befahrene Landstraße entlang, sie windet sich durch grüne Hügel, führt über glasklare Flüsse. Ganz unindisch ist es hier: Wenig Menschen, keine verpestete Luft und überall stehen diese herrlichen halb verfallenen Villen herum. Blumenumrankt und moosbewachsen. Wie aus einer Zeit, in der es Prinzen und Prinzessinnen gab.

Der Adler gibt Gas und wir legen uns in eine sanfte Kurve. Am Wegesrand steht ein Grüppchen Inder und fuchtelt wild mit den Armen. Was die schon wieder wollen, denke ich und winke ihnen zu.

Wir sehen den umgestürzten Gastanklastwagen erst, als wir nur noch ein kurzes Stück davon entfernt sind. Der Geruch nimmt mir die Luft zum Atmen. Ein Inder in Latzhose steht direkt dahinter und schreit uns entgegen. Aber das Zischen ist zu laut, um irgendetwas zu verstehen. Ich springe ab und laufe in die entgegengesetzte Richtung. Der Adler wendet das Motorrad und sammelt mich auf.

Aus sicherer Entfernung beobachten wir, wie ein anderes westliches Pärchen erst an uns und dann an der Unfallstelle vorbeifährt. Entweder sind die wahnsinnig cool oder einfach nur wahnsinnig. Ein paar Minuten später fliegt alles in die Luft.

Und dann finden wir, wonach wir so lange gesucht haben: eine wunderschöne Bucht. Am Strand stehen Fischer, die gerade ihre Netze aus dem Wasser ziehen. Dahinter von Palmen verdeckte Basthütten und einige Restaurants auf Stelzen. Es ist kaum was los. Eine Horde junger Inder spielt Criquet im Watt. Die Sonne setzt sich auf eine vorgelagerte Insel. Ich höre »Moby«, ganz leise, vom Winde verweht. »I find my Baby«. Palolem Beach. Eine Perle im Dreck. Wer hätte das gedacht?

Wir ziehen ins Cozy Nook. Es ist ohne Frage der schönste Platz. Aber den Ausschlag gibt der erste Satz, den Haji, der Besitzer, zu uns sagt: »Ich bin von dieser Welt so gelangweilt. Ich glaube, ich muss etwas anderes machen.«

Was mir daran gefallen hat? Es könnte auch ein Satz sein, den eine Freundin oder ein Freund an einem Bartresen äußert. Zu später Stunde. Oder einfach nur so. Damit hatte ich einfach nicht mehr gerechnet.

Ich komme zum ersten Mal seit zwei Monaten dazu, über das Erlebte nachzudenken. Nicht wirklich klar, eher so, als hätte man mich gerade von einem Karussell geschmissen und um mich herum dreht sich noch alles. Immerhin ist Indien kein fremder Planet mehr. Trotzdem gebe ich zu Protokoll: Das Land ist ein perfekter Platz zum Lernen. Aber nicht zum Leben.

»Bist du glücklich?«, frage ich den Adler, als wir längst vergessen haben, welcher Wochentag ist. Er sieht mich an und wiegt dann den Kopf hin und her. Diese typisch indische Wackelbewegung, die alles bedeuten kann. Wie ein Dackel auf der Hutablage. Höchste Zeit zu gehen.

Wir nehmen die nächste Maschine. Sie fliegt nach Katmandu.

Wandern mit Vampiren
Nepal, November 2000

Als wir die Maschine nach Katmandu besteigen, muss ich an meine erste Reise nach New York denken. Es ist einige Jahre her, und ich wollte der Stadt angemessen gegenübertreten. Anders kann ich mir bis heute nicht erklären, warum ich funkelnagelneue schwarze Lederstiefel trug (kniehoch und eng anliegend, ohne Reißverschluss), die noch Stunden nach der Landung an meinen aufgequollenen Füßen klebten.

Ich weiß nicht, ob unseren Mitinsassen diese spätpubertäre Erfahrung bisher erspart blieb, ob sie sich stur an die alte Gepäckreduktionsregel »Immer das Schwerste am Körper tragen« halten oder ob einfach nur jeder an ihren jungfräulichen, pastellfarbenen Salomon-Tretern, den North-Face-Fleece-Anoraks und REI-Gore-Tex-Rucksäcken erkennen soll, dass sie auf dem Weg zum *ultimativsten* Abenteuerspielplatz der Welt sind. »The Most Ultimate Adventure Playground« lautet zumindest die Überschrift zur entsprechenden Titelgeschichte des Magazins »Asia Travel«, Ausgabe September 2000.

Neben mir sitzt ein kleiner Nepalese. Er leert in den knapp zwei Stunden, die wir in der Luft sind, sechs Dosen Haake Beck. Es ist ein Uhr mittags, und die teigigen Indian-Airlines-Stewardessen mit ihren zwischen dem Saribezug herausblitzenden Fettfalten sehen auch schon ganz irritiert aus. Die Inder trinken sehr wenig, wenn überhaupt, und Alkohol gehört, außer in Goa, mit zum Teuersten, was sich auf der Speisekarte finden lässt. In Nepal scheinen andere Sitten zu herrschen. So viel ist schon mal sicher.

Mehr als zwei Monate sind wir jetzt unterwegs. Ohne nennenswertes Ergebnis. Die Suche nach dem perfekten Platz offenbart ungeahnte Tücken. Die technischen Daten (Miete, Klima, sonstige Lebenshaltungskosten) lassen sich schnell ermitteln. Und die Bilanz wird, im Vergleich zu Deutschland, in der Regel positiv ausfallen. Das gilt vom Preis-Leistungs-Gefälle her auch für Nepal. Aber der Rest? Können wir nicht irgendwie systematischer vorgehen?

Wir müssen uns noch mehr auf die Menschen konzentrieren, sagt der Adler. Die seien der Lackmustest eines Landes. Ich erinnerte mich an den Chemieunterricht und an die kleinen Papierstreifen, die sich unterschiedlich einfärbten, je nachdem, in welche Lösung sie gehalten wurden. Ein guter Gedanke.

Aus der Luft betrachtet wirkt Katmandu wie ein kleines Städtchen in der Schweiz. Eingebettet zwischen Bergen, ein grünes Tal, aus der Ferne wie putzige Giebelhäuschen wirkende Gebäude und am Horizont das schneebedeckte Wo-die-Erde-an-den-Himmel-stößt-Panorama. Der Tribhuvan International Airport, benannt nach dem König, der das Land 1951 wieder für Ausländer öffnete, ist ein aufgeräumtes, mit viel Holz ausgekleidetes Gebäude. Und nachdem wir dreißig Dollar für unsere Vier-Wochen-Visa mit einfacher Einreise gezahlt haben, stehen wir vor der Tür.

Ich wundere mich über die frische Brise und die Hand voll Polizisten, die Taxi- und Rikschafahrer und andere Männer, die selbst gemalte Pappschilder, auf denen »Shoestring Trekking«, »Mr. Bachtahler« oder »Groupe Tribune« steht, in die Höhe strecken, auf Abstand halten. Sobald sich einer einen Schritt zu weit nach vorne wagt, wird er mit einem Schlagstockhieb zurück ins Glied befördert.

Die Polizisten sind alle sehr jung. Sie haben ernste Gesichter und altmodische weiße Gamaschen über den schweren schwarzen Stiefeln. Und ihre Hemden sind so eng, dass sie die Haut am Hals einschnüren.

Wir kaufen innerhalb der so geschaffenen Touristen-Sicherheitszone einen Pre-Paid-Gutschein für die Taxifahrt zum Mustang Guesthouse. Das Mustang Guesthouse liegt, wie die meisten anderen Herbergen auch, im Stadtviertel Thamel. Ich habe gelesen, dass es dort 40 000 Betten gibt. Nepal ist ein beliebtes Reiseziel, das ist bekannt, aber mit solchen Massen hatte ich nicht gerechnet.

Die glatten Straßenverhältnisse halten genau drei Kilometer Richtung Stadt, um dann in die ortsübliche Holperpiste mit Schlaglöchern, in denen sich mühelos ein ausgewachsener Eber verstecken könnte, überzugehen. Die Tour dauert knapp zwanzig Minuten und ist noch unangenehmer als in einer indischen Rikscha, weil die nepalesischen zwei ständig auf- und zuklappende Türen besitzen, so dass man meint, versehentlich in eine winzige Dunkelkammer geraten zu sein, in der alle zehn Sekunden eine kaputte Neonröhre aufflackert. Mal ganz abgesehen davon, dass jegliche Form von Orientierung unmöglich gemacht wird.

Das erklärt auch, warum wir erst beim Einchecken feststellen, dass wir nicht im Mustang Guesthouse, sondern im Mustang Holiday Inn gelandet sind. Ist aber auch egal, das Haus gefällt uns besser als die umstehenden Bauten aus rotem Klinker. Die Einheitsarchitektur in Katmandu, die mich kurz glauben ließ, versehentlich in Hamburg-Horn ausgestiegen zu sein. Und das Mustang Holiday

Inn verfügt über eine kleine Terrasse mit allerlei herumrankenden Gewächsen. Dort trinken wir ein San-Miguel-Feierabendbier. Und stellen unsere Uhren auf vierdreiviertel Stunden nach deutscher Zeit. Diese krumme Zahl kommt zustande, weil die Nepalesen sicherstellen wollen, dass sie nicht mit Indien (viereinhalb Stunden voraus) verwechselt werden.

Verglichen mit Indien ist Nepal ein Herbstblatt, dass in Zeitlupe über nasses Kopfsteinpflaster geweht wird. Irgendwie melancholisch. Als hätte man das gesamte Land unter einer schweren Filzdecke begraben. Um sechs Uhr geht die Sonne unter. Und dann ist es dunkel und kalt.

Der Adler kramt seine Wolljacke aus dem Koffer. Ich liege auf dem Bett und versuche, ein Gefühl für Nepal zu bekommen. Dieses kleine, zwischen zwei Riesen, China und Indien, geklemmte Land, dürfte glatt gebügelt wohl die Ausmaße der USA haben. Es beherbergt neben dem Mount Everest acht weitere der zehn höchsten Berge der Welt. Und der Himalaya wächst immer noch rund fünf Millimeter im Jahr.

Ich denke an die Hotellobby, in der es nur zwei Lichtquellen gibt: den Fernseher und das Aquarium. Unser Zimmer hat auch nur eine Neonröhre an der Decke, die den Raum in diffuses Zwielicht taucht. Indien ist fast schon schmerzhaft hell, es brennt sich wie ein Scheinwerfer in die Augen. Nepal ist schummrig. Dafür leuchten die Menschen. Sie sind freundlich und hilfsbereit, dabei aber von einer angenehmen Zurückhaltung. Dem Adler fiel auch die tief sitzende Traurigkeit in den Gesichtern auf.

Auf der Terrasse wurden wir von zwei kanadischen Krankenschwestern angesprochen. Wo wir trekken gehen würden, haben sie uns gefragt. Wir wollen gar nicht trekken, antwortete der Adler. Was wir dann hier wollen? Wir suchen den perfekten Platz zum Leben, sagte er. Das sei ein schlechter Witz, meinten sie und verabschiedeten sich bald darauf.

Trekking ist eigentlich Wandern. Aber das klingt natürlich nicht so gut. Und wer nicht zum Trekking hier ist, vertreibt sich die Zeit mit River-Rafting oder Para-Gliding, Free-Climbing, Tiger-Spotting und Mountain-Biking.

In den Fenstern der dicht gedrängten Reisebüros stehen Fernseher und auf den Bildschirmen sind verzerrte Filme von Menschen zu sehen, die eine dieser Tätigkeiten ausüben. Aus den Lautsprechern schallt zur Untermalung übersteuerter Techno, um die Aufmerksamkeit der Passanten auf das jeweilige Angebot zu lenken. Wir werden eher in die Flucht geschlagen und halten erst hinter der nächsten Ecke vor einem Laden. Er wirbt ganz schlicht mit Fotos. Sie zeigen Touristen beim Rafting. Beliebtestes Motiv: mit genießerischem Blick bis zum Hals in gelbem Schlamm oder juchzend unter einem Wasserfall. Meist steht irgendwo auch noch ein Nepalese am Rand und schaut skeptisch drein.

Ist schon was dran, an der Sache mit dem Abenteuerspielplatz. Der Gedanke macht mich traurig. Am liebsten würde ich Nepal in den Arm nehmen. Ich würde ihm sagen, dass es ein sehr schönes Land ist und mich dafür entschuldigen, dass es zum Vergnügungspark degradiert wurde.

Die vielen Touristen bleiben in der Regel nicht lange im Thamel. Katmandu ist nur Ausgangspunkt und Endstation vor der Heimreise. Bevor es losgeht, treffen sie sich mit den Sherpas. Sherpa bedeutet Bergführer. Aber Sherpa ist auch ein Familienname. Weil alle Sherpas zu einem bestimmten Stamm gehören, der ein Gebiet am Fuß des Mount Everest bewohnt. Genau genommen sind die Sherpas noch nicht einmal Nepalesen, weil ihre Heimat sowohl im chinesisch besetzten Tibet als auch auf der nepalesischen Seite liegt. Aber für Luis Trenkers selbst ernannte Enkel sind sie vor allem die, die sie auf den Gipfel ihres bisherigen Daseins bringen sollen.

Bevorzugter Kennenlernort: das Restaurant des Hotels Utse. Da sitzt ein junger Nepalese neben einer dem Augenschein nach doppelt so alten Französin. Wahrscheinlich ist über die bevorstehende Tour alles gesagt und die Momos (tibetanische Ravioli-Variante) längst vertilgt. Die Dame mit den weißen Pudellöckchen und der angeketteten Lesebrille referiert in handgeschnitztem Englisch über Qualitäten und Lebensanschauungen ihres Lieblingsschauspielers Coluche. Ihr Gegenüber, dem wahrscheinlich nicht einmal Jean-Paul Belmondo geläufig ist, schüttet die vierte 650-ml-Flasche San Miguel in sich hinein. Vermutlich bemüht, das für die bevorstehenden Tage nötige innere Gleichgewicht zu finden.

Der Adler hat jetzt schon die Nase voll von den Höhensüchtigen. Er wolle damit nichts mehr zu tun haben. Dem könne man hier aber nicht entrinnen, sage ich.

Wir gehen in die 40,000 ft. Rum-Doodle-Bar. Rum Doodle ist, wenn ich das richtig verstanden habe, der eigentliche Name des Mount Everest. Und hier sollen all diejenigen dinieren, die heil wieder runtergekommen sind.

Es gibt einen Kamin, einen ausladenden Tresen, viel Holz an den Wänden und wagenradgroße Steaks, um den Proteinhaushalt wieder ins Lot zu bringen. Hinter der Bar hängen Bilder von Reinhold Messner (unübersehbar, in einem Glaskasten direkt über dem beachtlichen Schnaps-

54

flaschensortiment) und einem Nepalesen namens Sherpa Babu Chiri (unauffällig oben links in der Ecke). Der hat den Mount Everest vor einigen Monaten in 15 Stunden und 56 Minuten (!) bestiegen. Ein neuer Weltrekord. Warum haben wir von dem eigentlich noch nie etwas gehört, während jede neue Schneemann-Vision des Italieners, den ich immer für einen Österreicher gehalten habe, für Aufsehen sorgt?

Als ich die angelehnte Toilettentür öffne, stoße ich auf einen promillegeschwängerten, akkurat zehn Zentimeter neben die Kloschüssel pinkelnden Kanadier, der mich mit einem leutseligen »Come in« begrüßt. Ich beschließe, draußen zu warten. Einige Minuten später nimmt er die drei Stufen abwärts in einem Rutsch, segelt Richtung Verandabrüstung, schubst mit dem Ellbogen einen Blumenkübel in die Tiefe und landet mit einer schwungvollen Kurve auf seinem Stuhl.

Der nepalesische Bergführer, der am oberen Ende der 20-Mann-Tafel untergebracht ist, steht daraufhin mit einer Verbeugung in seine Richtung auf, erhebt das Whiskey-Glas und alle brüllen: »Cheers!« Keine Ahnung, ob dieser Trupp wirklich die 50 000 Dollar gezahlt hat, die es kostet, auf den höchsten Berg der Welt zu klettern, oder nur ein Zehntel für einen kleineren Nachbarn. Es dürfte genug gewesen sein, um ein super Video mit nach Hause zu nehmen.

Ob ich jetzt zufrieden wäre, fragt der Adler. Und ich gebe ihm Recht: So kommen wir nicht weiter. Wir sollten uns lieber mal ausführlich mit Krishna unterhalten, sagt er.

Krishna ist 26 und betreibt nicht weit von unserer Unterkunft entfernt eine Kombination aus Reisebüro und Internet-Café. In diesem Fall macht der Ausdruck Internet-

Café sogar mal Sinn (normalerweise gibt es ja keinen Kaffee, geschweige denn Kuchen), weil Krishna uns immer etwas zu trinken anbietet.

Sein Geschäft ist im ersten Stock eines klassischen Thamel-Gebäudes. Klassisch, weil sich Parterre einer der unzähligen Läden befindet, in denen rund um die Uhr Nähmaschinen mit Stickprogramm rattern. Ich kann mir das nur mit einem unstillbaren Bedarf an T-Shirts mit Yeti-Motiv erklären. Aus irgendwelchen Gründen scheint man sich darauf geeinigt zu haben, dass der Yeti wie ein Alf-Mutant aussieht.

Zu Krishnas Geschäft geht es über eine kleine Stiege, von der rechts und links Türen abzweigen, an denen alle drei Tage neue Geschäftsschilder kleben. Wenn wir kommen, sitzt er meist mit Headset am einzigen Computer und telefoniert per Internet mit seinen Freunden im Ausland.

Der Raum ist nicht mehr als vier Meter lang und drei Meter breit. Vor dem Fenster ein Schreibtisch mit Weltkarten-Unterlage, auf dem Boden ein abgetretener Perserteppich und im Regal an der Wand stehen ein paar Bücher und ein Bild, auf dem ein lachendes kleines Kind mit kajalgeschwärzten Augen zu sehen ist. »Das bin ich«, sagt Krishna.

Ist schon ein Weilchen her, fügt er hinzu, und dass ihm das Lachen schon lange vergangen sei. Weil dieses Land so wahnsinnig korrupt ist. Weil niemand seine Meinung sagen dürfe, weil die Regierung die Bevölkerung nach Strich und Faden ausbeute. »Wenn ein Zollbeamter nach zwei Jahren Dienst kein eigenes Haus hat, dann wird er von seinen Kollegen ausgelacht.« Dabei bekäme der so gut wie kein Gehalt. »Alles Schmiergeld.«

Am meisten regt er sich darüber auf, dass vor

nicht allzu langer Zeit sämtliche Privatfahrzeuge verboten wurden, die älter als fünf Jahre waren. »Die haben mir einfach mein Auto weggenommen«, sagt er. »Von jetzt auf gleich, ohne eine Entschädigung oder sonst was zu zahlen. Angeblich, weil es sowieso verschrottet würde.« Unter dem Umweltschutz-Deckmäntelchen. Wer's glaubt, wird selig, meint er noch. Und, dass er sein eigenes Auto einige Wochen später an sich vorbeifahren sah. Saßen zwei wichtig aussehende Herren mit khakifarbener Uniform und getönten Sonnenbrillen drin. »Die haben sich nicht einmal die Mühe gemacht, das Nummernschild auszuwechseln«, sagt er. In einem solchen Staat hätten junge Menschen keine Zukunft, das könne nichts werden. Wie soll man sich denn hier irgendetwas aufbauen? Er will nur noch weg, am liebsten weit.

Wir mieten uns ein Motorrad, um die Klaustrophobie erzeugenden Rikschas zu vermeiden. Und weil wir hoffen, uns damit schneller durch den smogverhangenen Dauerstau fädeln zu können. Nach den ersten drei Kilometern stellt der Adler fest, dass der Tank fast leer ist, und bald darauf reiht er sich in die schier endlose Schlange vor einer Tankstelle ein. In der Zeitung stand, dass die Benzinpreise drastisch erhöht werden.

Ich warte in Mike's Breakfast, einem beliebten Lokal der hiesigen Hilfsorganisationsgemeinde. Das ist in Nepal die zweite große Ausländergruppe, neben den Abenteuerspielplatzbesuchern. Wie in einem kalifornischen New-Age-Restaurant ist es hier. Amerikaner mit karierten Flanellhemden und Handytasche am Gürtel sitzen an rustikalem Holzmobiliar mit grob gewebten Decken. Es gibt Tofuburger, Enchiladas, Huevos Rancheros und Chocolate Sundae. Ein Gewitter braut sich zusammen. Es donnert, und der plötzlich aufkommende Wind lässt kleine schwarze Kugeln aus dem Baum über mir in das Glas mit Nepali Lemon Tea fallen.

Der Adler ist nach zwei Stunden mit schlechter Laune und fünf Litern Benzin zurück.

Beim Hinausgehen entdecken wir an der Tür einen kopierten Zettel mit Wohnungsofferte. Ein 32-jähriger Amerikaner, der für eine Hilfsorganisation arbeitet (klar), und die Hälfte des Jahres außer Landes weilt, sucht nette Mitbewohner für seine 350-Quadratmeter-Villa. Rund 700 Mark im Monat will er haben. Ich betrachte die farbkopierten Fotos: riesige Räume, Kamin, Holzfußboden, Terrasse, Garten, geschmackvoll reduziert eingerichtet. Deutet alles auf ein faires Angebot. Ich reiße einen Telefonnummerstreifen ab. Für alle Fälle.

Am nächsten Morgen fahren wir zum Pashupati-Tempel, eines der größten Heiligtümer des hinduistischen Königreichs. Nicht-Hindus dürfen den Tempel nicht betreten. Sie können nur durch das Tor einen Blick auf die riesigen goldenen Hoden des Bullen werfen, auf dem Krishna oder Vishnu, auf jeden Fall eine sehr wichtige Gottheit, geritten ist. Der Tempel liegt direkt am Bagmati-Fluss. Und da, wo Normalsterbliche auch hin dürfen, stehen starrende Reisegruppen und beobachten, wie die Leichen verbrannt werden. Durch Fotoapparate und Videokameras.

Erinnert mich alles an Varanasi. Nur dürfen Touristen in Indien nicht fotografieren oder filmen.

Überall hüpfen Affen herum, sie sehen aus wie Paviane, mit leuchtend rotem Hinterteil. Sie bringen die Hindus in einen ziemlichen Gewissenskonflikt. Weil sie einerseits auch irgendwie heilig sind, andererseits aber die Opfergaben auffuttern. Sie werden regelmäßig mit Hochfrequenzpfeifen vertrieben. Dann blecken sie die Zähne, rennen kreischend über die Pagodendächer davon und sind zehn Minuten später wieder da.

Auf einem kleinen Quaderstein ist ein Fleck mit dickflüssiger roter Farbschmiere. Alle Frauen, die daran vorbeikommen, stippen ihren rechten Zeigefinger hinein und malen sich einen Punkt auf die Stirn. Fürs dritte Auge.

Eine europäisch aussehende Frau spricht mit einem Menschen, der aus der Ferne betrachtet eher an einen Hund erinnert. Beim Näherkommen sehe ich, dass es sich dabei um eine noch recht junge Frau handelt. Sie hat eine abgefressene Nase, kaum noch Zähne und einen irren Blick. Ihre Beine sind merkwürdig verdreht und wie aus Gummi. Sie bewegt sich auf den Händen voran und schleift den Rest des Körpers hinterher. Die andere, die sich als Marianne vorstellt, hat ihr gerade angeboten, sie in ihrem kleinen Krankenhaus, das keine zweihundert Meter entfernt liegt, zu behandeln. Marianne kommt aus Deutschland, ist 56 Jahre alt und hat hier vor acht Jahren eine Leprastation gegründet.

Sie erklärt uns auch, warum am Pashupati-Tempel so viele Leprakranke herumlungern. »Sie hoffen, dass sie hier verbrannt werden, wenn sie sterben.« Der Hintergrund ist derselbe wie bei allen anderen: im nächsten Leben etwas Besseres zu werden. Leprakranke werden in Nepal, wie in Indien auch, von ihren Familien ausgestoßen, sobald die ersten sichtbaren Folgen der Krankheit zu erkennen sind. »Dabei ist sie mit einer ganz einfachen Behandlung schnell zu stoppen.« Aber das wissen in diesem Land nur wenige. Und die, die es wissen, können trotzdem nicht raus aus ihrer Haut. Für Marianne vor allem eine Folge der mangelnden Schulbildung und der Religion. »Die denken eben, dass jemand, der Lepra bekommt, etwas Schlimmes im vorherigen Leben gemacht hat und so bestraft wird.«

Marianne pendelt zwischen Deutschland und Nepal hin und her. Verbringt hier so viel Zeit, wie die Behörden ihr auf dem Visum einräumen. Und klagt über ähnliche Dinge wie Krishna. Aufgeben will sie deshalb noch nicht. »Wenn ich mich nicht um diese Menschen kümmere, dann macht das niemand.«

Wahrscheinlich ist es das, was Menschen in einem Land wie Nepal hält. Eine Mission. Die Helferseelen glauben, genau jetzt und hier gebraucht zu werden. Und Menschen damit verändern zu können. Und die Bergsteiger, dass ausgerechnet sie jetzt da hoch müssen. Und dass sie sich dadurch selbst verändern.

Warum sind wir nicht so veranlagt, frage ich den Adler. Aber bevor er antworten kann, ertönt ein durch Mark und Bein gehendes Kreischen. Wie ein Ferrari, dessen Getriebe bei Tempo 250 plötzlich in den ersten Gang heruntergeschaltet wird. Nur mit viel mehr Kraft dahinter. Der Schall pflanzt sich noch einige Minuten lang fort, und die Ruhe danach hinterlässt ein eigenartiges Kribbeln an den Nervenenden.

Ich habe furchtbare Flugangst und denke bei jeder sich bietenden Gelegenheit an Flugzeugabstürze. Komischerweise haben sich die Unglücke vermehrt, seit ich an dieser Angst leide. Zumindest lese ich jedes Mal, wenn ich die Zeitung aufschlage, von irgendwelchen Katastrophen, oder wenigstens Beinahe-Katastrophen. Wenn man vor etwas Angst hat, dann geschehen wie durch Zauberhand grundsätzlich Dinge, die diese Angst nähren, sagt der Adler. Aber das sei keine Frage von zunehmender Häufigkeit, sondern von gesteigerter Aufmerksamkeit. Aber der Flughafen ist direkt um die Ecke, und das klang nach Turbinengeheul, sage ich. Ganz eindeutig.

Marianne erzählt uns noch, dass heute nur sehr wenig Bettler vor dem Pashupati waren. »Die sind alle am Tempel der Tibeter, weil Vollmond ist.«

Und tatsächlich. Da sitzen sie. In einer langen Reihe direkt an dem gepflasterten Weg, der einmal um den Tempel herumführt. Er sieht aus wie eine haushohe auf den Kopf gestellte Tasse mit Christbaumspitze obendrauf. Darin soll ein Haar oder ein Nagel von Buddha liegen. Und anscheinend darf man diesem Weg nur im Uhrzeigersinn folgen. Warum, weiß ich nicht, aber es ist auch absolut unmöglich, gegen den Strom zu schwimmen.

Es gibt sehr viele Exil-Tibeter in Katmandu und wir haben den Eindruck, dass die meisten von ihnen jetzt gerade hier unterwegs sind. Ich denke an eine voll gestopfte Waschmaschine in der Horizontale. Sie murmeln Gebete vor sich hin und lassen ihre Hände an den Gebetsmühlen entlanggleiten, die metallisch rasselnde Geräusche von sich geben. Einige der Mönche haben Lederschürzen um. Sie gehen immer genau so viele Schritte, wie ihr Körper lang ist und werfen sich dann mit gestreckten Armen auf den Boden. Stehen auf, gehen und werfen sich hin. Immer wieder.

Sie alle beten, dass ihre Wünsche in Erfüllung gehen. Manche haben zusätzlich professionelle Betmönche angeheuert, die beten dann für diejenigen, die sie bezahlt haben. Die Bettler bekommen an diesem Tag viele milde Gaben, weil Großzügigkeit bei Vollmond wohl auch Wünsche in Erfüllung gehen lässt.

Ich sehe eine dralle Tibeterin mit dicker Sonnenbrille und heruntergezogenen Mundwinkeln, die sich am Eingang bei den Geldwechslern einen Stapel Ein-Rupien-

Scheine geben lässt. Sie verteilt an jeden Bettler einen Schein. Und weil der Stapel so dick ist, kann sie jedem einen überreichen. Drei Pfennig reichen unter Umständen für ein gutes Gewissen. Aber für gute Wünsche?

Mir scheint diese viele Beterei allerdings etwas übertrieben. Weil eine Gebetsmühle ja sozusagen auch schon stellvertretend ein Gebet »sagt«, und eine Fahne »sagt« auch das Gebet, das auf ihr steht, wenn sie vom Wind bewegt wird. Und Gebetsmühlen und Fahnen gibt es hier ohne Ende.

Als ich von der Dachterrasse des Restaurants Stupa View aus auf den Menschenkreisel blicke, werde ich von ihm angezogen, hypnotisiert. Erst der Duft des Kaiserschmarrns, den der österreichische Küchenchef serviert, bringt mich in die Wirklichkeit zurück. Ich drehe den Kopf nach rechts und sehe auf dem Dach gegenüber zwei Satellitenschüsseln, dazwischen sitzt ein Schaf. Dieser Ort ist der erste in Katmandu, der mir richtig gut gefällt. Weil es, wie in Varanasi, einen guten Aussichtspunkt gibt und weil sich die ganze Szenerie der Wirklichkeit entzieht. Und, wenn man will, nimmt sie einen mit.

Am nächsten Morgen schlage ich die »Katmandu Post« auf und lese als Überschrift auf der ersten Seite, dass gestern um ein Haar eine voll besetzte Maschine der China Eastern Airlines (279 Mann) gegen den Berg am Ende der Startbahn gekracht wäre. Zwei Vögel sind beim Beschleunigen in eine Turbine gesaugt worden, und das Flugzeug konnte gerade noch abgebremst werden. Jetzt ist es kaputt, aber menschliche Opfer sind nicht zu beklagen.

Es stellt sich heraus, dass es nicht der erste Vorfall dieser Art war und auch nicht bleiben sollte. Am nächsten Tag klatscht eine Krähe gegen das Cockpitfenster einer landenden Lauda Air. Am übernächsten meldet Swiss Air Federmatsch. Und so weiter. Schließlich stellen alle internationalen Fluggesellschaften ein Ultimatum: Falls die Regierung nicht schleunigst etwas unternimmt, werden sie Katmandu nicht mehr anfliegen. Der Grund für die Plage ist übrigens eine kürzlich direkt am Rande des Flughafens eingerichtete Mülldeponie. Eine internationale Spezialistenkommission hat schon vor einiger Zeit vor der Gefahr gewarnt, aber die zuständigen Behörden haben sich taub gestellt.

Als wir Krishna das nächste Mal besuchen wollen, ist seine Tür verschlossen.

Diese Regierung sollte man mal unter die Lupe nehmen, denke ich. An der Wand des Kodak-Quick-Fotoshops hatte ich bereits lebensgroße Bilder von König Birendra und seiner Frau gesehen. Ein Paar wie aus Beton. Tote Augen, auf einen Punkt in der Ferne gerichtet. Das Einzige, was an ihnen leuchtet, sind die Orden auf seiner Brust und die goldenen Fäden in ihrem Kleid.

Der Königspalast liegt mitten in der Stadt. Von weißen Mauern umgeben. Hinter den elektrischen Toren stehen schwarze Limousinen, mit Miniaturausgaben der nepalesischen Nationalflagge, zwei grüne Dreiecke mit gelbem Rand, rechts und links neben dem Kühler. Immer, wenn sich der König oder eine andere wichtige Person anschickt, das Gelände in einer dieser Limousinen zu verlassen, was mehrmals täglich vorkommt, wird der gesamte Verkehr umgeleitet.

Dann ist sofort alles verstopft. Die Straßen um den Palast sind übrigens die einzigen in ganz Katmandu, die einigermaßen instand gehalten werden. Das heißt, um die riesigen Löcher herum werden in der Regel Warnhütchen

aufgestellt und manchmal scheint sogar ein Ausbesserungs-
trupp unterwegs zu sein.

Die Bäume neben der Residenz erinnern entfernt
an Pinien. Die oberen Äste sind völlig kahl. Und daran hängen Fledermäuse. Es müssen tausende sein. Nicht die kleine
Variante, die ich von zu Hause kenne, sondern echte Gigan-
ten im Batman-Format. Mindestens einen Meter lang und
mit zwei Metern Spannbreite.

Im Garten eines Königs, der zu einem Land gehört, in dem über Korruption geklagt wird, hängen Tiere,
die gemeinhin mit Blutsaugerei assoziiert werden. Ich denke, dass ein hippophiler deutscher Bundeskanzler sich
wahrscheinlich nur ungern auf einem Pferd ablichten ließe, weil er aus gutem Grund eine vergleichsweise harmlose
Hoch-zu-Ross-Bildunterschrift fürchten müsste.

In der Nationalbibliothek lese ich, dass Birendra
das englische Elite-Internat Eton besuchte und danach in
Harvard studierte. 1972 starb sein Vater Mahendra und er
folgte ihm auf den Thron. Zu der Zeit ein sehr komforta-
bler Sitz, weil die Monarchie zwar die geheime Wahl einer
Art Länderrat in den verschiedenen Bezirken erlaubte, insgeheim jedoch alle Fäden in der Hand hielt. Nicht zuletzt
dadurch, dass der König einen Teil der Mitglieder dieses
Rates sowie den Premierminister selbst bestimmte. Und so
gut wie alles, was mit Polizei, Militär oder Politik zu tun
hatte, spielte sich hinter verschlossenen Türen ab.

Vor 13 Jahren gab es einen Aufstand, und nachdem dreihundert Menschen gestorben waren, erlaubte Birendra politische Parteien und akzeptierte seine Rolle als
konstitutioneller Monarch. Seither kommen und gehen immer neue Regierungen, manchmal bis zu viermal im Jahr.

Den Politikern wird vorgeworfen, genauso korrupt und eigennützig zu sein, wie das vorherige System. Und viele scheinen den alten Zeiten hinterherzutrauern. Wobei nach wie vor nicht wirklich klar ist, inwieweit Früher und Jetzt miteinander verwoben sind. Besserung ist nicht in Sicht: Analphabetenrate und Bevölkerungszuwachs sind sehr hoch, die meisten Menschen sehr arm, und die Wirtschaft ist eigentlich noch nie vom Boden aufgestanden.

Ich entdecke dann noch einen Bericht über ausländische Hilfsprojekte in Nepal. Das Urteil ist vernichtend. Schätzungsweise die Hälfte allen Geldes, dass nach Nepal fließt, verschwindet im Off. Und der Rest ist auch nicht viel besser aufgehoben.

Mein Lieblings-Negativbeispiel ist ein Aufforstungsvorhaben. Die Setzlinge waren a) nicht ordnungsgemäß eingepflanzt worden und b) an eine Stelle, wo der erste Monsunguss sie wieder aus dem Boden wusch. Praktischerweise wurde der ganze Unsinn auch noch mit einem Zaun versehen, für den die meisten der gesunden Bäume herhalten mussten.

Ich hole den Zettel mit der Telefonnummer aus meiner Tasche, schreibe »Traumhaus zu vermieten« hinten drauf, lege ihn auf die Seite, die ich gerade gelesen habe, und klappe das Buch wieder zu.

Bei unseren Überlegungen hinsichtlich des perfekten Platzes hatten die Dinge eine Rolle gespielt, die auch zu Hause ausschlaggebend sind. Lauter Lebensnippes. Besitzkonfiszierung, krähenverseuchte Luftwege oder Benzinrationierung wurden nicht einkalkuliert. Ich kam mir plötzlich lächerlich vor, wie jemand, der eine Leiter von oben nach unten besteigen will.

Sicher, unsinnige, bedrohliche, unzumutbare politische Verhältnisse gibt es in vielen Ländern dieser Welt.

Aber ihre tatsächliche Bedeutung habe ich erst jetzt ansatzweise verinnerlicht.

Immerhin: Wir haben die Wahl. Und insgeheim steht längst fest, Nepal kommt nicht in Frage. Vielleicht ist es ein perfekter Ort für Gutmenschen und Naturburschen. Die können, wenn ihnen alles zu dumm wird, in die Berge fliehen oder in ihre Aufgabe. Wobei uns Martin, 28, ein deutscher Trekkinguide, erzählt hat, dass es in Nepal eigentlich nur zwei Möglichkeiten gibt: Entweder außerhalb der Saison losmarschieren (dann sieht man nichts, weil alles voller Nebel hängt) oder in der Saison. Dann sieht man auch nichts, weil einem alle möglichen Rucksäcke vor der Nase herumturnen.

Es ist Ende November und wir beschließen, unser Glück auf der Weihnachtsinsel zu versuchen.

Krishna ist nicht wieder aufgetaucht.

Als wir am Flughafen auf das Boarding warten (Indian Airlines hat mal wieder Verspätung), sehe ich viele Vögel in der Luft. Und einen Hubschrauber, der über ihnen kreist.

Ein halbes Jahr später ermordet der Kronprinz Dipendra, 29, beim gemeinsamen Dinner, das die königliche Familie jeden Freitag im Palast in Katmandu veranstaltet, seinen Vater und seine Mutter. Bei dem Blutbad sterben auch die Schwester des Königs, Prinzessin Shuriti, und sein Bruder, Prinz Niraja, sowie zwei Schwestern der Königin. Insgesamt sollen elf Menschen ums Leben gekommen sein. Nach dem Massaker richtete der in eine Militäruniform gekleidete Dipendra die Waffe offensichtlich gegen sich selbst. Parallel wird berichtet, dass er durch Schüsse in den Rücken lebensgefährlich verletzt worden sein soll. Er wird ins Krankenhaus eingeliefert und sofort operiert, stirbt aber kurze Zeit später. Nach Dipendras Tod ernennt die Regierung sofort seinen Onkel Gyanendra, 54, den Bruder des Vaters Birendra, zum Regenten. Gyanendra verspricht öffentlich eine rasche und komplette Aufklärung der Ereignisse. Knapp drei Wochen später tritt der nepalesische Ministerpräsident Girjia Prasad Koirala zurück. Er ist in einen enormen Korruptionsskandal verwickelt und soll unter anderem große Summen von der nationalen Fluggesellschaft RAC erhalten haben. Am neunten Juli, dem Vorabend von Gyanendras Geburtstag, nehmen Maoistische Rebellen, die für eine Abschaffung der Monarchie kämpfen, 71 Polizisten als Geiseln. 41 davon werden getötet. Eine Woche später tritt ein Gesetz in Kraft, das Polizei und Justiz mehr Kompetenz sichert, um Verdächtige zu verhaften und öffentliche Proteste zu unterbinden, wie es heißt.

Ich schreibe Krishna erneut eine E-Mail. Bekomme aber keine Antwort.

Das achte Weltwunder
Weihnachtsinsel, November–Dezember 2000

Ich denke, jeder hat so etwas, eine ganz persönliche Idée fixe. Silvester am Südpol, Ski auf dem Kilimandscharo, Fasching in Patagonien oder Namenstag im Teutoburger Wald. Bei mir ist es Weihnachten auf der Weihnachtsinsel. Haha. Ich wusste lange Zeit nicht einmal, ob es die wirklich gibt. Aber irgendwie dachte ich, wenn eine Osterinsel existiert, dann müsste sich irgendwo auf dieser Welt doch auch eine Weihnachtsinsel verstecken. Außerdem klang es einfach zu gut. Dem Internet sei Dank wurde ich schließlich fündig. Im Indischen Ozean.

Die Weihnachtsinsel liegt nur 360 Kilometer westlich von Java, gehört aber seit vierzig Jahren zu Australien und sieht aus wie ein Schäferhundschatten. Spezialität: an Land lebende Krebse. Rote gibt es da, und blaue (beide Sorten mit bis zu 18 Zentimetern Durchmesser) und dann noch eine Robbercrab genannte Monsterausgabe, die so groß ist wie ein Beistelltisch und so stark, dass sie Kokosnüsse mit ihren Scheren knacken kann. Allein von den roten tummeln sich hundert Millionen im Regenwald. Und vor der Küste geht es nach höchstens fünfzig Metern gleich bis zu zweitausend Meter in die Tiefe. Ein Drop-Off, dass seinesgleichen sucht, mit Walen, Haien, Rochen und allem Drum und Dran. Ein Traum für Taucher und Naturliebhaber.

Nun gibt es genau drei Dinge, die mein Nackenhaar stramm stehen lassen: Spinnen (dem Äußeren nach enge Krebsverwandte), Fische, die Zähne haben und größer sind als ein Dackel, und Höhenunterschiede jenseits des Zehn-Meter-Bretts.

Alles da unten, denke ich, als ich aus dem winzigen Bullauge der zehnsitzigen Propellermaschine blicke. Ich sehe einen kleinen grünen Fleck im dunkelblauen Meer, mit einem dünnen weißen Wellenkamm-Rand. Außer der Rollbahn und einigen merkwürdigen hellen Kratern kein Zeichen menschlicher Existenz. Es ist definitiv zu spät, sich über den Ursprung von Hirngespinsten Gedanken zu machen. Und überhaupt: Es wird schon seinen Sinn haben, dass wir hier gleich landen.

Man muss dazu sagen, dass der Adler meine Ambitionen in diesem speziellen Fall nicht teilt. Fixe Ideen liegen einfach nicht in seiner Natur. Er meint sogar, ich würde mir selbst im Wege stehen, weil die Luftschlösser, an denen meine Fantasie fleißig herumbastelt, in der Realität nicht zu finden sind. Und ich dementsprechend oft enttäuscht wäre.

Mag ja sein, aber ich bin froh, dass er trotzdem mitgekommen ist.

Mit uns im Flugzeug sitzt ein japanisches Filmteam und ein älterer Herr mit angegrautem Haarkranz und über die Schulter gehängter Ledertasche. Er kommt mir verdächtig bekannt vor. Ich vermutete zunächst, es läge an der Art, wie er seine Tasche trug. Dieselbe leicht zur Seite gebeugte Haltung mit Nackenkerbe war auch meinem Geschichtslehrer in der Oberstufe zu Eigen, der China immer wie Kina aussprach und dabei viel Speichel versprühte.

Später stellt sich der Mann mit der Ledertasche als Werner Herzog vor. Ich denke an Cobra Verde, Fitzcarraldo und Klaus Kinski und erfahre, dass der berühmte Regisseur aus Österreich, der jetzt in Los Angeles lebt, genauso wie die Fernsehfritzen aus Tokio hergekommen ist,

70

weil das achte Weltwunder unmittelbar bevorsteht: die Massenwanderung der Red Crabs. In wenigen Tagen werden sie sich wie ein roter Teppich von oben nach unten auf der Insel ausrollen, weil sie ihre Eier nach wie vor im Wasser ablegen. Dafür müssen sie den ganzen Weg von ihrer eigentlichen Heimat im oberen Regenwaldplateau bis ans Meer herunterkraxeln. Eine Reminiszenz an ihre Vergangenheit als Meeresbewohner, die jedes Mal viele Opfer fordert.

Wie dem auch sei, im Moment deutet nichts darauf hin, dass hier überhaupt jemand lebt, egal ob Krebs oder Mensch. Der Adler streichelt meine rechte Hand. Und ich bemerke beunruhigt, dass wir dreimal auf dem Sprung zur Landung sind, der Pilot aber immer wieder durchstartet. »Schlimme Scherwinde hier«, sagt der Mann neben mir. »Ist einer der gefährlichsten Flughäfen der Welt.« Na wunderbar.

Wobei Flughafen sicherlich übertrieben ist. Wir werden in eine Blechbaracke gelenkt. Drinnen gibt es ein drei Meter langes Gepäckband und zwei Immigration-Schalter. Eine Frau in Uniform, die ein buntes Tuch um den Kopf geschlungen trägt und damit aussieht wie die britische Nordirlandministerin Mo Mowlan, beäugt mein Australien-Visum und stempelt dann den Pass ab. Ich denke, dass die Angestellten hier nette Arbeitszeiten haben. Wenn sie das Flugzeug am Himmel sehen, machen sie sich auf den Weg (muss ja sowieso noch einige Anläufe nehmen, um den Scherwinden ein Schnippchen zu schlagen) und zwei Stunden später, wenn es wieder gen Jakarta abgehoben hat, fahren sie zurück nach Hause. Und das nur viermal die Woche.

Später werden wir herausfinden, was es mit diesem Flugzeug und dem Flughafen wirklich auf sich hat.

Und, dass die Umstände weit weniger romantisch sind, als von mir ausgemalt.

Vor der Tür harrt die gute alte Erwartungsfalle. Ich sollte es eigentlich besser wissen, etwas aus den vorangegangenen Erfahrungen gelernt haben. Aber nein. Ich meine, was stellt man sich vor, wenn man an eine kleine Insel im Indischen Ozean denkt? Genau: Palmen, lächelnde, braun gebrannte, karg bekleidete Menschen, Blümchenbehang, Pina Colada, kurzum, exotisches Flair.

»Woytzek.« So stellt sich der kleine, gedrungene, sehr hellhäutige Mann vor. Er trägt eine Brille, kurz geschorene Haare, graustichigen Bart. Eine ausgeblichene Jeans zum hellen Hemd. Sein Englisch hat einen harten Akzent und er stottert. Wahrscheinlich einer der Gründe für seine ausgeprägte Wortkargheit.

Die Mango Tree Lodge, in der wir ein Zimmer reserviert hatten, ist für diese Nacht ausgebucht, und er bringe uns woanders hin, sagt er und hüllt sich danach in eisiges Schweigen.

Die Fahrt führt eine scheinbar endlose Schotterpiste entlang, links und rechts dichter Dschungel, und ab und an fährt ein riesiger Lastwagen mit mindestens hundert Stundenkilometern vorbei. Von der Ladefläche weht weißes Pulver, vermischt sich mit dem Staub der Straße, und wir tauchen jeweils minutenlang in Wattewände.

Woytzek fährt stur geradeaus, immer gleich bleibendes Tempo, trotz vernebelter Sicht. Irgendwann kommt ein schmutziges Schild: Phosphatmine.

Es gibt vier Orte auf der Weihnachtsinsel mit momentan rund 700 Einwohnern. Sie liegen alle am Hang oder vielmehr auf den Terrassen über dem Flying Fish Cove, der Bucht, die gleichzeitig auch der Hafen ist. Drumsite oben, Poon Saan in der Mitte, Settlement und Kampong unten.

Rund 60 Millionen Jahre hatte die Natur Zeit, die aufgetauchte Spitze eines Unterwasservulkans in Mount-Everest-Format zu erobern und einen einzigartigen Lebensraum für Tier- und Pflanzenarten zu schaffen, von denen einige, darunter auch der rote Landkrebs, ausschließlich auf der Weihnachtsinsel zu finden sind. Kurz bevor der Vulkan erlosch, spuckte er ein letztes Mal in vier Stufen Lava an die Oberfläche. Daher die charakteristischen, zum Meer hin steil abfallenden Terrassen und nahezu senkrechten, von nur fünf kleinen Stränden unterbrochenen Klippen rundherum. Sie sind mit messerscharfen schwarzen Felsen gespickt, und an stürmischen Tagen prallen die meterhohen Wellen, deren Wucht zwischen der Antarktis und der Weihnachtsinsel durch kein einziges Stück Land gemindert wird, mit einer derartigen Macht dagegen, dass die Gischt wie ein Geysir in die Höhe spritzt und das durch Mark und Bein dringende »Ffffummppp« bereits aus einem halben Kilometer Entfernung zu hören ist.

In Poon Saan, wo Woytzek uns mit dem Versprechen, am kommenden Mittag wiederzukommen, absetzt, ist vom Meer nichts zu sehen. Nur Chinesen. Und die simplen Aluminiumhäuser, in denen sie leben. Mit Satellitenschüsseln auf dem Dach und Wäschespinnen in den Vorgärten.

Die Christmas Island Lodge, unsere Überbrückungsunterkunft, ist ein langes rosa Rechteck mit einem breiten Gang in der Mitte, durch den der Wind pfeift. Zu beiden Seiten gehen die Zimmertüren ab. Sehr seelenlos. Das japanische Filmteam ist auch da. Werner Herzog nicht. Und mir dämmert, dass die Hand voll Herbergen vor Ort mit dem Krebsmarathon überfordert sein dürften.

Ich stehe auf der breiten geteerten Straße und sinke sanft in den von der Hitze aufgeweichten Belag. Unsere Körper haben keine Schatten, weil die Sonne senkrecht von oben kommt. Wie lebende Tote laufen wir herum, und ich begrabe meine Südseesehnsucht. Ureinwohner nebst folkloristischen Auswüchsen gibt es nicht. Bleibt die Frage: Wo kommen nur all diese merkwürdigen Menschen her? Und natürlich: Was machen wir eigentlich hier?

Ich hatte tatsächlich gehofft, dass meine Intuition der Schlüssel zum perfekten Platz sein könnte. Wir hatten Indien und Nepal vergleichsweise zufällig ausgewählt. Zur Weihnachtsinsel hatte ich einen persönlichen Draht. So etwas scheint aber auch nicht weiterzuhelfen.

Von oben, aus Drumsite, nähert sich langsam ein Auto. Es stoppt direkt neben uns und der Fahrer, ein schätzungsweise 35-jähriger Mann mit vielen geplatzten Äderchen im Gesicht, fragt durch die runtergekurbelte Scheibe, ob er uns mitnehmen soll. Keine Ahnung, sagen wir, und dass wir uns nicht auskennen. Dann sei es eine gute Idee, runter zum Hafen zu fahren, sagt er, und wir steigen ein.

Hinten liegen zwei Kindersitze. Vor dem Vordersitz steht ein Angelkoffer und zwischen den Beinen von Tony Butler, so ist sein Name, steckt eine halbvolle Flasche Jack Daniels. Er erzählt uns, dass er gerade auf dem Weg zum Golfspielen sei. Und, dass jeder, der an der Straße steht, vom nächsten Auto mitgenommen würde. Das sei hier ein ungeschriebenes Gesetz, weil es keine Busse oder Taxis gibt und es im Grunde genommen für niemanden ein Umweg ist, den anderen irgendwo abzusetzen. Sei ja alles so klein und überschaubar. Und auf zehn Minuten komme es auch nicht an.

Tony Butler ist Fotograf. Er reicht uns eine Visitenkarte. Auf der steht: »Freelance Fotograffi – For a creative approach«. Dann setzt er uns unten am Kreisel zwischen Kampong und Settlement ab und meint noch, dass es hier bei dem Chinesen gleich gegenüber sehr gute Nudelsuppe gäbe. »Man sieht sich!«

Der Chinese ist eigentlich ein chinesischer Kulturverein mit angeschlossener Küche. In einer weiteren großen Baracke dahinter ist der Supermarkt, links das riesige gelbe Förderband, das den Hafen dominiert und rechts die örtliche Tankstelle. Drinnen stehen ein paar Tische und Stühle, in den Regalen liegen bunt verzierte und mit Federn beklebte Drachenmasken aus Pappmaché und darüber verblichene Bilder der englischen Queen und der Queen Mum. Richtung Meer gibt es eine Stahltür, die offen steht. Wir setzen uns mit unseren Suppen auf die Stufen davor. Mit Blick auf einen staubigen Parkplatz ohne Autos. Dahinter mal wieder Blau. Nichts zu hören, außer dem Klappern der Stäbchen und den Grillen, die in den ebenfalls staubigen Büschen zirpen. Unter uns, in der Regenrinne, entdecke ich unseren ersten roten Krebs. Regungslos steht er da. Tot, ausgedörrt von der Sonne. Mumifiziert. Was für eine Einöde.

Abends gehen wir ins Silver Birch Restaurant gleich neben der Christmas Island Lodge. Wieder ein Chinese. Diesmal im ersten Stock einer zweigeschössigen Alukiste ohne Fenster. In der linken Ecke sitzt eine Runde Chinesen mit Langnasen, sprich: Nicht-Chinesen. Sie haben der Flaschenansammlung zufolge schon recht viel getrunken und heulen jetzt ins Karaokemikrofon. Auf dem Fernsehbildschirm läuft unten der Text entlang, und darüber tanzt in einem Walt-Disney-Wohnzimmer ein Computerpaar, das aussieht wie die Lara-Croft-Ausgabe von Ken und Barbie. Zwei chinesische Herren mittleren Alters stolpern alle drei Minuten (wenn ein neuer Song beginnt) in eine kleine Kammer, in der die Maschine zum Einstellen der gewünschten Titel steht. Dort drücken sie dann auf »Let it be«. Beim zehnten »Let it be« bitten wir um die Rechnung.

Am nächsten Tag bringt uns Woytzek in eine andere Welt. Settlement liegt direkt am Wasser, eine lange Straße mit Palmen, rechts und links stehen hübsche Holzhäuser mit Veranda. An einer Kreuzung sehe ich einen Papppfeil, darunter steht: »Houses for rent« und eine Telefonnummer. Später rufe ich den Vermieter an und erfahre, dass diese hübschen Häuschen für 350 australische Dollar (knapp 400 Mark) im Monat zu haben sind. Wirklich, ich könnte mir vorstellen, in einem dieser Häuser zu wohnen. Sie erinnern mich an das Haus, in dem »Die Waltons« lebten. Als Kind sah ich »Die Waltons« am liebsten. Und manchmal, wenn ich abends im Bett lag, tat ich so, als gehöre ich dazu und sagte einem nach dem anderen gute Nacht. Andererseits sollten solche Entscheidungen nicht aufgrund einer Kindersehnsucht getroffen werden.

Auf dem Randstreifen stehen staubige Autos und schlafende Schiffe. Unser Zimmer in der Mango Tree Lodge bietet einen ausgezeichneten Ausblick. Und Werner Herzog wohnt gleich nebenan. Das Guesthouse hat nur sechs Zimmer und wurde erst vor fünf Jahren gebaut. Es gehört Woytzek, 48, und seiner Frau Tamara, 46. Sie haben sich damit einen Traum erfüllt, sagt sie. Beide stammen ursprünglich aus Polen, haben das Land aber vor mehr als zwanzig Jahren verlassen und in Australien gelebt. Das ist also die Erklärung für seinen harten Akzent.

Im Tourist Office begutachte ich ein ausgestopftes Robbercrab-Exemplar mit violettem Fliegenpilzpanzer (noch gruseliger als ich dachte) und komme mit Karsten,

32, und seiner Freundin Martina, 31, vor einer Pinnwand mit Fotos des letzten Eroberungstages (eine Art inselspezifischer Nationalfeiertag, bei dem die Bewohner Floßrennen und allerlei andere Wettkämpfe veranstalten), ins Gespräch. Die beiden Deutschen haben sieben Jahre davon geträumt, auf der Weihnachtsinsel Urlaub zu machen. Sie schwärmen von der fantastischen Natur, den abenteuerlichen Wanderungen, die man hier unternehmen kann und dem Unterwasserwahnsinn.

Tamara und Woytzek aus Danzig und Karsten und Martina aus Bremen, vier Träumer in zwei Stunden. Warum sie davon geträumt hat, frage ich Tamara später. Sie haben zwanzig Jahre lang gearbeitet und Geld gespart, um sich etwas Eigenes aufzubauen, antwortet sie. In einer Gegend, in der sie Ruhe finden. Und wo es möglichst warm ist. Auf die Weihnachtsinsel kamen sie, weil es sich dabei um die einzige tropische Insel handelt, die zu Australien gehört. Denn das Land wollten sie wiederum auch nicht verlassen. Sie haben vor knapp zehn Jahren auf einer Auktion für dieses Stück geboten und den Zuschlag bekommen. So einfach kann das also sein. Warum machen wir es uns nur so schwer? Immerhin beginne ich die Weihnachtsinsel auch zu mögen. Nicht, weil sie traumhaft ist, sondern so schön schrullig.

Lilly Beach, nicht weit von der Mango Tree Lodge entfernt, ist ein bevorzugter Wochenendspot der Einheimischen, die, das habe ich bisher herausgefunden, neben Chinesen, Australiern und zwei Polen auch noch aus muslimischen Malayen aus Indonesien besteht. Die Malayen wohnen im Kampong. Dort steht auch eine kleine blaue Moschee, aus der bei Sonnenaufgang und Sonnenuntergang Gebetsaufforderungsgesang erschallt.

Es gibt noch einige andere Strände, aber Lilly

Beach ist der einzige, der mit einem Four-Wheel-Drive verhältnismäßig bequem zu erreichen ist. Und andere Autos fährt hier eigentlich sowieso niemand.

Lilly war ein Mädchen, das an dieser Stelle vor einigen Jahren ertrunken ist. Und die Wellen können mühelos einen Elefanten von den Füßen reißen. Ich liege mit zwei jungen Herren in der Sicherheitszone, einer Art Pool, direkt vor den Korallenstöcken, die fünf Meter hinter dem Ufer beginnen. Das Wasser ist so flach, dass wir die meiste Zeit ausgestreckt daliegen und dann gerade so bedeckt sind. Aber in regelmäßigen Abständen scheinen die Wellen, die aus dieser Perspektive wie Lawinen auf uns zurollen, so viel Wasser in die schmale, von hohen Klippen begrenzte Bucht zu drücken, dass wir von unten hoch gehoben werden und wie Marionetten im Wasser hängen.

Der Adler steht mit seiner digitalen Kamera direkt hinter uns. Dann setzt das Meer wieder seine unvorhersehbare Hydraulik in Gang, höher denn je. Alles versinkt in den Fluten. Auch die Kamera. Auf dem Bildschirm ein letztes Flimmern in Testbildfarben und dann gar nichts mehr. Es wird Tage dauern, bis der Verlust verkraftet ist. Zumal im beschränkten Warenangebot der Insel kein Ersatz zu finden ist.

Die beiden Herren sind sehr an mir interessiert. Sie fragen, wo ich herkäme und (mit Blick auf den Foto-Adler), ob ich Model sei. Sie heißen Andy und Sharpie. Sharpie hat Wick-blau-Bonbon-Augen und eine kleine gebogene Nase wie ein Papagei. Die beiden sind Australier. Das wird mir aber nicht sofort klar, weil Sharpie mir zunächst mehrfach mit schriller Stimme entgegenbrüllt: »I am an ooosiiie, you know, an ooooooaasiiiiiiieee!«

Sie sind 27 Jahre alt, Elektriker, und seit zehn Wochen auf der Insel. Normalerweise leben sie an der australischen Westküste in der Nähe von Perth. »In the bush, you know.« Da ist es viel besser als auf Christmas Island. Weil da Frauen leben. Hier gäbe es nur ein einziges verfügbares Mädel. Das blanke Grauen. Nicht zum Aushalten.

Sieht aus, als habe die Weihnachtsinsel Dinge, die es sonst nirgends gibt, im Überfluss. Dafür sind andere, die überall in ausreichender Zahl vorhanden sind, offensichtlich Mangelware.

Später finden wir auf der Straße einen Vogel. Er ist von doppelter Seemöwengröße, trägt ein Pinguingewand und hat blaue Füße und blaue Augen. Ein Booby. Scheint ganz schwach zu sein. Zumindest lässt er die Flügel hängen und sich widerstandslos einfangen. Wir bringen ihn zur Station des National Park of Australia. Der Booby sitzt auf dem Schoß des Adlers und legt sich während der Fahrt wie ein Rennfahrer in die Kurven. Der Park wurde vor zehn Jahren von der Regierung geschaffen, um sich um all die Inselraritäten zu kümmern.

Auf der Terrasse von Max, dem Leiter oder Manager, sitzen schon acht kranke Kollegen. Zwei weitere Boobies, einer davon hat rote Füße (diese Sorte nistet weltweit nur noch auf der Weihnachtsinsel), zwei Fregattenvögel (die mit ihren kahlen Schädeln und den hoch gezogenen Flügeln aussehen wie Nosferatu und castagnettenartig mit den langen Schnäbeln klappern, als die Frau von Max unserem Booby eine Sardine anbietet), und dann noch einige andere, die goldenes oder silbernes Federkleid haben und einen meterlangen Schweif hinter sich herziehen. Wir hatten sie schon am Himmel gesehen und fanden, dass sie aussehen, wie aus einem Sciencefictionfilm. Das seien Bosun Birds, sagt Max.

Und seine Frau fragt, wie sie unseren Booby taufen soll. »Adler«, sage ich.

Max, 49, erinnert mich an Meister Eder. Er hat weiße Haare, einen weißen Bart und eine knollige Nase. Seine Augen sind ganz klein. Weil er seit Tagen von Mitternacht bis Morgengrauen mit seinem Pickup herumholpert, Strände und Klippen inspiziert, aber nichts darauf hindeutet, dass das große Ereignis unmittelbar bevorsteht.

Dabei kann es nicht mehr lange dauern. Der abnehmende Mond steht im letzten Viertel. Ebbe und Flut haben sich angeglichen. Und bald kommt die Nacht, in der eine hohe Tide Milliarden von winzigen shrimpsähnlichen Larven weit mit hinaus ins offene Meer nehmen kann. Nur so besteht die Hoffnung, dass sie die richtige Strömung erwischen und drei Wochen später eine neue Generation von roten Krebsen ans Ufer gespült wird.

Im Grunde genommen lief in diesem Jahr zunächst alles nach Plan. Als vor vier Wochen der erste Monsunregen fiel, begannen die Männchen, erkennbar an den wesentlich größeren Scheren, mit ihrem Abstieg. Zwischen acht und 16 Tage brauchen sie für den Marsch. Wenn der Boden feucht oder die Sonne von Wolken überschattet ist, geht es schneller, weil sie sich nicht vor der Hitze schützen müssen und ununterbrochen unterwegs sein können. Bei blauem Himmel beschränken sie sich auf den späten Nachmittag und die frühen Morgenstunden, und die Reise dauert dementsprechend länger.

Aber das Wetter meinte es gut, und die Insel war innerhalb kurzer Zeit von roten Krebsen übersät. Gärten, Straßen, Wände, Regenrinnen, Garagen und Treppenstufen, alles beschlagnahmt. Weder vor dem Golfplatz (wo ich ein Turnier beobachtete, dass im weitesten Sinne als »Wir saufen uns von Loch zu Loch« durchgehen würde), noch vor der Küche des Rockfall Café oder der Bar der Golden Bosun Tavern machten sie Halt. Auch auf die verschiedenen Religionen der Bevölkerung wurde keine Rücksicht genommen. In den chinesischen Tempeln, der Moschee der Malayen oder auf dem christlichen Friedhof der Engländer und Australier – überall Krebse.

Sie nahmen alle denselben Weg. Oben in Drumsite waren sie zuerst, weil die Siedlung, in der neben Kindergarten und Schule, auch Krankenhaus und Minenverwaltung zu finden sind, direkt an den Regenwald grenzt. Dann ging es über Poon Saan hinunter zum Wasser, nach Settlement und Kampong, um ein kurzes Bad in den Wellen zu nehmen, den Panzer abzubrausen und mit neuer Feuchtigkeit zu versorgen. Und dann wieder zurück auf die erste Terrasse. Dort buddelten die Männchen kleine Höhlen, in die sie die einige Tage später ankommenden Weibchen zur Paarung lockten. Die Weibchen sind dementsprechend die zweite Invasion. Sie warteten, bis das Bett gemacht ist. Klar. Und nachdem sie sich ebenfalls kurz ins Wasser getunkt hatten, gesellten sie sich zu den Herren, die sie mit sanftem Scherengeklopfe auf den Rücken bezirzten. Eine halbe Stunde dauerte die eigentliche Paarung, bevorzugt in Missionarsstellung. Und dann blieben die Damen in den Löchern hocken.

Ungefähr 18 Tage später sind die rund 100 000 Eier, die jede von ihnen produziert hat, reif. Die Männchen haben in der Zwischenzeit längst wieder die Heimat erreicht.

Wir befinden uns genau an dem Punkt, an dem die Weibchen mit ihrer Brut aus der Erde kommen müssten. Und zwar pronto. Aber nichts passiert. Die Sonne brennt vom Himmel. Und alles bleibt ruhig.

Ich bin begeistert. Eine Insel, die ein solch faszinierendes Schauspiel bietet. Und das jedes Jahr aufs Neue. Ich stelle mir vor, wie glänzend Freunde unterhalten wären, wenn sie uns hier besuchen kämen. Hamburg hat den Hafengeburtstag, München das Oktoberfest. Und Köln den Karneval. Aber was ist das schon, gegen den ganzen Kokolores, den diese Krebse veranstalten? Ein großes Plus auf das Perfekte-Platz-Konto.

Wir beschließen, die Sache von nun an genauer zu verfolgen. Täglich inspizieren wir die schwarzen Tafeln, die am Kreisel hängen. Alles, was irgendwie von Belang sein könnte, wird hier bekannt gegeben. Dass Annie übermorgen ihren Geburtstag feiert und wo. Dass das Open-Air-Kino am Samstag »The Gladiator« zeigt. Dass es im Christmas Island Club am Montag Fish & Chips gibt, wenn genügend Wahoo ins Netz geht. Dass der Jackpot in Trucks Tavern derzeit bei 800 Dollar steht. Und der jüngste Stand in Sachen Crabs.

Dort treffen wir meist auch Werner Herzogs Sohn Rudolf, ein junger, dünner Herr mit langen Armen und Beinen, der mich bei jeder Begegnung an Heuschrecken denken lässt. Er hat die Krebsarie im vergangenen Jahr bereits mitgemacht, um alles vorzubereiten für den großen Augenblick. Die Krebse sollen in einer Albtraumsequenz von Herzogs neuem Kinofilm »Der Unbesiegbare« auftauchen. Er handelt vom stärksten Mann der Welt, gespielt von einem Finnen, der tatsächlich der stärkste Mann der Welt ist. Sie haben ihn dabei. Und er dreht langsam durch, weil es auf der Insel kein Kraftstudio gibt und nicht genug zu essen, und ihm diese Warterei auf die Krebsinvasion ganz gewaltig an den Nerven zerrt.

Das japanische Fernsehen läuft uns auch dreimal

täglich über den Weg. Aber sie wirken insgesamt etwas gefasster als die Mannschaft von Werner Herzog. Bei I. O. Communications, einem Container mit Tür, in dem alles rund um Handys, Computer, Satellitenschüsseln und Telefone zu haben ist (theoretisch) und der seinen Internetzugang vermietet, treffe ich zwei Fotografen (dem Akzent nach ein Franzose, der andere ein Italiener). Sie sind auch den Krebsen auf der Spur, haben ihre Digitalkameras ramponiert und jammern, dass weit und breit kein Ersatz zu bekommen sei (kommt mir alles bekannt vor).

Und dann ist es so weit: Max prognostiziert in weißen Kreidebuchstaben, dass die Eier in der übernächsten Nacht am Flying Fish Cove zu Wasser gelassen werden. Vier Tage nach dem optimalen Termin. Daneben hat er einen kleinen Krebs gemalt.

Und tatsächlich: Die ersten Weibchen mit dickem schwarzen Kaviarbehang am Unterleib säumen in der Dämmerung, als die Hitze etwas nachgelassen hat, die Straße vor dem Flying Fish Cove. Und gegen Mitternacht kleben ganze Trauben an den Felsen oberhalb des Strandes und an der Rampe, auf der die Boote ins Wasser gelassen werden. Um ein Uhr morgens finden sich einige Einheimische ein. Sie haben Taschenlampen dabei und Kaffeekannen, um sich wach zu halten, bis das Spektakel endlich beginnt. Marcus, 29, der schmucke Tauchlehrer aus Österreich, ist auch da. Er hat heute einen Walhai gesehen. Sechs Meter lang und drei Meter breit. Ein Riesenplanktonstaubsauger. »Der ist jetzt angekommen, weil der Tisch für ihn gedeckt wird«, sagt er. »Tiere wissen eben doch mehr als wir Menschen.«

Die hohe Flut ist für halb vier Uhr anvisiert und gegen drei wagen sich die ersten Krebse Richtung Wasser.

Sie sind vorsichtig, weil das, was jetzt bevorsteht, sie das Leben kosten kann. Ihre Kiemen sind nur noch rudimentär ausgebildet, und wenn die Wellen sie mit nach draußen reißen, bedeutet das den sicheren Tod. Eine kleine Krebsdame ist der Pionier. Sie geht schnurstracks in die Brandung, schüttelt sich zwei-, dreimal mit hoch erhobenen Scheren und kratzt dann mit den mittleren Hinterbeinen die restlichen Eier aus der Bruttasche. Es erinnert irgendwie an einen Hula-Hoop-Tanz. Eine kleine schwarze Wolke wird Richtung See getrieben. Die Beobachter klatschen und rufen laut »Horray«.

Max steht neben uns und lächelt: »Wahrscheinlich hat die noch keine schlechten Erfahrungen gemacht und ist mutiger als die älteren.« Ihr folgt eine wesentlich größere Kandidatin. Sie ist sehr vorsichtig, versucht, sich unter den Wellen zu ducken und Halt auf dem rutschigen Sand zu finden. Vergeblich, sie wird gut vier Meter vom Ufer weggespült und kann sich erst in allerletzter Sekunde an einen Stein klammern. Der rollt in der Strömung beängstigend vor und zurück, und als sie irgendwann eine günstige Position gefunden hat, entledigt auch sie sich in Windeseile ihrer Eier. Nach und nach wagen sie sich alle voran, und bis zum Morgengrauen haben zigtausend Krebsweibchen ihren Nachwuchs zu Wasser gelassen.

Als die Sonne aufgeht, ist das Wasser dunkel eingefärbt, viele Krebskadaver schwimmen an der Oberfläche, und die erfolgreichen Weibchen haben sich einen sicheren Platz im Schatten gesucht. Sie werden ihren Rückweg nicht vor dem späten Nachmittag antreten.

In den kommenden vier Nächten nimmt das, was am Flying Fish Cove begann, an allen Stränden und Klippen rund um die Insel seinen Lauf. Wobei an den steilen

Felsen eine andere Technik als am Strand eingesetzt wird: Die Weibchen kleben fünf Meter über dem Wasser wie Free-climber aufeinander und lassen die Eier in einem Schwung fallen, sobald eine hohe Welle heranrollt.

Wir sind nachhaltig beeindruckt. Spannend wie ein Krimi. Aber Werner Herzog ist gar nicht zufrieden. Er braucht die Krebse in freier Wildbahn, ohne Häuser im Hintergrund und neugierige Menschen drum herum.

Auf der anderen Inselseite, an einem Ort, der Blowholes heißt, und an dem das Wasser unten an die Küste auf die Kalksandsteinfelsen peitscht und oben mit Gebrüll aus tausend Löchern weiter in die Höhe spritzt, da hat Werner Herzog auch noch seine Bilder bekommen. Nicht ohne sich noch einmal ganz furchtbar aufregen zu müssen, weil ich ihm, auf dem Weg zu einer gebirgsähnlichen Krebsanhäufung, bei einem Rundumschwenk in die Schusslinie geraten bin. »Raus«, hat er gebrüllt und wie wild mit den Armen herumgefuchtelt.

Und dann kommt endlich der Regen. Innerhalb von wenigen Stunden ist alles mit Krebsen bedeckt. Jetzt, wo der vorher knochentrockene Lehmboden nass ist, wie ein vollgesogener Schwamm, nehmen sie keine Rücksicht mehr auf die Tageszeit, sie wollen nur noch nach Hause.

Tamara verbarrikadiert zum vierten Mal den Eingang zur Waschküche mit Brettern. Als wir morgens hinter einer durchsichtigen Plastikfolie (es regnet immer noch in Strömen) auf der Terrasse sitzen und frühstücken, hören wir die Kratzgeräusche fehlgeleiteter Krebse an der Mauer. Und manchmal muss Tamara einen Irrläufer aus dem Wohnzimmer fegen.

Im Wohnzimmer steht ein mächtiger Eichenschrank mit von Gästen zurückgelassenen Zeitschriften und einigen Büchern. »Gordon Bennett, der Held der Weihnachtsinsel« steht auf einem Einband. Das macht mich neugierig.

Endlich komme ich dem Geheimnis der Einwohnerschaft auf die Schliche. Die Insel wurde am 25. Dezember 1643 von William Mynors, Kapitän des britischen Schiffes Royal Mary, entdeckt. Im Vorüberfahren. Und weil Mister Mynors offensichtlich kein besonders kreativer Kopf war, hat er sie der Einfachheit halber nach dem Datum benannt. In den Jahren, die folgten, hielten Schiffe höchstens an, wenn sie dringend neues Holz oder Essen brauchten. Erst vor etwas mehr als hundert Jahren wurde es interessant. Eine Expedition hatte Gesteinsproben entnommen und festgestellt, dass es auf der Insel eins a Phosphat gab. Ein englischer Geologe, der die wissenschaftlichen Untersuchungen durchgeführt hatte, marschierte sofort los und beantragte das Recht, die Mine auszubeuten.

Nun wohnte auf einer nicht weit von der Weihnachtsinsel entfernten Inselgruppe, den Cocos Islands, seit langem eine englische Familie namens Keeling, die dort bereits Königreich spielte. Sie bekam von der Sache Wind und meldete, ohne zu wissen, um was es sich handelte, ebenfalls Anspruch an.

Schlussendlich mussten sich die beiden die Rechte teilen. Und bald darauf landeten die ersten Schiffe am Flying Fish Cove, an Deck waren die neuen Besitzer mit ihren Familien und sonstigem Anhang und unter Deck hunderte von Chinesen und Malayen, die man sich in Singapur besorgt hatte, um das wertvolle Phosphat abzubauen.

Bis in die achtziger Jahre herrschte auf der Weihnachtsinsel im Grunde genommen Sklaverei, steht da, weil die Arbeiter so gut wie kein Geld bekamen und sehr schlecht behandelt wurden.

Nun muss man derartige Informationen vorsichtig behandeln und sollte sich keinesfalls auf eine einzige Quelle verlassen. In der örtlichen Bibliothek gibt es allerdings noch zahlreiche andere Bücher, die diese Angaben bestätigen. In einem alten Fotoband mit ebenso antiken Aufnahmen stehen hellhäutige Ladies und Gentlemen in vornehmer Kleidung vor ihren Kolonialbauten. Während die Gebäude, in denen die asiatischen Arbeiter wohnten, lange Holzbaracken waren, ohne Licht und ohne Bad oder Toilette. Epidemien haben sie regelmäßig dezimiert. Und um sie bei Laune zu halten, gab es billigen Fusel und ein Haus mit Huren, die von der Minenverwaltung herbeigeschafft worden waren. Dort warteten sie abends in langer Schlange vor der Tür, um sich »die Hosen stramm ziehen zu lassen«, heißt es. Ehefrauen und Kinder wurden erst viel später erlaubt. Genauso wie eigene Häuser mit einem Minimum an Komfort.

Als der Brite Gordon Benett Anfang der Achtziger auf die Insel kam, um den Minenarbeitern beim Aufbau einer Gewerkschaft zu helfen, hatte sich die Situation dementsprechend etwas, aber nicht grundlegend gebessert. Die Löhne waren immer noch gerade mal etwas mehr als nichts. Und alle diesbezüglichen Forderungen oder Streikandrohungen wurden seitens der Bosse mit dem Argument, dann sei die Mine nicht mehr rentabel und müsse eben geschlossen werden, beantwortet. Obwohl der größte Teil des Düngers, der auf australischen und neuseeländischen Feldern verstreut wurde, mit dem extrem hochwertigen Phosphat der Weihnachtsinsel versetzt war. Da die Menschen, die hier zum Teil nun schon in der zweiten Generation wohnten, diese Zusammenhänge nicht kannten und ihre neue Heimat um keinen Preis wieder verlassen wollten, hielten sie zähneknirschend still.

Benett kam die Minengesellschaft mit derselben Masche. Aber er fiel darauf nicht herein und inszenierte eine eindrucksvolle Medienkampagne. Motto: Zustände wie vor hundert Jahren, hier, heute, mitten in Australien. Alle taten sehr schockiert. Trotzdem folgte ein jahrelanges erbittertes Tauziehen, bevor ein Rentabilitätsgutachten der unabhängigen Wirtschaftsgutachterfirma Arthur Anderson die ewige Minengesellschaftsblockade, eine Gehaltserhöhung treibe sie in den Bankrott, wie Zwieback zerbröselte. Gleichzeitig bot die Gewerkschaft an, die Mine zu kaufen und unter eigener Regie weiter zu betreiben.

Letzten Endes wurde von offizieller Seite (niemand konnte jemals genau klären, inwieweit die australische oder neuseeländische Regierung ihre Finger mit im Spiel hatte, wobei bis vor zehn Jahren niemand einreisen durfte, ohne eine Einladung der Minengesellschaft vorweisen zu können, was auf eine nicht unerhebliche Verquickung hindeutet) beschlossen, dass die Arbeiter die Mine zwar erwerben, aber nur noch die bereits vorhandenen Gruben abgetragen werden dürfen. Berechnungen zufolge ist in spätestens fünf Jahren Schluss. Ein hinausgezögertes Aus.

Aber die Gewerkschaft schlug ein. Besser als gar nichts. Gordon Benett konnte den hohlen Sieg nicht mehr auskosten. Er starb wenige Tage nach dem Abschluss der Verhandlungen an einem Herzinfarkt. Die Chinesen haben ihm einen Tempel mit Blick aufs Meer als Grab gebaut.

Soweit die Vergangenheit. Aber die Geschichte der Weihnachtsinsel ist noch lange nicht zu Ende. Weil niemand weiß, wie es wirklich weitergehen soll. Immerhin hat die Mine die Menschen hier ernährt.

Ich versuche, Tamara, die, wie die meisten anderen, nicht über Politik reden will (»Da hält man sich besser raus, sonst hat man schnell richtig Ärger am Hals«), nach ihren Plänen, Hoffnungen und Ängsten zu fragen. Nichts zu holen. Immerhin erzählt sie, als ich den Tourismus als viel versprechende Möglichkeit anbringe, von einem kürzlich gescheiterten Versuch.

Eine indonesische Investorengruppe hat Mitte der neunziger Jahre ein Fünf-Sterne-Resort in die Nähe des Golfplatzes gestellt. Wir hatten den Ort bereits im Vorbeifahren entdeckt und uns gefragt, was es damit wohl auf sich hat. Zumal das einzige Lebenszeichen die Boobies waren, die über dem Pool kreisten und ab und an hinunterstürzten, um im Vorbeifliegen ihren Schnabel mit Süßwasser zu füllen.

Ein Casino gab es auch. Und viele, viele Gäste. Darunter war auch die Brut des Sultans von Brunei und andere vermögende Staatsoberhäupter aus der nahen und weiteren Umgebung. Sie brachten Koffer voller Dollars mit. Und alle waren glücklich, die Bewohnerzahl der Insel schnellte in die Höhe und viele junge Menschen zogen her, die dort angestellt waren.

Die einzige Unannehmlichkeit war die casinoeigene Airline, die die Insel damals anflog. Die Piloten waren Indonesier und wurden nicht nach Stunden bezahlt, sondern nach geflogener Strecke. Sie haben die Maschine bei jedem Wetter runtergebracht. Egal wie. »Einfach bei Pi mal Daumen fallen gelassen«, erzählt uns Bill, 42, ein Australier aus Broome (noch ein: »In the bush, you know«), als wir an der Theke der Golden Bosun Tavern stehen. Bill ist ein lustiger Geselle, der da, wo er herkommt, gern mal auf Krokodil- und Känguru-Jagd geht und vor einigen Jahren in Deutschland von der Polizei aufgegriffen wurde, weil er neben der Autobahn ein Feuer machen wollte. »Dabei ging die Heizung nicht und ich habe wirklich gefroren.«

Er hat zu Casino-Zeiten in Poon Saan gewohnt und als Brandtechniker für die Minengesellschaft gearbeitet. Jetzt kommt er nur noch ab und an für Fortbildungslehrgänge auf die Insel. Aber er kennt hier jeden und all die kleinen und großen Details, über die die anderen so ungern reden wollen. »Das war teilweise hart an der Grenze. Aber was sollten sie machen?« Zumal der Start sich oft genug um Stunden verschoben hat. »Wir haben sie Gambling-Flights genannt«, sagt Bill, »weil alle Passagiere warten mussten, bis die letzte Million beim Roulette verspielt war.« Und dann kam die Asienkrise. Der Investor ging pleite, und das Resort wurde geschlossen.

Jetzt gibt es ein anderes Flugzeug, das Christmas Island mit Jakarta und Perth verbindet. Wir sind auch damit geflogen, wir hatten weder Verspätung, noch habe ich halsbrecherische Flugmanöver bemerkt. Außer dass der Co-pilot gleichzeitig die Stewardess war und kurz vor der Landung eine Flasche Insektenvernichtungsspray herumgereicht wurde, mit dem wir uns einsprühen mussten, ist mir wirklich nichts Ungewöhnliches aufgefallen.

Bill erzählt uns, dass dies der letzte reguläre Flug gewesen sei. Direkt danach habe man festgestellt, dass die Maschine einen Schaden hat, und sie wurde zur Reparatur nach Perth geflogen, wo die Vertragswerkstatt sitzt. Da ist sie jetzt. Seit knapp zehn Tagen.

Jetzt verstehe ich auch, warum Lisa, die beim einzigen örtlichen Reisebüro arbeitet, morgens, wenn wir beim

Frühstück im Rockfall Café sitzen und sie sich ihren Cappuccino abholt, immer ein Gesicht zieht, als habe sie gerade auf eine Zitrone gebissen und jeden Annäherungsversuch mit »Frag bloß nicht!« abwehrt. Es gibt hier übrigens in der Regel von allem nur eins, und die Restaurants oder Bars haben sich hinsichtlich der Öffnungszeiten offensichtlich auch abgesprochen, zumindest sind diese so versetzt, dass sie einander möglichst wenig Kunden wegschnappen. Ein in Anbetracht der Umstände sehr kluges Prinzip.

Und ich verstehe auch, warum das Rockfall Café keine Fajitas mehr hat. Und die Island Gecko Pizzeria keine Nudeln. Alles muss eingeflogen werden.

Im Supermarkt steht zwar seit Tagen ein Schild, das die Ankunft von Obst und Gemüse mit dem nächsten Schiff ankündigt. Aber das ist ebenfalls überfällig. Es liegt weit vor der Küste vor Anker, weil mit dem Regen auch der berüchtigte Swell kam. Haushohe Wellen. Über Nacht. Vorher war der Ozean glatt wie ein frisch geplättetes Tischtuch, und jetzt essen wir unsere Pizza hinter einer dicken Plastikplane, um auf der rund fünfzig Meter vom Wasser entfernten Terrasse der Island Gecko Pizzeria nicht nass zu werden.

Ich denke an den Winter 1978. Da waren wir im Haus meiner Oma in Steinhude am Meer vier Tage lang eingeschneit. Drei Meter hoch lag der Schnee. Die Haustür ließ sich nicht öffnen, und rausgucken konnte man nur noch aus den Fenstern im ersten Stock. Und weil die Straße nur für Anlieger war und sowieso nur wenige Häuser auf dieser Seite des Sees am Ufer standen, kam der Schneepflug zu uns zum Schluß. Irgendwann bin ich übers Eis in den Ort gestiefelt und habe eine Zeitung, Brot und Milch gekauft. Ich kam mir vor wie Walter Scott auf Südpolexpedition. Obwohl ich damals noch viel zu klein war, um zu wissen, wie berühmte Abenteurer heißen. Und das Beste war: Ich konnte nicht zur Schule. Seither habe ich eine Schwäche für Ausnahmezustände.

Es gibt viele Menschen, die das anders sehen. Nicht zuletzt der stärkste Mann der Welt. Aus gut unterrichteter Quelle erfahre ich, dass er seine Wut in Gin ertränkt und bin beruhigt. Immerhin wohnt er nebenan und kann in diesem Zustand vermutlich nichts in Trümmer legen.

Mittlerweile liegen sehr viele Krebsleichen auf dem Asphalt. Die meisten fallen den rücksichtslosen Minenlastwagen anheim. Während die restlichen Bewohner zwei Parteien bilden: die, die im Schritttempo versuchen, drum herum zu kurven. Und die anderen, die die Augen zusammenkneifen und einfach weiterfahren. Einmal sah ich einen Chinesen, der sogar versuchte, sich die Ohren zuzuhalten. Das Quetschgeräusch garantiert eine Gänsehaut. Schlimmer ist nur noch der faulig-fischige Geruch der platt gewalzten Panzer.

Einige Tage später (das Flugzeug ist zwischenzeitlich einmal Richtung Christmas Island abgehoben, um mit einem neuen Problem gleich wieder umzukehren) hat der Adler Geburtstag. Wir kennen mittlerweile eine ganze Reihe von Menschen und so stehen wir kurz vor Mitternacht in heiterer Runde in der Golden Bosun Tavern. Es gibt Bier und australischen Rotwein und Whiskey. Sharpie ist blau wie tausend Russen und sein Geschrei, er würde morgen extra uns zu Ehren ein Grillfest, ein Barbecue, veranstalten (»a barbiiiiiie, you know«), ist noch schriller als normalerweise.

Bill hat sich extra fein gemacht. Frisch gestärktes Hemd, manikürter Schnauzbart und eine ganze Wagenladung voll Aftershave.

Als es zwölf schlägt, wird der Adler von allen Seiten heftig umarmt. Auch von Bill. Und jetzt riecht der Adler wie Bill und wird am nächsten Morgen immer noch nach Bill riechen.

Tauchlehrer-Marcus lebt schon seit Jahren auf der Insel und ist (genau wie ich) von der Tatsache, dass man hier grundsätzlich Haus- und Autoschlüssel im Schloss stecken lässt, begeistert. Einmal sind wir mit einem falschen Wagen losgefahren, weil die Fahrzeugfraktionen aus völlig identischen Four-Wheel-Drives in Rot, Weiß und Blau bestehen, und haben es erst gemerkt, als der eigentliche Besitzer in unserem Auto auftauchte. Wenn man betrunken ist, kann man sogar die Polizei anrufen und sich von den Beamten nach Hause chauffieren lassen, erzählte er mir noch. Und dass die Bank auch nie abgeschlossen sei. »Stell dir das mal in Deutschland vor!«

Als Geburtstagsgeschenk für den Adler hat uns Michael, 43, der Inselschlachter, zu einem Ausflug auf seinem Boot eingeladen. Er hat vorher auch in Perth gelebt und ist vor einem Jahr mit seiner Frau und den beiden Söhnen hergezogen. »Ich kannte die Insel schon von mehreren Besuchen und wurde von den Bewohnern bekniet zu kommen, weil sie so gern mal wieder frisches Fleisch essen wollten.« Er liebt Christmas Island. »Hier zu leben ist wie immer im Urlaub zu sein«, sagt er. Er müsse nur vier bis fünf Stunden am Tag arbeiten, habe aber trotzdem sein Auskommen, weil alles so billig sei. »Das meiste ist ja auch noch zollfrei.« Außerdem gäbe es diesen Zusammenhalt. »Wir helfen uns wirklich untereinander, bei allem, was anliegt. Wo gibt es das denn noch?«

Michael hat im Moment noch weniger zu tun als sonst, weil das Schiff mit seinen vakuumverpackten Rinder-

und Schweinehälften an Bord immer noch nicht anlegen kann. Er hat zwar, wie die meisten anderen auch, einen zweiten Job. Aber die Mietwagen, die er abholt, reinigt und ausliefert, werden ihre Fahrer ja auch erst wechseln, wenn das Flugzeug mal wieder landet.

Michaels Boot ist ein High-Tech-Apparat, zweimal 200 PS hintendran, und im Cockpit steht ein Bildschirm, auf dem die aktuelle Tiefe verzeichnet ist und die Fischschwärme geortet werden. Sieht aus wie ein Radar. Scheint ganz schön was los zu sein, da unten.

Wir fegen mit knapp fünfzig Meilen übers Wasser und müssen uns mit den Händen an der Reling festhalten. Stehen ist besser als Sitzen, weil so nur die Füße im Zweisekundentakt abheben.

Wir ankern in einer Höhle, die die Wellen in die Felswände gefressen haben. Boat Cave heißt sie. Als wir Richtung offenes Meer schnorcheln, sieht es aus, als seien Scheinwerfer auf uns gerichtet. Nach dreißig Metern kommt der Drop-Off. Achthundert Meter an dieser Stelle, das hatte ich mir vorhin vom Bildschirm gemerkt. Ich schwimme hin und gleich wieder rückwärts. Vorn an der Kante kommt es mir vor, als sei ich ohne Fallschirm aus einem Flugzeug gesprungen.

Hinter einem Riff tauche ich in einen Schwarm platter schwarzer Fische mit weißer Augenumrandung und weißen Flatterflossen auf dem Rücken. Müssen tausende sein. Ich denke noch, wie schön das alles ist, dann sehe ich sie: zwei Haie. Einer kleiner als der andere, aber mindestens so groß wie ich. Zehn Meter von mir weg. Höchstens.

Wo ist der Adler? Nicht ins Wasser pinkeln. Nicht wild herumpaddeln, weil sie einen sonst für einen verletzten Fisch halten. All die guten Ratschläge schießen in den Kopf.

Ich schwimme zum Adler, mache verzweifelte Zeichen und dann weiter Richtung Boot. Immer schneller, je weiter ich die Haie hinter mir wähne. Aber wer weiß das schon, wenn er nur nach vorne schaut.

Als Michael zehn Minuten später an Bord klettert, klopft mein Herz immer noch bis zum Hals. Ob wir die Haie auch gesehen hätten, fragt er. Richtige Prachtexemplare seien das gewesen, sagt er. Und, dass sie nicht gefährlich waren, weil sie weiße Flecken auf den Flossen hatten und keine schwarzen. Oder umgekehrt. Aber wer will sich die schon so genau ansehen, um sicher zu gehen.

Auf dem Rückweg begleiten uns Delfine. Es sind sechs Ausgewachsene und ein Baby. Sie springen immer der Reihe nach vor dem Bug aus dem Wasser. Wir könnten doch ins Wasser steigen und mit ihnen schwimmen, sagt Michael. Ich lehne dankend ab.

Er lacht, reicht mir ein kühles Bier und eine Zigarette. Ich denke mal wieder, wie einzigartig diese Insel ist. Viele seltene Tiere gibt es auf Christmas Island. Und die Menschen und die Art, wie sie miteinander leben, ist nicht minder selten. Als Platz vielleicht nicht perfekt, aber sehr charmant. Wenn da nicht die Sache mit dem Flugzeug wäre. Wir können unmöglich an einem Ort leben, an dem wir nie wissen, wann wir wieder wegkommen.

Obwohl die Maschine just an dem Tag, an dem wir abfliegen wollen, wieder auftaucht, und wir mit nur sechs Stunden Verspätung abheben. Während wir warten, sehe ich, wie ein roter Krebs zwischen unseren Taschen herumwandert. Schade, dass wir nicht mehr erleben, ob tatsächlich eine neue Generation an Land gespült wird. Das ist nur alle sechs Jahre der Fall.

Ich bin ebenfalls gespannt, wie die Zukunft der

Weihnachtsinsel wohl aussehen mag. Immerhin haben sie eine neue Idee: einen Weltraumbahnhof.

Wir sind auf dem Weg nach Singapur. Der Adler will sich dort eine neue Digitalkamera kaufen. Und bei der Gelegenheit könnten wir uns ja auch gleich die Stadt ansehen, meinte ich.

War denn schon Weihnachten? Um ehrlich zu sein: Nein. Eigentlich wollte ich diesen Aspekt der Weihnachtsinsel unter den Tisch fallen lassen: Weihnachten sollte man nicht hier verbringen. Es gießt in Strömen. Ununterbrochen. Die vergangenen Tage war der Himmel dunkelgrau verhangen. Und selbst der Bootsausflug wurde von heftigen Schauern unterbrochen. Es hört eigentlich erst kurz vor Ostern wieder auf, sagt Tamara. Und das wäre dann auch die allerschönste Zeit. Sonnenschein, alles grün und strahlend. Ostern.

Achtung Plastik
Singapur, Dezember 2000

Ich saß vor Starbucks und heulte. Unter meinem Kinn sammelten sich salzige Tropfen und fielen weich in die makellose Schaumhaube des Caffè latte venti. Die Arbeiter, die die Bushaltestelle an der Ecke gerade hingebungsvoll gewienert und sich dann gegenseitig vor dem glänzenden Werk abgelichtet hatten, verlagerten ihre Aufmerksamkeit jetzt langsam auf mich. Und der Huskywelpe, der zwischen zwei Louis-Vuitton- und einer Prada-Papptüte unter dem Tisch des jungen Pärchens nebenan lag und »102 Dalmatiner«-Puschen trug, hörte kurz auf zu hecheln, richtete seinen himmelblauen Blick auf meine roten Augen und klopfte dann zweimal mit dem Schwanz auf den glänzenden Marmorboden. Der Adler sah mich an und dann wieder weg. Wie Eis kam er mir vor und es schien mir, als sei er sehr weit von mir entfernt. Wie auf einem anderen Stern.

Ich weiß nicht einmal mehr genau, wie das ganze Dilemma begann. Vielleicht schon bevor wir gelandet waren. Ich hatte beschlossen, Singapur eine Chance zu geben. Alles, was darüber gesagt oder geschrieben wurde, erschien mir platt und abgedroschen. Die Wirklichkeit kann nie ein Scherenschnitt sein, sagte ich. Außerdem: Ich mag schwarze Schafe und wollte mir die Möglichkeit offen lassen, ein eigenes Urteil zu bilden. Der Adler hatte daraufhin bekannt gegeben, dass die Stadt oder der Staat oder was auch immer das Grauen sei: Achtung Plastik.

Als wir mit dem Taxi Richtung Hotel fuhren, wies ich ihn auf das Wolkenkratzerpanorama hin. Mit den vielen Lichtern und Neonrahmen und übereinander gestapelten Straßen. Achtung Plastik, wiederholte er. Der Taxifahrer war jung, trug eine Calvin-Klein-Brille und ein zartblau gestreiftes Ralph-Lauren-Hemd. Er sprach perfekt Englisch, und an der Ampel hielt neben uns ein schwarzes Motorrad mit einem in schwarzes Leder gekleideten Ninja oben drauf und seiner winzigen Freundin dahinter (in einem Bikini aus schwarzem Leder, von dem meine Oma sagen würde, er sei kleiner als das Preisschild). Wie einem Manga entsprungen. So sahen sie aus. Achtung Plastik, lautete der Kommentar des Adlers.

Alter Affe, dachte ich. Ich fand die ersten Eindrücke recht amüsant. Zumal ich am Flughafen insgeheim eine Wette abgeschlossen hatte. Dass ich innerhalb einer Stunde mit dem hiesigen Reinlichkeitswahnsinn kollidieren würde.

37 Minuten und 43 Sekunden. Das war die exakte Spanne zwischen Landung und persönlicher Bekanntschaft mit der ersten Putzeinheit am Changi International Airport. Schuld hatte eigentlich McDonald's. Vielmehr das Nichtvorhandensein einer Mineralwasserdüse am dortigen Getränkeautomaten. »Barleys Fun«, von ähnlicher Gestalt (durchsichtig) aber grundverschiedenem Geschmack (aufgelöste Zuckerwatte), war keine echte Alternative und der randvolle 500-ml-Pappbecher in einem Piccobello-Land, dass unbedachtes Entsorgen einer Zigarettenkippe angeblich mit drakonischen Strafen ahndet, ungefähr so handlich wie ein pubertierender Elefant unterm Arm. Größtmögliche Schnittmenge mit hiesigen Gepflogenheiten: Gefäß samt Inhalt vorsichtig auf dem silbernen Chromrahmen eines Mülleimers absetzen.

Es blieb kaum genug Zeit, sich Gedanken darüber zu machen, da stand er auch schon, der freundliche chinesische Herr mit schwarzer Hornbrille und Service-Schild-chen auf der Brust: »Gehört das Ihnen?«, fragte er. »Ja, keine Ahnung wohin damit« (gesagt). Wie lautet die Anklage? (gedacht). »Kein Problem«, meinte er, drehte sich um und winkte eine bekittelte Dame auf einem mit allen Finessen ausgestatteten Reinigungsmobil herbei, die sich der Sache bemächtigte. Er deutete einen Kratzfuß an, wünschte mir alles Gute und ging davon.

Hatte ich also die doppelte Bestätigung. Dass Singapur so ist wie kolportiert, aber dass das wiederum nur die halbe Wahrheit ist. In den Ritzen der Realität versteckt sich eben doch noch die eine oder andere Überraschung. Warum wollte der Adler das nicht einsehen?

Im Merchant Court Hotel (asiatischer Las-Vegas-Style in Rosé und Hellgrün) standen zwei Zimmer zur Auswahl. Eins »non smoking« und das andere »smoking«. Aber das erste sei größer und schöner, sagte die junge indische Rezeptionistin mit dem Bindi auf der Stirn und den zarten Koteletten. Allerdings würde sie für Gäste, die keine starken Raucher seien, auch gerne einen Aschenbecher hochbringen lassen. Ein nettes Haus und so hilfsbereit.

Auf dem beigen Schlingenteppich waren schattenhafte Fleckenreste und im Swimmingpool mit Rutsche und drei Miniaturwasserfällen lag eine Horde Holländer, alle Teilnehmer des Singapur-Marathon 2000. Sie hatten sich morgens um halb fünf zum Lauftraining getroffen, das hatte ich der Flipchart vor den Aufzügen entnommen, und genossen nun die Skyline. Darüber hingen düstere Monsunwolken. Aber wen stört das schon bei 32 Grad im Schatten.

Nachmittags rüsteten sich die Bars und Restaurants am Clarkes Quay für die Freitagnacht. Die Amüsiermeile, eine mit wenig Liebe und viel Beton aufgebrezelte Uferpromenade, liegt direkt gegenüber, am Rand des Singapore River. Im »Crazy Elephant« wandelte gegen Mitternacht eine japanische Boygroup mit hüftlangem Haar und exzessivem Nietenbehang auf Nirvana-Pfaden, und vor dem »Dancers – the Club« wiegten sich europäische Touristenpärchen in Shorts und Hawaiihemden zu Bob Marleys »I shot the sheriff«. Dazwischen die örtliche Girlie-Variante: Junge Mädchen, die alle aussehen wie Sabrina Setlur, nur mit hoch gezogenen Mundwinkeln. Sie trugen glitzernden Lidschatten und bodenlange Seidenkleider mit Rückendekolletée in Rosa, Weiß oder Schwarz und kicherten pausenlos in streichholzschachtelgroße Handys, die in karierten Burberry-Etuis aufbewahrt wurden.

Ihre älteren Schwestern waren in Prada und Gucci unterwegs und saßen mit schwitzenden amerikanischen Geschäftsmännern auf den etwas intimeren, fest vertäuten Dinner-Cruise-Dschunken. Generationenübergreifendes Ausgeh-Accessoire der Saison: Die Weekend-Reisetasche von Louis Vuitton mit 15-Kilo-Fassungsvolumen und eine Schachtel Marlboro Menthol.

Sie rauchten alle. Aschten alle auf den Boden. Und da landeten auch die Kippen.

Am nächsten Morgen stand in der Wochenendausgabe der Singapore Straits Times, dass Zigarettenkippen ein Drittel der Abfallmenge ausmachen. Das hat ein von den Grundschulen veranstalteter Müllsammeltag ergeben. Der Artikel endete mit dem dringenden Appell, diesbezüglich doch bitte, bitte umzudenken.

Auf dem Weg zu Starbucks kamen wir an hunderten von Kindern und Jugendlichen vorbei, die das frisch gefegte Kopfsteinpflaster säumten. »Young Artists Club« stand auf ihren gelben T-Shirts. Sie malten alle aus derselben Perspektive eine Aquarellidylle mit falschen venezianischen Brückchen.

Ich war immer noch verstimmt wegen dieser sturen Haltung, die der Adler einnahm. Irgendwie schien mir die Tatsache, dass er anderer Meinung war als ich, den Boden unter den Füßen wegzuziehen.

In den vergangenen Monaten waren wir einander auf Gedeih und Verderb ausgeliefert. Rund um die Uhr. Schön. Und schrecklich. Ich hatte eigentlich in ihm gewohnt. Er war meine Wand, mein Haus, mein doppelter Boden. Und nun kam ich mir vor, als sei die Tür zu diesem Haus verschlossen. Diese persönliche Gefühlslage versuchte ich ihm, soweit ich sie selbst entwirren konnte, zu erklären. Je mehr ich mich bemühte, desto verkniffener wurde sein Gesicht. Und irgendwann meinte er, dass wir vielleicht Abstand bräuchten. Und das war der Moment, in dem ich anfing zu heulen. Erst war die Tür zu und jetzt sollte auch noch das Haus wegziehen.

Am liebsten wäre ich aufgesprungen und weggelaufen. Aber diese Möglichkeit haben wir uns ja genommen. Abstand! Wie denn? Abstand, dass kann doch in dieser Situation nur Trennung bedeuten, schießt es mir durch den Kopf.

Was für eine wahnwitzige Entscheidung, ein Jahr herumreisen zu wollen, um den perfekten Platz zu finden. Als wäre es nicht schon schwer genug, gemeinsam ohne Unfälle durch zwölf Monate neuer Erfahrungen zu stapfen. Mussten wir uns auch noch dieses unerreichbare Ziel stecken. Ich meine, kenne ich irgendjemanden, der den perfekten Platz zum Leben gefunden hätte? Eben! Kommt jetzt die Strafe für unsere Überheblichkeit? Ich fühle mich einsam.

Es dauert noch eine tränenreiche Stunde, bis ich mit dem herausrückte, was wirklich hinter dieser Achtung-Plastik-Angelegenheit steckt. Meine Harmoniesucht und die Angst, dass zwei Meinungen automatisch ins Desaster münden. Meine Eltern hatten sich zum Ende ihrer Ehe hin sehr oft gestritten. Ich war vier oder fünf Jahre alt und konnte nie verstehen, worum es ging. Ich spürte nur die Wut, die Verzweiflung und die Ausweglosigkeit hinter ihrem Geschrei. Ich bin dann immer mit meinem Kinderteller (aus weißem Porzellan, mit einem Hasen in der Mitte, der eine karierte Schürze trug) unter das Bett gekrochen, damit der nicht auch noch unter das Geschirr geriet, das durch die Luft flog. Irgendwie glaubte ich so, etwas retten zu können, wo schon längst nichts mehr zu retten war.

Vielleicht tue ich dem Adler Leid, in meinem emotionalen Elend, vielleicht wurde ihm durch diese Erklärung auch einfach nur klar, dass eigentlich nicht er in der Schusszone stand. Solange wir uns lieben, könne gar nichts Schlimmes passieren, sagt er. Und dass im Grunde genommen auch nichts anderes zählt.

Ich nehme mir vor, in Zukunft schneller auf den Punkt zu kommen. Seine Reaktion macht mir Mut und gibt mir Kraft. Ich bin wie frisch aufgeladen.

Dafür ist der Adler ganz ausgelaugt. Und ich versuche, ihn zu einem Ausflug auf die Insel Sentosa zu überreden, damit wir wieder auf andere Gedanken kommen. Er sei zu traurig für eine Extraportion Plastik, sagt er. Ich kann ihn verstehen. Und sage, dass man sich aber auch einen Spaß daraus machen könnte. Dann ist er doch einverstanden.

Sentosa erreicht man am besten mit der Seilbahn von einem Hügel namens Mount Faber aus. Die Fahrt lohnt sich, weil man einen schönen Blick auf die ganze Stadt hat. Und die dreisprachigen Einführungsansprachen, die aus den in der Gondel installierten Lautsprechern kommen, sind auch vom Feinsten: Willkommen im begehbaren Superlativ.

Wie im Hansaland ist es da. Themenparks, Underwaterworld, eine parfümierte Gartenanlage, ein fünfzig Meter hoher Löwenkopf als Wahrzeichen. Singapore bedeutet Löwenstadt. Obwohl es auf der ganzen Insel keinen einzigen Löwen gibt oder je gab. Die Entdecker hatten damals aus der Ferne einen Tiger gesehen und ihn für einen Löwen gehalten.

Die Gäste liegen an künstlich aufgeschütteten Stränden vor so genannten Schwimmlagunen. Ab und an lugt ein Sandsack heraus. Im Hintergrund stampfen riesige Containerschiffe vorbei. Der Blick erinnert an den Hamburger Hafen. Und auf dem Wasser schaukeln kleine Schaumkronen, die einen dünnen Regenbogenfilm hinter sich herschleifen.

Die jungen chinesischen Yuppies liegen stundenlang im knietiefen Wasser und behalten die ganze Zeit ihre Guess- und Gucci-Sonnenbrillen auf. Sie fummeln mit ihren Freundinnen und werden dabei von den Indern beobachtet, die in Shorts und T-Shirts unter einer Palme sitzen und deren Frauen nur mit ihren Saris baden dürfen. Wenn überhaupt. Nebenan ertönt die Titelmusik der Fernsehserie »Dallas«. Das Startzeichen für die Delfinshow.

Ich frage eins der Mädchen, ob es sie nicht stört, so von den Indern angestarrt zu werden. Zumal die Gedanken hinter den Augen leicht zu erraten sind. »Nein«, sagt sie und lacht. »Daran sind wir gewöhnt. Außerdem haben wir keine Lust, uns davon die Laune verderben zu lassen.« In

Singapur würden viele unterschiedliche Nationalitäten zusammenleben, alles friedlich und ohne Probleme. Ich denke, dass Wohlstand ein guter Kitt ist. Je besser es den Menschen geht, desto toleranter sind sie. Ein alter Hut.

Auf dem Rückweg steigen wir an der Seilbahnstation World Trade Center aus. Ein ziggeschössiges Gebäude mit heruntergekommenem Fahrstuhl. Vor der Tür steht eine lange Schlange am Taxistand. Mal wieder. Ich hätte nie gedacht, dass es ausgerechnet hier zu wenig Taxis gibt.

Eine knappe Stunde später sitzen wir bei Mr. Low im Wagen. Ein freundlicher Chinese, der uns erklärt, warum wir so lange warten mussten. Es gäbe zwar 20 000 Taxis in Singapur, aber die meisten davon hätten feste Kunden, die sie täglich zu bestimmten Zeiten befördern, sagt er. Das läge wiederum daran, dass die Autos so teuer sind.

Er ist 57 Jahre alt und arbeitet sieben Tage die Woche. Fünfmal zwölf und zweimal zehn Stunden. Die restliche Zeit sitzt ein Kollege hinterm Steuer, damit das Fahrzeug auch ja ausgelastet ist. Urlaub nimmt er eigentlich nie, höchstens mal einen halben Tag frei für die Familie. Er war gerade auf dem Heimweg. Wie so viele wohnt er weit außerhalb, fast an der Grenze zu Malaysia. Eine Wohnung im Zentrum wäre unbezahlbar. Zwar gäbe es dort auch eine Menge Häuser, die der Staat gebaut hat und die nicht allzu teuer seien. Das sind dann allerdings nicht diese Bilderbuch-Bürotürme, sondern eher Hochhausanlagen mit Laubengängen wie in Hamburg-Mümmelmannsberg oder Berlin-Marzahn. Aber nur Angestellte könnten dort wohnen, weil die Firmen einen Teil zur Finanzierung beitragen müssen. Für jemanden wie ihn, einen Freiberufler, käme das nicht in Frage.

Das Geld sei nicht mehr so reichlich wie früher,

sagt er noch. »More competition.« Aber trotzdem gäbe es in Singapur immer noch genug Jobs und so gut wie keine Arbeitslosigkeit. Er mag es hier und könnte sich nicht vorstellen, woanders zu leben. »China, neeeeh!«

Ich will mir eine dieser Wohnanlagen ansehen. Und wir lassen uns vor dem Golden-Mile-Komplex, mitten im thailändischen Viertel, absetzen. Das unterste Stockwerk besteht aus Hallen mit Restaurants und Essständen. Alle zur Straße hin offen. Davor hocken hunderte von Thais. Auf dem Bürgersteig. Auf dem zertrampelten Grünstreifen zwischen den Bäumen. Sie rauchen und trinken und auf dem Boden liegen verstreut leere Bierflaschen, Kippen und zerknülltes Papier. Und darüber in regelmäßigen Abständen Schilder, auf denen »No littering – 1000 Dollar Fine« steht. Die angedrohte Strafe scheint niemanden zu beunruhigen. Ich frage einen jungen Mann, dem Anschein nach am wenigsten angetrunken. »This no Singapur, this our home«, sagt er.

In Little India begegnen wir demselben Phänomen. In der Dunlop Street stehen ganze Trauben von Männern Händchen haltend herum, dahinter Berge von Elektroschrott und überall die roten Flecken von hochgewürgter Betelnussspucke. Ich will mir meine gerissene Silberkette reparieren lassen und werde in einen Kramladen geschickt, in dessen hinterer Ecke sich ein Goldschmied befinden soll. Tatsächlich. Da sitzt er, in einem fast schon arrangiert wirkenden Werkzeugwirrwarr. Hinter ihm hängen drei Uhren an der Wand. Eine steht auf Viertel vor vier, die zweite auf zehn vor vier und die dritte auf fünf nach vier. Das ist fast schon indischer als Indien selbst.

Dafür ist die Orchard Road dann wieder hundertfünfzig Prozent klischeekompatibel. Der Adler will jetzt endlich eine neue Digitalkamera kaufen, und wir werden in den Strom hineingezogen. Das Gros der Bevölkerung scheint am Wochenende seiner Lieblingsbeschäftigung zu fröhnen: Shopping oder wenigstens Shop-Seeing.

Die riesigen Einkaufszentren kleben aneinander wie Bienenwaben und wetteifern um die Gunst der Kunden wie alte Jungfern um die Aufmerksamkeit eines unverheirateten Herrn. Streetbasketball von Nike am Mövenpick Marché. Vor dem Takayashi Center steht ein Beetle auf einem Podest und ein Moderator kreischt irgendwas ins Mikrofon. Ab and an wird geklatscht. Und es gibt Luftballons. Aber die gibt es hier überall.

Auch auf der Pal Tea Party für Hunde und ihre Halter in der Liang Court Mall unter dem New Otani Hotel. Herrchen und Frauchen kauern mit Spitz und Co. auf Stühlen, die einem Erstklässler zu klein wären. Auf den passenden Tischen stehen Kaffee und Kuchen und gelbe Hundefutternäpfe mit dem unübersehbaren gelben Pedigree-Logo. Für interessierte Noch-nicht-Tierbesitzer wird in mit Jägerzaun abgetrennten und Stroh ausgelegten Abteilen Beispielmaterial bereitgehalten. Schwarzweiß gefleckte Pinscher ohne Haare, ein dicker meterlanger Dackel mit Stummelbeinchen und komplett gekappter Rute oder Yeti-Fell-Kaninchen in Mülleimerformat.

Und wenn das alles nicht das Richtige ist, gibt es in der Zoohandlung Pet Symphony auch noch eine Art Alufolien-Raumanzug, mit dem der Vierbeiner als Sony-Robodog verkleidet werden kann.

Dazwischen lauter Paare mit einem Kind (scheint nach Singapur-Maßstäben die Idealform zu sein, wobei Akademikereltern angeblich seit einiger Zeit angehalten werden, mehr Nachwuchs zu erzeugen). Und die ein oder andere europäische oder nordamerikanische Familie (grundsätzlich mit mindestens zwei Sprösslingen, eins gerade laufend, eins noch nicht ganz laufend. Aber was sollen die Frauen hier auch sonst machen, während der Mann die Niederlassung leitet?). Die Kinder entweder schreiend (ohne Tier) oder glückselig (mit Tier).

Wer soll das bloß alles kaufen? Mister Chia quittiert die Frage mit einer missmutigen Bewegung seiner linken Hand. Die rechte hängt in einer Schlinge. Er scheint nicht gern zu sprechen, und wenn, dann nur in kurzen, abgehackten Sätzen, die klingen, als würden sie aus dem Mund geprügelt. Der Chef der Ishida Marketing Ltd., einem auf High-Tech-Elektronik spezialisierten Laden im Lucky Plaza, in dem der Adler gerade eine neue Kamera erstanden hat, wähnt sich als Singapurer zwar einigermaßen glücklich: »Immerhin sind wir von der Asienkrise 1997 verschont worden.« Aber jetzt dieser gruselige Euro. Geht auf Grundeis. Und alle versuchen, ihn zu stützen, aber nichts hilft. Und dann diese anderen Asiaten. Indonesier, Malayen, Philippinos. Haben auch schon lange kein Geld mehr. Dabei waren sie früher so praktisch. »Kamen übers Wochenende und kauften alles leer, vollkommen brainless«, sagt er. Auch vorbei. Harte Zeiten.

Aber nicht nur das Fußvolk fehlt, auch bei den 3,3 Millionen, die in dem rund 650 Quadratkilometer großen Inselstaat leben, zeigen sich gewisse Abnutzungserscheinungen. Früher sind die, die es sich leisten konnten, in ihrer Jahresurlaubswoche nach Europa gedüst. Sieben Länder in fünf Tagen. Heute geht es höchstens mal nach Thailand. Oder gleich nach Sentosa. »Da ist es genauso schön wie auf Bali, nur viel näher«, sagt einer von Chias Angestellten, nachdem sein Boss meinte, er habe sowieso schon zu viel gesagt. Auch wenn sie eiskalt die digitale 18-Sekunden-Zählanzeige für die vorgesehene Straßenüberquerungsdauer ignorieren und bei Rot losmarschieren, ihre Meinung äußern die Menschen in Singapur immer noch nicht gern.

In der »Singapore Strait Times« habe ich auch gelesen, dass es noch eine Insel gibt. Pulau Ubin (Pulau ist das Wort für Insel) liegt am westlichen Ende, nicht weit vom Flughafen entfernt und wird von niemandem mit Bali verglichen. Da wolle keiner mehr wohnen. Landflucht in Singapur.

Ubin sollte wie Sentosa ein Recreation Center werden. Doch nun sind nur noch eine Hand voll Fahrradverleiher übrig und zwei chinesische Garküchen, da wo die klapprige Fähre vom Festland anlegt. Zugewucherte Wege. Die meisten Häuser und Plantagen verlassen. Dafür überall Schilder mit der Aufschrift »No Trespassing« an den rostigen Maschendrahtzäunen.

Am Noordin Beach ist Malaysia nur knapp zweihundert Meter entfernt. Eine Gruppe Teenager hat einige Zelte aufgebaut. Sie verbringen hier ihre Schulferien. Vier Mädchen und drei Jungs. »Uns gefällt es«, sagt Ho Wei, 17, die gerade einen Strauß Orchideen und drei Durians (riesige Früchte mit dicker Igelhaut) in das kleine Camp schleppt. »Wir haben unsere Ruhe, können machen, was wir wollen, und sind auch noch mitten in der Natur, weit weg von der Orchard Road und dem ganzen Scheiß.«

Der Rückweg führt am Jachthafen des Changi Village vorbei. Die meisten Segelschiffe scheinen schon lange nicht mehr ausgelaufen zu sein. Die Kajüte der »Grace« ist mit zentimeterdickem Moos bewachsen. Und das zerfetzte Segel der »Starship« flattert verloren im Wind. Relikte aus einer Zeit, in der alles noch Gold war.

Fragt sich nur, warum die nicht schon längst weggeräumt wurden. Aber vielleicht ist Singapur ja auch einfach dabei, erwachsen zu werden. Wie eine Frau, die langsam begreift, dass Selbstbewusstsein mehr zählt, als ein paar Falten. Die verstanden hat, dass die meisten sowieso nur das sehen, was sie sehen wollen. Und sich nur wenige die Mühe machen, nach den kleinen Kerben zu suchen, die das wahre Gesicht enthüllen.

Ich bin zufrieden. Singapur ist nicht wirklich anders als erwartet, aber eben auch nicht ganz so. Und leben könnten wir hier sowieso nie. Ist einfach nicht unsere Welt: Ich kann mir nicht vorstellen, zwischen europäischen Ehefrauen zu sitzen, die sich über Vor- und Nachteile von bestimmten Haushälterinnen oder Privatschulen unterhalten und klagen, dass ihre Männer bis spät in die Nacht im Büro sind. Ich gehe gern shoppen, aber nicht ununterbrochen. Und mit den Teilen der Bevölkerung, die sich nicht der Stadt angepasst haben, sondern die Stadtteile, in denen sie wohnen, ihren Bedürfnissen entsprechend gestalten, verbindet uns auch nicht viel.

Wir brauchen dringend ein Kontrastprogramm und sagen gleichzeitig: Laos. Das hat seine Pforten erst vor drei Jahren für die Allgemeinheit geöffnet. Da kann also noch nicht viel Plastik sein.

Nur Gestern und Morgen
Laos, Dezember 2000

Es ist sechs Uhr morgens und sehr kalt. Überall Nebel. Die Sonne muss jeden Moment aufgehen. Wir stehen an der Friendship Bridge. Thailändische Seite. Neben uns Simon, 27, aus London und seine Freundin Navrat, 25. Sie waren vor zwei Jahren bereits in Laos. Gehörten, wenn man so will, zu den Pionieren. Jetzt ist er für ein Londoner Auktionshaus auf der Suche nach billigen Antiquitäten, schwärmt von wunderschönem Porzellan, Relikten aus der Zeit, als Laos noch Teil des französischen Indochina war. Und Navrat, die Jurastudentin, erinnert sich immer noch mit glänzenden Augen an die herrliche Landschaft und die authentischen Menschen. Wonderful.

Wir warten, bis die Grenze geöffnet wird. Als sie zum ersten Mal hier waren, sind sie einfach zu Fuß auf die andere Seite marschiert, sagt Navrat. Jetzt kommt ein Shuttlebus. Zahlt nicht mehr als 5000 Kip (etwas mehr als eine Mark) für das Tuktuk (so werden die aus Indien und Nepal bekannten Rikschas in den kommenden Ländern heißen) in die Hauptstadt Vientiane, sagt Simon noch zum Abschied.

Dann stehen wir an der Straße und wundern uns, weil die Fahrer 20 000 Kip verlangen. Später nimmt uns dann einer für 8000 Kip mit. Dafür hält er alle fünf Meter. An Bord sind nun: sechs Frauen und vier Kinder, drei Körbe mit Kampfhähnen, zwei Dutzend Paletten mit Nestlé-Bearbrand-Kondensmilch und zehn an den Füßen zusammengebundene Gänse, die keinen Mucks von sich geben. Die Fahrt geht vorbei an hellgrünen Reisfeldern, auf denen Menschen mit gelben Bambushüten knietief im Wasser stehen und frische Büschel in den Schlamm stopfen. Wie auf den Bildern, die bei Volkshochschulvorträgen an die Wand geworfen werden. Die Häuser sind zweigeschossig, aus Holz und von viel Federvieh eingerahmt. Wir sehen so gut wie keine Autos, dafür sehr viele Kinder auf roten Fahrrädern.

Es scheint nur eine Marke zu geben. Mit recht hohem, gebogenem Lenker, keiner Gangschaltung und dick gepolstertem Sattel. Genau wie das Modell, dass meine seinerzeit im Anfangsschwangerschaftsstadium befindliche Freundin Mareile zum Geburtstag bekam. Das sei bauchfreundlich, meinte sie damals dazu.

Die Gesichter sind eher südamerikanisch als asiatisch. Und die Frauen und Mädchen tragen durch die Bank bodenlange dunkle Röcke mit bunter Borte auf Knöchelhöhe und einer langen Falte vorne. Irgendwie elegant.

Guesthouse, sagen wir zu dem Fahrer. Verständnisloses Gesicht. Hotel? Auch nicht. Dann versuche ich es mit einem Namen aus dem Reiseführer. Santisouk. Das funktioniert. Wir bekommen ein hübsches Zimmer für sieben Dollar die Nacht.

Gegen diese Hauptstadt war Bonn eine brodelnde Metropole. Ganz verschlafen ist es hier. Und ein wenig wie Weihnachten. Weil die ganze Welt Laos etwas schenken will, auf dem Weg in eine bessere Zukunft. Die grün bemalten Mülleimer aus alten Autoreifen, die entfernt an Miraculix' Zaubertrankkessel erinnern, wurden von den Kanadiern gestiftet. Auf den Bussen steht: »Japan – Official Development Assistance«. Und die Deutschen sind mit dem

Wiederaufbau der Nationalbibliothek beschäftigt. Das haben sie zumindest dick über den Eingang geschrieben. Und die Australier, die für UNICEF arbeiten, kümmern sich abends im Sunset Café am Ufer des Mekong liebevoll um die jungen einheimischen Damen.

Vielleicht ist es die aufopfernde Entwicklungshilfe, vielleicht aber auch nur der normale Lauf der Dinge. Auf jeden Fall gibt es diverse Guesthouses und Internet-Cafés, die im Lonley Planet, Ausgabe 99, noch nicht erwähnt werden. In einem dieser Internet-Cafés sitzt ein winziger vertrockneter Konfuzius-Opa mit langem dünnen Graubart vor einem Computer. Auf dem Kopf ein seidig glänzendes schwarzes Käppchen und darüber ein Headset. Er redet ganz aufgeregt und mit lauter, heiserer Stimme auf das kleine Mikrofon ein und hält mit der rechten Hand reflexartig einen imaginären Hörer in die Höhe, wenn er auf die zeitverzögerte Antwort seines Gesprächspartners wartet. Absurd. Mutig. Großartig. Die Laoten, die mit uns in dem Laden stehen, machen pst und lachen.

Vorher hatten wir an einem Straßenstand gefrühstückt. Über offenem Feuer geröstetes Baguette mit gebratenem Ei, Salat, Koriander und Frühlingszwiebeln. Dazu vorzüglichen Kaffee mit dickflüssiger süßer Kondensmilch, die unter kräftigem Löffelrühren an die Oberfläche geholt wird. Scheint Nestlé eigens für Laos herzustellen. Frische Milch haben sie hier nicht, sagte die Bedienung, eine hochschwangere Frau in einem langen hellblauen Pooh-der-Bär-Nachthemd.

Aus dem Geschäft nebenan, im weitesten Sinne eine Eisenwarenhandlung, schlich eine drei Meter lange Echse auf den Bürgersteig. Sie hatte einen riesigen aufgestellten Kragen und dahinter einen Fransenkamm, der einmal über den ganzen Rücken reichte. Der lange Schwanz war grün-schwarz gestreift und die zentimeterlangen Krallen hellrot. Sie blickte einmal gelangweilt nach rechts und links und wollte gerade auf die Straße steigen, als ein Mann aus dem Eingang kam und sie mit hoch erhobenem Besenstiel und viel »Schchschch« zurück ins Innere scheuchte. Das Schauspiel wiederholte sich mehrere Male. Es gibt nichts, was es nicht gibt, sagte ich. Und der Adler hat genickt.

Wir beginnen, dieses Land zu mögen. Pascale, ein junger Mann von der Ärmelkanalinsel Guernsey, den wir vor einem Jahr auf einer Insel im Süden Thailands kennen gelernt hatten und der uns kürzlich wieder über den Weg gelaufen war, hatte uns einen Plan für Laos mitgegeben. Vientiane stand an erster Stelle und dahinter in Klammern: Bleibt nur eine Nacht, zu teuer. Als Nächstes kam Vang Vieng (Tubing, Opium), dann Luang Prabang (Waterfall, Opium) und schließlich Muang Sing, ein Bergdorf ganz oben im Norden – nur Opium.

Das mit dem Wasserfall und dem Opium ist klar. Aber was ist dieses Tubing? Pascale, der vor einem Jahr zu einer zweijährigen Weltreise gestartet war und schon kurz darauf verzweifelt auf eine Postanweisung aus der Heimat gewartet hatte, weil ihm das Geld ausgegangen war (dabei arbeitete er früher angeblich in einer Bank), und dem insgesamt die Nervosität eines überzüchteten Rennpferdes anhaftet, hatte uns eine wirre Geschichte erzählt. Irgendwas mit einem Fluss und starker Strömung und Höhlen. Ich stellte mir vor, dass es dort kleine Becken gäbe, in denen man sitzen könnte und darin wäre es wie in einem Whirlpool. Der Adler dachte an unterirdische Kanäle, durch die man gleiten könnte wie auf einer Plastikrutsche, die heutzutage in jeder Badeanstalt steht, die etwas auf sich hält.

Beide Varianten erscheinen uns unwahrscheinlich. Und wir überlegen uns, am nächsten Morgen den Bus nach Vang Vieng zu nehmen. Angeblich soll es einen geben, der um zehn Uhr fährt.

Der um zehn Uhr ist schon um halb neun bis auf den letzten Kubikzentimeter belegt. Aber es fährt noch einer um halb eins. Und wenn wir jetzt einen Platz weit vorn auf der Wartebank besetzen, kommen wir auf jeden Fall mit, wird uns versichert. Überall laufen kleine Mädchen mit Pippi-Langstrumpf-Zöpfen herum, sie verkaufen grüne oder rote Flüssigkeit in Plastiktüten, gekochte Wachteleier und getrockneten Tintenfisch an Holzstäben. Diese Squid-Stengel sehen aus wie staubige Blumensträuße. Neben mir sitzt ein junger Laote. Er ist sehr klein und mager, hat warme offene Augen, eine lange dünne Narbe über der rechten Wange und eine Baseballkappe auf dem Kopf.

Er sagt, er sei 29 Jahre alt und sein Name wäre Soukanh. Und dann fragt er, wie ich heiße und wo ich herkomme. Und dazwischen sagt er alle sechs Worte »I am sorry«. Ich denke, das muss ein wichtiger Bestandteil der laotischen Sprache sein, zumindest scheint er es ganz automatisch mit einzuflechten. Da, wo wir hinwollen, in Vang Vieng und Luang Prabang, sei es ganz hervorragend und vor allem naturally beautiful. Er käme aus dem Süden, erzählt er. Von 1000 Islands, einer großen Insel mitten im Mekong kurz vor der kambodschanischen Grenze. Da sei es naturally auch sehr beautiful. Und auf der laotischen Seite gäbe es auch noch sehr viele Süßwasserdelfine, die in Kambodscha durch die offiziell verbotene, aber immer noch gängige Dynamitfischerei fast ausgerottet wären. Nur Arbeit gibt es auf 1000 Islands nicht. Deshalb ist er auch nach Vientiane gekommen. Aber es sei insgesamt sehr langweilig in Laos und bisher war er nur zweimal im Ausland. In Thailand, zum Fußballspielen. In Nong Khai und Udon Thani, beides nicht weit von der Grenze entfernt.

Und dann erzählt er noch, dass er einen Freund habe, der in Deutschland studiere und Teilnehmer eines deutsch-laotischen Studienaustausches sei. Der lebe in München, Bavaria. Und dann will er noch wissen, wie lange man von München nach Berlin brauche, mit dem Auto oder dem Tuktuk. Ich muss lachen, über die Vorstellung, dass in Deutschland auch Tuktuks herumfahren könnten. Er ist ganz verstört und entschuldigt sich vielmals für seine Frage. Zum Glück kann ich ihn wieder beruhigen. Und zum Abschied sagen wir noch, es sei sehr nett, sich kennen gelernt zu haben.

Vang Vieng ist knapp zweihundert Kilometer von Vientiane entfernt. Und die Fahrt dauert etwas mehr als fünf Stunden. Das ist für hiesige Verhältnisse geradezu atemberaubend schnell und liegt nur daran, dass kürzlich zwischen Vientiane und Luang Prabang ein neuer Highway gebaut wurde. Der Highway ist eine Straße, die in Vientiane in normaler Breite beginnt und im Laufe der Zeit immer schmaler wird. Bis irgendwann zwei Busse kaum noch aneinander vorbeipassen. Andererseits ist der Verkehr minimal und bis auf gelegentliche Soldaten, die mit ihren Maschinengewehren auf dem Bauch am Fahrbahnrand liegen, ist kaum mit Hindernissen zu rechnen.

Die Militärposten sollen Touristen vor Hmong-Rebellenangriffen schützen. Fragt sich, wie effektiv diese Prophylaxe ist. In den vergangenen zwölf Monaten sind zwanzig Bomben explodiert. Die letzte hat erst kürzlich am Immigrationsschalter an der Friendshipbridge zwanzig Thailänder verletzt. Die laotische Regierung hat hinterher behauptet, dass es sich nicht um eine Bombe, sondern um einen Kabelschaden in oder an einem Computer gehandelt habe. Aber das haben die Thailänder ihnen nicht geglaubt.

Die Berge wachsen. Und an manchen Stellen haben sie Haarausfall, so sehen die vielen kahl rasierten Flächen zumindest aus. Meist steht irgendwo ein Schild mit der Aufschrift »Afforestation Area« und darauf ist dann auch das jeweilige Land erwähnt, das sich an dieser Stelle um die Wiederaufforstung kümmert. Ist offensichtlich ein wichtiges internationales Anliegen. Nur die Amerikaner scheinen sich da rauszuhalten. Zumindest werden sie nicht einmal als Waldpate genannt. Als wir in Vang Vieng ankommen, hebt sich vor dem dunstigen Sonnenuntergangs-Himmel ein märchenhaftes Kalkfelsenpanorama ab. In so einem Land dürfte eigentlich nur Schneewittchen wohnen.

Der kleine Ort ist voll von Rucksackreisenden. Und jetzt verstehen wir endlich, was Pascale mit seinem Tubing gemeint hat: in aufgeblasenen Lkw-Reifenschläuchen den Nam Song River hinunterschippern. Muss ein badeseeerfahrener Besucher den Einheimischen irgendwann erzählt haben, dass sich damit ein prima Geschäft machen ließe. 5000 Kip kostet so ein Ding inklusive Pickup-Fahrt zur vier Kilometer flussaufwärts gelegenen Ablegestelle. Auf den donutartigen Gefährten steht in krakeligen Buchstaben: »I love Laos.« Und in den Bäumen am Ufer hängen überall Kinder wie Affen und rufen »hello-okay.« Manchmal schwimmen sie auch herbei und lassen sich mit durch die Stromschnellen ziehen. Wenn sie nicht, wie mit dem Adler, schon vorher kentern.

117

In den Flusskehren rasten junge Menschen auf den Sandbänken. Mit Joint und Bier in der Hand. Und Sonnenbrand. Ich schaukle ganz langsam an einer Schwedin vorbei, die ins Strömungsoff gerutscht ist. Sie erzählt mir, dass sie die Fahrt jetzt schon zum zweiten Mal macht. Aber sie sei hundertfünfzig Prozent paranoid, weil sie gerade gesehen hat, wie die Fischer mit ihren langen, spitzen Stecken eine dicke Schlange aus dem Wasser gepickt haben.

Der Hysterie-Virus springt, wie immer, sofort zu mir über. Später sehe ich, wie fünf Meter entfernt ein glänzender schwarzer Fleck untergeht. Ungefähr Gullydeckelgröße. Ich starre auf die Stelle, aber nichts tut sich. Nicht mal Luftblasen. Im Nachhinein stellt sich heraus, dass es ein abgetauchter Wasserbüffel war.

Der Mann, bei dem wir uns die Reifen gegen Mittag ausgeliehen haben, trägt ein nach links verrutschtes Hitlerbärtchen und hat uns im Flüsterton gefragt, ob wir Opium rauchen wollen. Wir haben ihn erst nicht verstanden, weil er dabei mehrmals ein merkwürdiges »Fffft«-Geräusch von sich gegeben hat und immerzu mit zwei Fingern über den linken Zeigefinger strich. Und als uns endlich klar wurde, wovon er sprach, sagten wir, der helllichte Tag sei dafür ja wohl kein guter Zeitpunkt. Daraufhin meinte er nur: »Okay, okay, okay.« Als wir die Reifen wieder abgeben, tut er so, als würde er uns nicht kennen.

Nachts wird es so kalt, dass wir die Wirtin des Poubhane Guesthouses um eine zusätzliche Decke bitten müssen. Die hätte einen Floh, behauptet der Adler am nächsten Morgen.

Simon und Navrat treffen wir später am Flussufer wieder. Er hat nichts gekauft, weil die Menschen mittlerweile wissen, dass alles seinen Preis hat. Wir sitzen unterhalb des französischen Restaurants Le Pavot, trinken Beer Lao und spielen Schach. Zum Restaurant gehören zwei kleine Affen, die mit langen Leinen am verwitterten Holzgeländer festgebunden sind, und es sieht aus, als wäre alles schon ewig da. Als sie das letzte Mal hier gewesen seien, gab es das noch nicht, sagt Simon. Und so viel anderes auch nicht. Wir fragen uns, wie es hier wohl in fünf Jahren sein wird. Lieber nicht darüber nachdenken, sagt Navrat.

Laos ist ganz eindeutig auf der Überholspur. Nur Gestern und Morgen. Kein einschätzbares Jetzt. Zu Hause wird ja gern über ein gewisses Einerlei geklagt. Das ist hier nicht zu erwarten. Andererseits ist die schnelle Veränderung eindeutig ein Perfekte-Platz-Minus. Wer will sich schon auf Dauer auf einem rasenden Zug niederlassen?

Navrat hat sich auf dem Markt einen dieser traditionellen Röcke nähen lassen. Ich bestelle mir auch zwei, für insgsamt 35 Mark. Das Mädchen, das die Stoffe verkauft, heißt Kham und ist 18 Jahre alt. Sie spricht ein wenig Englisch. Und erzählt mir, dass ihre Mutter die Stoffe alle mit der Hand webt, und der Schneider ist ihr Vater. Sie lebt in einem kleinen Dorf außerhalb von Vang Vieng. Kommt jeden Morgen um sieben auf den Markt und fährt abends um sechs wieder zurück nach Hause. Viel Unterhaltung gäbe es da nicht, nur einen Fernseher. Sie wünscht sich ein Telefon, weil sie dann wenigstens mit ihren Freundinnen telefonieren könnte.

Bisher konnte ich verschiedene Arten von Freizeitgestaltung ausmachen: Kleine Kinder fangen abends, kurz nachdem die Sonne untergegangen ist, exzessiv an zu kokeln. Alles was irgendwie brennt, kehren sie auf kleinen Haufen zusammen und zünden sie an, um dann schreiend um die Flammen herumzuhüpfen. Ich denke, sie kokeln, damit überhaupt irgendetwas passiert.

Jugendliche treffen sich zur selben Uhrzeit gern auf Fußballplätzen. Nach dem Spiel, wenn die Jungs abgekämpft am Rand stehen, kommen die Mädchen dazu. Das ist in Laos der offizielle Rahmen fürs Kennenlernen. Und wenn sich zwei gefunden haben, baut der Junge für sein Mädchen ein kleines Haus auf Stelzen, irgendwo am Dorfrand. Da können die beiden dann ungestört allein sein. Und wenn das Mädchen schwanger wird, ist das ein großes Glück, und es wird geheiratet.

Das System scheint sehr gut zu funktionieren, weil alle jungen Mädchen entweder schwanger sind oder ein kleines Baby in einem Tragetuch mit sich herumschleppen.

Auf der Fahrt nach Luang Prabang (acht Stunden für eine ähnlich lange Strecke wie von Vientiane nach Vang Vieng, aber wie gesagt, wir entfernen uns mit jedem Kilometer weiter vom Highwayanfang, und die Berge werden auch immer höher) fallen mir an den Dorfrändern die vielen Stelzenkisten auf. Ich finde es eine sehr romantische Angelegenheit, dass die Männer den Frauen erst ein Haus bauen, bevor es weitergeht. Die meisten dieser kleinen Hütten stehen allerdings leer. Offensichtlich gehört es nicht zum guten Ton, ein bereits gebrauchtes Exemplar zu nutzen.

Aber sosehr ich hiesige Gepflogenheiten auch begrüße. Für uns ist diese Entertainmentkultur einfach nichts. Neben der, selbst für asiatische Verhältnisse, desolaten Verkehrssituation ein weiteres und ausschlaggebendes Perfekte-Platz-Minus. Zumal die Generation, die Feuerwerk und Schwebebalkensex heil überstanden hat, nächtens stickend, strickend oder webend vor dem rund um die Uhr laufenden Fernseher sitzt (weiblich) oder sich Hahnenkampf und Opiumsucht hingibt (männlich).

Wir fahren immer weiter hinein in die Schneewittchenwelt. Berge, die in Form und Zackengebung an das von mir einst sehr geschätzte Dolomiti-Eis erinnern, eingefasst von blauen Blumenbüschen, die aussehen wie Vergissmeinnicht mit langen Haaren, und haushohem Schilfgras mit weißem Rauschebart.

In Luang Prabang gibt es ein Guesthouse, dass von einem Mann geleitet wird, der Ouan heißt, aber gemeinhin als »Dr. O« firmiert. Tim und Andy, zwei zwanzigjährige durchtrainierte Lässig-Boys aus Sydney, sind extra wegen ihm hergekommen. Ein Freund hatte ihnen erzählt, dass »Dr. O.« abends mit seinem kleinen Medizinköfferchen bei Bedarf Hausbesuche macht. Und das wollen sie sich nicht entgehen lassen. Dafür haben sie sogar die sechsstündige Speedbootfahrt für die paar hundert Kilometer von der thailändischen Grenze den Mekong hinunter auf sich genommen.

Ich hatte diese Boote bereits gesehen. Kaum länger als eine Jolle, nur schmaler und bunt bemalt und dem Sound nach zu urteilen mit einem Formel-1-Motor hinten dran. Ohrenbetäubend. Da sitzen dann sechs Menschen drauf, mit verschränkten Armen und Motorradhelm auf dem Kopf. Und wenn sie kein Regencape dabeihaben, werden sie auch noch patschnass, weil das Wasser zwei Meter hoch spritzt, wenn sie über die bei diesem Tempo steinharte Oberfläche jagen. Aber es geht vergleichsweise schnell.

Und das ist es, was für Tim und Andy zählt. Deshalb haben sie Ouan auch gleich beim Einchecken von ihrem Anliegen berichtet. Vielleicht könnte man ja jetzt gleich schon mal eine Sitzung arrangieren und abends die zweite. Ouan ist nicht begeistert. Die quatschen zu viel und überhaupt, krank im Kopf, zu jung und zu laut, sagt er, als die beiden Geld wechseln gehen und beschert mir damit einen mehrstündigen Ohrwurm. »Insane in the bra-hain«. Cypress Hill.

Den Nachmittag über kann er sie noch hinhalten. Aber abends werden sie ungeduldig. Schließlich einigt man sich auf zehn Uhr.

Ouan ist 31 Jahre alt und raucht seit elf Jahren Opium. Er hat nach einem Motorradunfall angefangen. Sein Knie war gebrochen und ist danach nur schlecht verheilt. Opium war das Einzige, was gegen die Schmerzen half. Immerhin hat er seine Dosis jetzt von vier- auf zweimal am Tag reduziert. Bald will er ganz aufhören. Es wird zu gefährlich. Vier Tage braucht er zu Fuß rauf zu seiner kleinen Mohnplantage. Wegen der Polizeikontrollen geht er jedes Mal einen neuen Weg. 1500 Blumen hat er da oben. Eine Kapsel ist ungefähr 250 Dollar wert. Und seit Laos wieder offen ist, machen sich hier auch noch die Amerikaner breit. Sie versuchen jetzt mit Hubschraubern, die verborgenen Farmen in den Bergen aufzuspüren. Dabei sollten die Amerikaner sich lieber um andere Sachen kümmern, fügt er hinzu, ist doch alles für den Eigenbedarf, was die Leute hier anbauen.

Draußen schleichen Tim und Andy ungeduldig vorbei. Pst, macht Ouan. Und dann geht er in ihr Zimmer, zieht die Vorhänge zu, befestigt sie in der Mitte mit einer Wäscheklammer, bedeutet den beiden, sich auf dem Bett auszustrecken und legt wieder den Zeigefinger an den Mund. Wir setzen uns daneben, weil Tim und Andy uns eingeladen haben, ihrer Opium-Initiation beizuwohnen.

Zehn Minuten später kommt Ouan mit einer länglichen Bastschachtel wieder. Darin: eine Petroleumlampe, eine Schere, eine Holzkugel mit lauter kleinen Löchern, ein längliches Holzrohr, ein dünner Metallstab und ein Löffel mit Opiummasse. Sieht aus wie Granulat. Das ist Opium, das schon mal geraucht wurde. Es wird immer wieder als Grundlage verwendet. Und die meisten bekämen sowieso nichts anderes vorgesetzt, sagt Ouan. Gut genug.

Er erhitzt den Löffel über der Lampe bis das Granulat ein zähflüssiger schwarzer Brei wird, dann kratzt er mit dem Metallstab in einer getrockneten Mohnkapsel herum (sieht aus wie ein welker Pfirsich) und vermengt die Krümel mit dem Brei, bis sich die ganze Geschichte fein säuberlich vom Löffel löst. Daraus formt er erst einen kleinen Ball, dann einen Pfannkuchen. Der wird in Streifen und die Streifen in salmiakpastillengroße Karos geschnitten.

Tim und Andy sehen aufmerksam zu und räuspern sich von Zeit zu Zeit. Tim soll sich lang aufs Bett legen, mit dem Kopf auf Bastschachtelhöhe und einem Kissen darunter. Ouan legt sich direkt gegenüber, steckt Rohr und Löcherkugel zusammen und hält die Kugel über die Lampe. Dann sticht er mit dem Metallstab erst die Löcher frei und steckt dann drei Karostückchen hinein. Bei jedem Zug fangen die Plättchen an zu brutzeln und Ouan schiebt die herunterlaufende Flüssigkeit mit dem Stäbchen immer wieder Richtung Loch.

Ein Rucksackreisender aus Japan hatte uns vor einigen Tagen erzählt, dass er auf dem Markt einen Klumpen Opium erworben habe, aber keine Ahnung, was man damit macht. Als Joint rauchen ging nicht, und essen oder als Tee trinken hätte auch nichts gebracht. Jetzt wird mir klar, warum. Das ist eine Wissenschaft für sich. Und ohne professionelle Hilfe geht gar nichts. Es sei denn, man hat vier Arme.

Dann hält Ouan Tim die Pfeife hin. Er soll nur ganz langsam einatmen und nicht so viel Luft auf einmal. Dann müsste er auch nicht husten und würde insgesamt nicht so viel Krach machen. Eine knappe halbe Stunde dauert sein Durchgang. Zwölf Plättchen. Das sei genug, sagt Ouan. Dann kommt Andy an die Reihe.

Später erfahren wir, dass es viel besser ist, sich mehr Zeit zu lassen. Scheint, als habe Ouan die Jungs da ganz schön durchgehetzt. Oder sich ihrem Tempo angepasst.

Wie auch immer. Sie sind trotzdem sehr zufrieden. Alles ganz warm und angenehm. Wenn man die Augen schließt, kommen gleich schöne Träume und wenn man sie wieder öffnet, ist man sofort wach und kann klar denken. Dafür hapert es mit der Motorik, und der Magen dreht sich beim Aufstehen auch um.

In den kommenden Nächten hören wir immer wieder, wie Ouan seine Runde macht. Und der durchdringende Geruch zieht durch die breiten Ritzen zwischen den Holzplanken hoch in unser Zimmer im ersten Stock.

Scheint insgesamt ein recht einträgliches Geschäft zu sein, vor allem, wenn man bedenkt, dass die Zimmer sieben Mark kosten und eine doppelte Ladung Opium zwölf Dollar.

Wir besichtigen dann noch einen der unzähligen Tempel, denen Luang Prabang die Aufnahme in die Weltkulturerbe-Liste der UNESCO verdankt. Und den von Pascale empfohlenen Wasserfall. Dort sind sehr viele Mönche mit Lotusblüten in der Hand und das Wasser, das hinter ihnen über die moosbewachsenen Felsen strömt, sieht aus wie

Schnee. Sie fragen uns, ob wir verheiratet sind und wollen unsere Finger ansehen, um sicherzustellen, dass wir keine Ringe tragen. Und dann fragen sie den Adler, ob er ein Foto von ihnen macht, mit mir im Hintergrund.

Am Weihnachtsabend grillt Ouan für seine Gäste einen Truthahn. Ein Freund hilft ihm beim Servieren. Er trägt eine karierte Pudelmütze und eine hellbraune Blousonjacke mit aufgesticktem McDonald's-Zeichen. Ken ist 22 Jahre alt. Und als wir ihm erzählen, dass wir aus Deutschland kommen, sagt er: »Möller, Klinsmann, Matthäus.« Er ist ein Riesen-Fußballfan und hat in der Mannschaft des Technical College gespielt. Bis das Knie kaputtging. Zwei seiner Brüder arbeiten als Mechaniker in Kalifornien. Für zwei Jahren möchte er dorthin, wenn er die Schule abgeschlossen hat und dann wieder zurück nach Laos. Er könne nie woanders leben. Das Land ist wunderbar und die Regierung jetzt auch gut. Vor fünf Jahren waren hier noch die Russen, die in einem Regierungsgebäude neben dem Flughafen gewohnt haben und mit niemandem sprachen. Ken vermutet, dass sie dort vor allem Waffengeschäfte abgewickelt haben.

Laos gehörte fast sechzig Jahre zum französischen Kolonialreich Indochina. 1953 wurde es unabhängig und versank für zwanzig Jahre in einem Bürgerkrieg, bis eine Koalitionsregierung unter Prinz Souvanna-Phoumma die Macht übernahm. Doch schon zwei Jahre später, 1975, stürzte die kommunistische Pathet Lao (Revolutionäre Volkspartei) die junge Regierung und gründete die Laotische Demokratische Volksrepublik. Bis Anfang der neunziger Jahre hat sich das Land (bis auf enge Beziehungen zur Sowjetunion und zu Vietnam) komplett von der Welt abgeschottet. Erst seit wenigen Jahren werden Touristen ins

Land gelassen, weil Laos internationale Wirtschaftshilfe in Anspruch nimmt und diese an eine politische Öffnung gekoppelt ist.

Besser, dass sich die Zeiten geändert haben, sagt Ken. Und, dass Laos diese besondere Art des Kommunismus pflege. Mit Schulen für alle und Krankenhäusern. Früher durften nur die Reichen etwas lernen und ins Ausland reisen. Das sei jetzt anders. Vor fünf Jahren habe er das erste Mal gewählt. Immerhin. Wie viele Parteien es gibt, kann ich allerdings nicht aus ihm herausbringen. Und wenn es um Politik geht, spricht er ganz leise und schaut sich besorgt um, ob jemand zuhört.

Das Außen verändert sich immer schneller als das Innen, denke ich.

Auf dem Rückweg verpassen wir morgens unseren Bus nach Vientiane. Zum Glück nimmt uns ein Pickup mit. Wir wickeln uns in sämtliche Kleidungsstücke, die wir haben, um der Kälte etwas entgegenzusetzen. Ansonsten die übliche Gesellschaft nebst Sau auf dem Dach. Der Familie, die wir irgendwo unterwegs auf einem Bergkamm aufgelesen haben (sie hockten da einfach am Straßenrand, fünf Erwachsene und drei Kinder sowie ein kleiner, nahezu federloser Hahn in einer Plastiktüte), bekommt die Fahrt nicht sonderlich. Erst fangen die Kinder an zu kotzen. Die Eltern halten sie auf dem Schoß und stülpen ihnen einfach Plastiktüten über Mund und Nase. Und dann der Rest. Irgendwann alle bis auf uns.

Wir sitzen gleich hinter dem Fahrerhäuschen, blicken starr nach vorne und atmen immer schön tief den Fahrtwind ein. Und der kleine Hahn schläft zwischen uns in seiner aufgehängten Tütenschaukel und macht manchmal im Traum ganz leise piep-piep.

Als wir acht Stunden später aussteigen, fragt der Adler den Fahrer, was denn mit dieser Familie los war. Die sind noch nie in ihrem Leben Auto gefahren, antwortet der.

Wo alles besser ist
Thailand, Januar–Februar 2001

Die Stewardess, die auf dem Weg von Nong Kai nach Bangkok für den Service zuständig ist, trägt einen dunkelblauen Anzug, der schon sehr oft gereinigt worden sein muss. Der Stoff glänzt, und darunter ist das Relief der Nähte zu sehen. Aber sie trägt ihn mit Würde, genauso wie den lila Plastikkamm, der am Hinterkopf in den glatten braunen Haaren steckt, den rosa Lippenstift, die langen dunkelroten Fingernägel, die hochhackigen Schuhe und die kleine Brosche, die an die Brusttasche geheftet ist. Wie das Airline-Emblem bei echten Stewardessen. Doch unsere Stewardess ist keine Frau und der Bus auch kein Flugzeug. Aber sie scheint das Ganze sehr ernst zu nehmen. Und deshalb nennen wir sie so.

Wir beziehen unsere Plätze, Nummer 24 und 25. Jeder Passagier bekommt eine kratzige Wolldecke. Und später knallt die Stewardess allen eine Tupperdose in den Schoß, darin: ein Apfel, ein Hühnerbein und ein Brötchen mit eingebackenem Würstchen. Ich reiche Hühnerbein und Würstchenbrot an den Adler weiter und bin froh, dass der Fernseher direkt über uns ausgefallen ist. Der Film handelt von einer Zugentführung und ist auf volle Lautstärke gestellt. Das ist schlimm, aber im Vergleich zu den burmesischen Kriegsvideos, die normalerweise auf innerthailändischen Busfahrten gezeigt werden, fast schon erträglich. Die Klimaanlage hat faustgroße Löcher und gegen vier Uhr morgens beginnen meine Zähne zu klappern. Nicht viel später reißt die Stewardess unsere Decken weg und brüllt: »Aufstehen!« Kurz darauf kommt sie mit einem Tablett wieder, auf dem zwei Plastikbecher mit sehr süßem Kaffee stehen. Dazu gibt es noch süßeren Kuchen. Und dann sind wir da, in good old Bangkok.

Ursprünglich wollten wir den Zug nehmen. Wir saßen bereits am Bahnhof in Nong Kai neben den Gleisen und spielten Backgammon (eigentlich waren wir in Laos zu Schach gewechselt, aber das hielten wir an dieser Stelle für unangemessen), um die Wartezeit zu überbrücken. Direkt hinter uns war ein kleiner Laden, in dem eine Gruppe junger Thailänder den Geburtstag eines Freundes feierte. Auf dem Tisch standen leere Flaschen Mekong Whiskey, Gläser und ein Aluminiumkübel mit stark geschmolzenen Eiswürfeln. Einer aus der Gesellschaft war eingeschlafen und lag mit seinem rechten Ohr in der zugehörigen Wasserlache. Der Rest amüsierte sich mit dem Karaokeautomaten (auf voller Lautstärke, natürlich).

Unser Zug stand nur ungefähr fünf Meter entfernt. Aber offensichtlich hatte sich unser antrainiertes Störungsabschirmsystem auch auf nützliche Durchsagen ausgedehnt. Jedenfalls fuhr er ab, und wir blieben sitzen.

Fast fünf Monate sind wir jetzt unterwegs und kommen in dieser Zeit zum ersten Mal an einen Ort, den wir bereits kennen. Es ist fast ein Gefühl wie Nach-Hause-Kommen. Und ich begreife, was zu Hause eigentlich bedeutet – an einem Ort zu sein, an dem die Dinge ihren ganz bestimmten Platz haben und an dem man weiß, was man macht, wenn man traurig ist. Oder glücklich. Oder erschöpft. Eine Basis, die die Möglichkeit bietet, dem, was das Leben serviert, angemessen gegenübertreten zu können. Insgeheim stand Bangkok deshalb von Anfang an auf Platz eins der Neue-Heimat-Liste. Oder sagen wir: auf eins b.

Als wir das letzte Mal hier waren, lernten wir Jürgen, 34, kennen. Er hat ein gutmütiges Gesicht, einen Bauchansatz und kommt aus Berlin. Zu DDR-Zeiten war er irgendwie in Sachen Vietnam tätig und ist auch mit einer Vietnamesin verheiratet. Auf jeden Fall verwirklichte er vor einem knappen Jahr seinen Traum, ein Guesthouse in Banglampoo. Das ist die Rucksackreisendenhochburg rund um die Kao San Road.

Wir frühstückten einmal in seinem Garten, der eigentlich ein nett bepflanzter Innenhof ist, kamen ins Gespräch, und er meinte, dass wir das nächste Mal doch auch bei ihm wohnen könnten. Klar, warum nicht, zumal sein Guesthouse nicht, wie so viele, aus Beton gebaut ist, sondern aus Holz, und im thailändischen Stil gehalten. Sogar seine E-Mail-Adresse sollte ich notieren, damit wir mitteilen könnten, wann wir ankommen und er ein Zimmer bereithält. Keine schlechte Idee, vor allem, weil es nur ein Zimmer gibt, dass mir wirklich gefällt. Nummer sieben, geräumiger als die anderen und mit zwei gegenüberliegenden Doppelfenstern, durch die frische Luft weht. »Wir sind morgens um sechs Uhr da«, schrieb ich ihm zwei Tage vor der geplanten Ankunft, »vermutlich todmüde, und müssen dann sofort ins Bett. Ist auch kein Problem, die Nacht vorher mit auf die Rechnung zu setzen, Hauptsache, wir können gleich in Zimmer sieben.«

Um diese Uhrzeit ist Banglampoo noch friedlich und unschuldig, wie so viele Plätze, denen die Menschen eine Verschnaufpause gönnen. Nur Herr Tuk, der auch ein Guesthouse-Schrägstrich-Restaurant betreibt, und auf der Speisekarte »Original Muesil« aus Rosinen und gerösteten Reiskörnern anpreist, hat das Gitter bereits hoch gezogen und stellt ein paar Tische nach draußen. Herr Tuk ist ein kleiner Mann mit grauem Schnurrbart, eher Orientale als

Asiate, aber seine Frau ist eine echte Thaimutti, mit großen Brüsten und langen braunen Haaren. Ich denke an die schmutzige Wäsche, die wir dringend bei ihr abliefern müssen. Und daran, dass der Fußboden auf dem Weg zur Toilette immer kniehoch mit T-Shirts und Cargo-Hosen bedeckt ist. Die Rucksackreisenden haben ja alle die gleichen Kleider. Aber die Frau von Herrn Tuk markiert jedes Stück mit einem Wollfaden, so lässt sich später alles den Farben entsprechend zuordnen. Was für eine Mühe bei nicht mal zwei Mark pro Kilo.

Durch den Eingang in der Tempelmauer gehen ein paar junge Mönche. In orangefarbenen Stoff eingeschlagen und mit kahl geschorenem Kopf. Vor dem Baum an der Ecke glimmen Räucherstäbchen. Seine Luftwurzeln hängen bis auf die Mitte der Straße. Er ist heilig und in bunte Tücher gewickelt. Vor dem Baum liegt ein zusammengekehrter Müllhaufen. Der Trampolinhund, der unter der Bank neben dem Baum wohnt, durchsucht ihn nach Essensresten. Wir haben ihn Trampolinhund getauft, als er noch ein Welpe war, weil er beim Gehen immer auf und ab gewippt ist. Jetzt ist er ausgewachsen und das Wippen etwas weniger geworden. Und immerhin besitzt er im Gegensatz zu den meisten seiner räudigen Kollegen, die bis auf die blutig-rote Haut abgeschabt sind, noch durchgehenden Fellbesatz.

Jürgen hat auch einen Hund. Der ist erst ein paar Monate alt, läuft immer fremden Menschen hinterher, trinkt die Guppies aus den Seerosentöpfen und beißt mit seinen spitzen Zähnen in jede sich nähernde Hand. Jürgen hat ihn Brutus getauft. Und der Einzige, den ich in seinem Guesthouse außer Brutus noch auftreiben kann, ist Michi oder Andi. Ein dünner blonder Mann, in Batikhemd und schwarzer Radlerhose, dem Akzent nach auch aus Berlin. Die Zimmer seien alle belegt und Jürgen sowieso der Einzige, der dazu überhaupt etwas sagen kann. Er würde ihn jetzt anrufen und aufwecken.

»Ruhig bleiben!«, sagt der Adler. Aber ich habe die Nase bereits voll. Jürgen ist ein Weichei, das war eigentlich von Anfang an klar, eine Tatsache, die einfach von mir verdrängt wurde. Andi-Michi kommt mit zwei Bechern Kaffee aus der Küche (auf dem Schild vor der Tür wird damit geworben, dass es Kaffee hier in großen Pötten gibt) und ich versuche, mich zu entspannen. Warum zerrt es mir eigentlich derartig an den Nerven, wenn ein Deutscher asiatische Verhaltensweisen an den Tag legt? Vielleicht, weil das alles so halbgar ist. Allein die Geschichte mit dem »Pott Kaffee«, das bringt mich um.

Gegen zehn sitzen wir immer noch im Garten, mittlerweile umringt von lauter Deutschen. Noch so eine Sache: Warum wohnen in einem Guesthouse, dass von einem Deutschen geleitet wird, fast nur Deutsche?

Dann kommt Jürgen auf seinem neuen Mountainbike. Täte ihm so Leid, aber er könnte ja auch nicht einfach einen von seinen anderen Gästen rausschmeißen, oder? Nein, natürlich nicht, sage ich erschöpft. Aber dann nimmt man auch keine Reservierungen an, denke ich. Um zwölf würde bestimmt jemand auschecken, verspricht er uns.

Und irgendwann haben wir dann tatsächlich ein Zimmer. Natürlich nicht das, was wir wollten, weil: Da wohnt doch das nette Paar drin, das sich kurzfristig entschlossen hat, noch drei Tage länger zu bleiben. Aber egal. Jürgen erzählt mir noch, dass neben uns ein Schwede wohnt, den er verdächtigt, das Waschbecken zerdeppert zu haben. Zum dritten Mal sei das jetzt schon runtergerissen worden. Das könne eigentlich nur der gewesen sein, wäre sowieso ein ziemlich durchgeknallter Typ.

Der Schwede sitzt auch draußen und trinkt San Thip, eine thailändische Whiskeysorte. Ich schätze ihn auf 45 oder 50 Jahre und knapp zwei Meter. Er hat graue Haare, die auf die Schultern stoßen, leere Augen und eine aufgequollene rote Nase. Ein Freak, eindeutig.

Warum er ihn nicht vor die Tür setzt, frage ich Jürgen. Ach, irgendwie bringe er das nicht übers Herz, außerdem, er sei ja auch gar nicht sicher, ob er es überhaupt war. Im Laufe des Tages liegt er mir noch diverse Male mit seinem Schweden in den Ohren, und als ich mir vor dem Schlafengehen die Zähne putzen will, ist die Badezimmertür abgeschlossen, und in der Dusche nebenan hockt eine Thailänderin und kotzt. Ich setze mich auf die Treppe und warte. Nebenan läuft »Moby«, mal wieder.

Erst klopfe und später hämmere ich gegen die Tür. Von drinnen undeutliches Gelalle. Irgendwann stolpert der Schwede heraus, hinter ihm ein junger Thailänder. Er schubst mich zur Seite, knallt mit dem Kopf gegen den viel zu niedrigen Rahmen der Tür, die nach draußen führt, und bleibt stöhnend im Flur liegen. Das Waschbecken ist noch intakt, aber ich kann mir mittlerweile vorstellen, wie es kaputtgegangen sein könnte.

Am nächsten Morgen weckt uns lautes Geschrei von unten. Später erfahre ich, dass Jürgen den Schweden doch noch rausgeworfen hat. Weil der lackierte Holzfußboden in seinem Zimmer mit Brandflecken übersät war. Dabei hat er doch extra überall No-Smoking-Schilder aufgehängt. Und neben dem Bett standen mindestens vierzig leere Bierflaschen. Geld konnte er ihm für den ganzen Ärger nicht abknöpfen, weil der ja keins hat. Und die Polizei wird auch nicht helfen, weil Jürgen nicht offiziell in Erscheinung treten darf und Pot, sein einheimischer Angestellter und Strohmann, für ein paar Tage zu seiner Familie aufs Land gefahren ist.

Diese Ecke von Bangkok ist voll von solchen Geschichten. Strandgut gewordenes Leben. Menschen, die aus Fürstenfeldbruck kommen, aus Birmingham oder irgendeinem kanadischen Kaff, die ihr enges Zuhause gegen die große Freiheit eingetauscht haben und jetzt den ganzen Tag auf den Liegewiesen der Guesthouses zubringen, morgens Fruit Pancakes und abends Fried Rice essen und dreimal am Tag die Kinofilme auf DVD anschauen, die bei uns frühestens in einem halben Jahr anlaufen. Als wenn das alles wäre, was es in Bangkok zu sehen gibt.

Einige unserer Freunde quartieren sich deshalb aus Prinzip in einem anderen Stadtteil ein. Aber wir haben uns im Laufe der Zeit an die Umstände gewöhnt, und Banglampoo hat auch seine praktischen Seiten: Internetkaschemmen noch und nöcher, Wäschereien, Schneider, Reisebüros, die Flüge zu Preisen anbieten, von denen man anderswo nur träumen kann und die jedes erdenkliche Visum im Handumdrehen besorgen.

Außerdem ist der Chao Praya gleich um die Ecke. Und wenn es ein Verkehrsmittel gibt, dass mir in dieser Stadt wirklich ans Herz gewachsen ist, dann sind es die Expressboote, die den ganzen Tag auf dem Fluss hin und her fahren. Man stellt sich einfach auf die wackeligen Anlege-Pontons, und wenn eine rostige Barkasse gegen den Steg donnert, spannt man die Muskeln an, um in den zehn Sekunden, in denen hundert Menschen raus- und reinspringen, auf der anderen Seite zu landen und nicht im Wasser. Reine Übungssache.

Am nächsten Morgen ziehen wir um, in unser gewohntes Hauptquartier, Zimmer 506 im Pra Arthit Mansion. Vergleichsweise palastartige Ausmaße, zwei Fensterfronten, King-Size-Bett, makellose Badewanne, 32 Programme und wohltemperierte Minibar. Vierzig Mark kostet die Übernachtung, 27 Mark mehr als bei Jürgen und gemessen an Bangkoker Verhältnissen fast ein Vermögen. Aber wir wollen in Ruhe auf der Terrasse sitzen, ein Singha-Bier trinken und den Blick über die Stadt genießen. Ohne von Kaffeepötten oder herunterfallenden Waschbecken belästigt zu werden.

Im Hintergrund höre ich das unregelmäßig auf- und abschwellende Röhren der von Lkw-Motoren angetriebenen Longtailboote (die sehen aus wie venezianische Gondeln, nur hat der Fahrer statt eines Staken ein langes Metallrohr in der Hand, an dessen Ende die Schraube angebracht ist, und im Vergleich zu den Expressbooten sind sie eher als Taxi tätig). Es ist elf Uhr nachts, mindestens 25 Grad warm und an der Bierflasche rinnen große Tropfen hinunter. Wir sehen uns an: Wollen wir hier bleiben?

Bangkok war immer eine Stadt, die als Wohnort in Frage kam. Wie gesagt, wir wissen genau, wie Leben hier funktioniert. Tagsüber benutzen wir beispielsweise nur Boote oder klimatisierte Meter-Taxis. Die kosten genauso viel wie die Tuktuks, aber man steckt nicht genau auf Auspuffhöhe schutzlos im Stau. Wir kennen die Preise und sprechen genug Thai, um klarzumachen, dass wir die Preise kennen. Wir wissen, wo der schärfste Tintenfisch der Welt serviert wird und wie man ihn trotzdem essen kann. Der Adler weiß, in welchen Restaurants er sich auf der Toilette ans Pinkelbecken stellen muss, um eine Nackenmassage zu bekommen. Und ich, wo ich mir für fünf Mark perfekt manikürte und lackierte Nägel hole. Die Fotografien von König Buhmipol, die den Ratchadamnern Boulevard säumen, haben auch etwas Beruhigendes, weil der thailändische Monarch mit Kamera oder Staffelei viel glücklicher aussieht als mit Orden und Hermelinpelz geschmückt.

Und am Wochenende kann man sich auf dem Chatuchak Market alles kaufen, was man so braucht: anschmiegsame Secondhand-T-Shirts, falsche Gucci-Sonnenbrillen, Orchideen, die in der Luft wachsen oder einen pubertierenden Waran für 75 Mark. Allerdings meide ich seit einiger Zeit die Tierabteilung. Weil ich einmal mitleidig vor einem Käfig mit überhitzt hechelnden Angorakaninchenbabys stand und mir plötzlich eine Vogelspinne über meine in die Gitterstäbe gekrallten Fingerspitzen schlich. Sie war aus einem umgekippten Plastikkübel entwichen.

Auch Rucksäcke und größere Taschen werden mit Argwohn betrachtet. Weil ich kürzlich in einem der unzähligen kleinen Restaurants in der Nahrungsabteilung auf den Adler und unsere Green Currys gewartet habe, als mein Tischnachbar, ein mit Handy, Pradakopiebrille, Popperscheitel und allen anderen Accessoires eines aufstrebenden Asiaten geschmückter Thailänder, seinen Burberrykopie-Beutel öffnete und eine Boa Constrictor herauszog, um die Neuerwerbung seinen Freunden vorzuführen. Sicher, die beißen nicht, aber sie würgen, und diese war groß genug, um mir nachhaltig Schaden zuzufügen, das weiß ich.

Wie gesagt, Bangkok ist ein fast perfekter Platz, günstig, praktisch, zentral, aufregend. Wir würden uns für, gemessen an deutschen Verhältnissen, wenig Geld ein Haus in den Klongs von Thonburi mieten, auf der anderen Seite des Chao Praya. Weit weg von den abgasverhangenen Straßen. Das Sumpfgebiet ist von lauter kleinen Kanälen durchzogen und wirklich alles steht im Wasser: Supermärkte, Restaurants, Telefonmasten, Stromleitungen und Briefkästen. Auf den Stegen oder Mauern liegen Zahnbürsten und Seifenschalen. Aber die meisten Kinder schwimmen einfach nur zum Spaß zwischen Enten und dicken Seerosenblättern herum. Und manchmal gleitet ein aufgeblasener Katzenkadaver vorbei.

Andererseits ist Bangkok eben nur Lösung eins b. Eins a ist der Strand Tong Nai Pan Noi auf Ko Pha Ngan, einer Insel oberhalb von Ko Samui im Golf von Thailand.

Wir kennen beide diesen Strand und hatten dort bereits gemeinsam Urlaub gemacht. Dieses Mal allerdings wollten wir so lange in Tong Nai Pan Noi bleiben, bis wir wissen, ob dieser Ort wirklich der ist, als der er uns bisher erschien und den Perfekte-Platz-Ansprüchen wirklich genügt. Ein Experiment, wenn auch unter extrem günstigen Laborbedingungen.

Ich selbst lag noch nie in einem Salzwassertank. Vom Effekt her stelle ich es mir wie Tong Nai Pan Noi vor. Man legt sich rein, schließt die Augen, der Körper wird von der warmen Flüssigkeit getragen, beruhigendes Geplätscher dringt in die Ohren. Die Welt löst sich auf. Alles fühlt sich ursprünglich und gut an, wie im Bauch der Mutter.

Wenn wir auch noch nicht wissen, ob es sich um den perfekten Platz handelt, der perfekte Strand ist es allemal. Eine halbmondförmige Bucht, glasklares, in sanftem Hellblau schimmerndes Wasser, weißer feinkörniger Sand, Kokospalmen, die die Holzhütten verbergen. Rechts und links wird die Bucht von großen Felsen eingerahmt und dahinter von dunkelgrünen Bergen.

Die Berge sind sozusagen das Glück von Tong Noi Pan Noi. Sie beschränken das flache Bauland auf eine Breite

138

von rund hundert Metern. Deshalb standen da vor sechs Jahren fünfzig Bungalows, jetzt sind es zweihundert, und mehr können es auch nicht werden. Eine gute Menge, die das passende Angebot an Restaurants (fünf) und Bars (drei) nach sich zieht. Wobei jedes Restaurant auch eine Bar ist und umgekehrt.

Das zweite Glück von Tong Nai Pan Noi ist die Straße, die über die Berge führt. Vom Anleger in Tong Sala braucht der Pickup normalerweise knapp zwei Stunden. Weil der Boden an vielen Stellen vom Monsun weggewaschen oder vollkommen aufgeweicht ist. Es gibt Ecken, an denen Stahlspitzen senkrecht in der Erde stecken, weil die Gitter, die dort mal zur Befestigung vergraben wurden, im Auflösungsprozess begriffen sind. Oder Felsen im Schwebezustand, die aussehen, als würden sie auf die Straße fallen, wenn ein Moskito darauf landet und das Gleichgewicht stört. Die Strecke ist mit Fallstricken nur so gespickt und ich habe mich darüber insgeheim immer gefreut, weil ich dachte, dass so ganz automatisch eine natürliche Auslese getroffen wird.

Es gibt noch eine andere Anreisemöglichkeit, aber die ist auch nicht wirklich empfehlenswert. Das erste Mal hatten wir den Seeweg gewählt, weil wir damals zunächst auf Ko Samui waren. Von dort aus fährt täglich ein Boot nach Haad Rin und dann über diverse kleine Strände bis zur Endstation Tong Nai Pan Noi. Mit meinem damaligen Freund und Reisebegleiter stand ich also Punkt zwölf am Pier von Mae Nam und wartete. Nebenan türmten sich Kisten mit Gemüse und Obst, Reissäcke, Ölkannen, Gasflaschen. Und dann hörte ich das Motorengeräusch und sah einen Fleck am Horizont, der sich beim Näherkommen als Longtailboot entpuppte. Mit bunten Tüchern an der Spitze, einem Mast in der Mitte, sechs Meter lang, in der Mitte zwei Meter breit und rund achtzig Zentimeter tief. Die Besatzung bestand aus zwei 16-jährigen Thaijungs. »Damit wollen wir doch nicht allen Ernstes auf die andere Insel fahren?«, fragte ich. Die Umrisse waren zwar am Horizont zu sehen, aber ich wusste, dass Ko Pha Ngan mindestens zwanzig Kilometer entfernt war.

Wir stiegen dann doch ein. Der Himmel verdunkelte sich und die Wellen wurden immer höher. Das Wasser spritzte hoch über die Seitenwände und unsere Gesichter spannten unter der Salzkruste. Die Jungs zurrten eine Plane über die Ladung, und der, der am Steuer stand, band sich ein Seil um den Bauch und zog eine dunkelblaue Skimütze über den Kopf. Sie hatte ein großes Loch (für die Augen), ein kleines (Nase) und einen Bommel oben drauf. Ich weiß noch, dass ich sicher war, in dieser Nussschale von einem nassen grauen Berg verschluckt zu werden.

Stunden später hielten wir in Haad Rin. Am Strand hockten Scharen von jungen Menschen. Alle waren sie auf dem Nachhauseweg von der Full-Moon-Party. Sie hatten Ringe unter den Augen und redeten wirres Zeug. Dreißig Menschen saßen dann in diesem Boot und als wir wieder hinaus in die Wellen fuhren, fingen zwanzig davon an zu kotzen.

Als wir in Tong Nai Pan Noi ankamen, sprang ich ins Wasser und dachte: Hier will ich nie wieder weg. Seither nehmen wir immer die direkte Fähre vom Festland.

Sie spuckt auch dieses Mal wieder hunderte von Menschen nach Tong Sala. Am Ende des Piers stehen Thais vor ihren Pickups und halten Schilder mit den Namen der jeweiligen Strände in die Höhe. Der Fahrer von Tong Nai Pan Noi erkennt uns wieder: »See you last year«, sagt er.

Und als wir in die Straße einbiegen, die über die Berge führt, sehe ich festen Beton statt kraterdurchzogener Sandpiste und bekomme Angst. Wir fahren zügig dahin, und selbst die unwegsamsten Abschnitte sind nur so schlimm wie die besten im Jahr davor. Zwanzig Minuten dauert die Fahrt, die vorher mindestens eine Stunde länger war. »Unsere Straße wurde endlich ausgebaut«, sagt der Fahrer, als wir am Eingang von Tong Ta Pong aussteigen, »super, oder?«

Hatte ich ernsthaft erwartet, dass bestimmte Plätze bleiben wie sie sind, nur weil man selbst sie genau so für gut befunden hat? Starhut hat jetzt auch Hütten mit Bad und Tong Ta Pan den Hügel komplett mit Luxusbungalows gepflastert. Nur in Tong Ta Pong sieht es aus wie immer. Drei weiße Häuschen mit grün gestrichenen Fensterläden direkt am Wasser, daneben Katais Bibliothek und das Restaurant. Und auf den Felsen dahinter 19 Holzhäuser, alles wie immer. Bis auf die Bar mit Palmblattdach. Die ist neu.

Hinter der Theke steht Nu. Die schulterlangen Rastazöpfe, die er in der Mitte des Kopfes zusammengebunden trug, so dass sie aussahen wie eine Palme, sind ab. Aber die blau-weiß-rot gestreifte Badehose aus seiner Siebziger-Jahre-Kollektion kommt mir bekannt vor. »Sarah hat einen Bungalow für uns reserviert«, sage ich ihm. Eigentlich sei alles belegt, antwortet er. Aber wenn ich unsere Namen auf einen Zettel schreibe, geht er zu ihr und fragt nach.

Es ist nämlich so: Verglichen mit den anderen Resorts, die alle schön sind, ist Tong Ta Pong das Himmelreich. An der schönsten Stelle des Strandes, ganz hinten links. Die Hütten (mit Meerblick und Veranda) stehen auf glatten Felsen. Das Restaurant ist nicht eine dieser Neonlicht-Kantinen. Der Rumpf eines gestrandeten Holzschiffs dient als Dach und schafft eine sehr gemütliche Atmosphäre. Überall stehen Petroleumlampen, Holztische, Glaskugeln, von der Decke hängen Mobiles aus Muscheln. Alles sehr einfach, aber mit Liebe und Geschmack eingerichtet. Das Essen ist ein Gedicht und abends serviert Nu Cocktails und legt hervorragende Musik auf.

Anfangs habe ich mich immer gefragt, wo er die ganzen CDs wohl herhat. Bis ich hörte, dass Robbie Williams schon hier war und Moby und alle möglichen anderen musikalischen Größen. Und die versorgen ihn regelmäßig mit Nachschub. An den Bäumen hängen Schaukeln und zwischen den Palmen Hängematten. Ein Traum für zwölf Mark die Nacht.

Wenn also jemand zum ersten Mal nach Tong Nai Pan Noi kommt, wird er zufrieden bei Starhuts einziehen und nach näherer Erkundung übersiedeln wollen. Weil aber die Leute, die einmal hier wohnen, wiederum so schnell auch nicht abreisen, entsteht ein Nachfrage-Angebot-Überhang, der sich darin äußert, dass jeden Morgen Interessenten Schlange stehen und fragen, ob irgendjemand ausgecheckt hätte. Manche warten Tage oder Wochen. Und manche für immer, weil Sarah findet, dass sie anderswo besser aufgehoben sind.

Glücklicherweise gibt es für Freunde eine Sonderregelung. Und als Nu zurückkommt, sagt er, dass sie einen Bungalow für uns freigehalten hat. Nummer 19 müsste nur noch sauber gemacht werden, dann könnten wir unsere Sachen nach oben bringen. Die beiden Engländerinnen, die in der Ecke mit den Liegekissen frühstücken und die ganze Szene verfolgt haben, rufen: »So geht das also!« Wir zucken mit den Schultern.

Endlich sind wir hier. Die ganze Zeit hatten wir uns darauf gefreut, auf unseren »Urlaub«. Auf Weltreise sein

und Urlaub machen wollen, was ist das denn für ein über-
kandideltes Konzept? Aber, so merkwürdig das für Außen-
stehende klingen mag: Wir sind wirklich am Ende, mit
Kraft und Nerven. Reisen ist harte Arbeit, keine eingefahre-
ne Routine, sondern fortwährendes Ausgeliefertsein ans
Unbekannte. Zu Hause geht man tagsüber ins Büro und
abends auf gesellschaftliche Ereignisse, und wenn man sich
ausreichend amüsiert oder gelangweilt hat, macht man die
Tür hinter sich zu. Wir hatten zu lange keine Tür, die sich
so einfach schließen ließe.

Eindrücke, Erfahrungen, Lebensgeschichten, Ge-
schmäcker und Gerüche, Verhaltensstudien – unsere Köpfe
sind voll davon und es gibt keinen Platz für mehr.

Deshalb verbringen wir die ersten paar Tage als
Sozialautisten. Wir lesen und spielen Schach und sprechen
nur mit unseren beiden Brüdern, die auch da sind. Bitte keine Travellergeschichten mehr und auch nichts anderes, was
als spannend gilt!

Das Wetter ist schlecht. Der Monsun hat sich bis
weit in den Januar hineingeschoben, obwohl normalerweise nach Weihnachten die Sonne zurückkehrt. Bei Windstär-
ke acht werden die Wellen drei Meter hoch und über dem
Wasser und dem Sand sieht die Luft aus wie in einen Schleier gehüllt. Das ständige Rauschen von Meer und Palmblät-
tern legt sich wie ein Deckel auf die Ohren. Alle paar Stunden müssen die dicken Plastikplanen vor der Bar und dem
Restaurant heruntergelassen werden. Wenn dann der Regen
beginnt, fallen binnen Sekundenfrist fünf Liter auf einen
Quadratmeter.

Nachts wachen wir davon auf, erst vom Brüllen
des Meeres, wenn der Wind zunimmt, dann von den schweren Tropfen, die auf das Dach unserer Hütte trommeln und

später, wenn der Regen wieder nachlässt, vom Gequake der tausend Frösche, die im Brackwassertümpel hinter den Duschen wohnen. Wir rücken dann ganz eng aneinander und fühlen uns warm und wohl unter unseren dünnen Laken und dem Moskitonetz.

Diese Endzeitstimmung kommt mir gerade recht. Wind, Wellen, Regen. Es ist, als würde langsam alles abgespült und weggeblasen. Ich kann mittlerweile morgens auf der Veranda sitzen, mein Müsli mit Papaya und hausgemachtem Joghurt essen und an nichts denken. Ein tadelloser Zustand, wie von innen weiß angestrichen.

Wir gehen jetzt tagsüber surfen. Und als wir beide aufgescheuerte Stellen auf dem Brustbein haben, da, wo Brett und Rippen aufeinander liegen, und die Arme nur noch einige Zentimeter heben können, werde ich von einer Riesenwelle erschlagen. Ich hatte den richtigen Moment verpasst und sie brach über mir zusammen wie eine Mauer. Mein Kopf rammte in den Sandboden und die Beine wurden nach vorne geschleudert, wie bei einem Handstandüberschlag. Ein paar Tage später soll sich ein junger Amerikaner auf ähnlich Weise vor Starhut das Genick brechen.

Als ich wieder zu mir komme, kann ich mich kaum bewegen. Und am nächsten Morgen fühlt sich mein Rücken an, als sei er im Kreuzbereich glatt durchgebrochen oder zumindest alle Muskelstränge gekappt. Nachdem ich eine Viertelstunde gebraucht habe, um die 22 Stufen von unserer Hütte zum Strand rückwärts hinunter zu kriechen, beschließe ich, einem alten Bekannten eine letzte Chance zu geben.

Toni, der sehnige Shiatsu-Spezialist aus Österreich mit der sanften Stimme und den schönen Augen wohnte vergangenes Jahr auch im Tong Ta Pong. Ian, ein englischer Zimmermann mit dichter Brust- und Rückenbehaarung, ließ sich jeden Morgen von Toni behandeln und meinte, er sei danach ein neuer Mensch. Also holte ich mir einen Termin.

Mich beeindruckte damals vor allem Tonis Haut. Sie war unfassbar zart und kühl und hauchdünn. Sobald diese Haut ins Spiel kam, dachte ich an Sex. Es war wie verhext. Ich versuchte, mir eine Leerstelle in den Kopf zu pressen, aber dann musste ich wieder eine Fußsohle auf seinen durchtrainierten Bauchmuskeln abstellen, und es ging von vorne los.

Immer, wenn ich ihn danach um eine weitere Massage bat, sagte er: »It will happen.« Und mit diesem Luftblasensatz hielt er mich unverschämterweise bis zu meiner Abreise hin. Mister »It will happen« habe ich ihn seither genannt.

Aber jetzt ist nicht der Moment für falsche Eitelkeiten. Wenn ich mich je wieder normal bewegen will, muss ich ihn erneut aufsuchen. Also humple ich über den halben Strand bis zur Wiese vor dem vegetarischen Restaurant, wo Toni gemeinsam mit einem Kollegen seine Freiluftpraxis aufgeschlagen hat. »Shiatsu Gypsies« haben sie auf das Schild davor gepinselt. Ich begrüße ihn und frage, ob er sich an mich erinnert. Na klar, sagt er, er hätte mich sogar in Bangkok gesehen und gerufen, aber ich hätte nicht reagiert. Wie nett, denke ich, nur: Warum spricht Toni mit mir Englisch? Wir unterhalten uns noch ein Weilchen (ich auf Deutsch, er bleibt bei Englisch), und dann erzähle ich ihm von meinem Rückenleiden.

Wir verabreden uns für den nächsten Tag um elf Uhr. Ich warte bis um halb zwölf, und wer taucht nicht auf? Genau: Mister »It will never happen«!

Auf dem Rückweg schaue ich bei Ky, der praktischerweise direkt neben Tong Ta Pong eine Internetstation eröffnet hat, in meine E-Mails. Meine Freundin Frauke schickt eine Zusammenfassung der neuesten Ereignisse im Scheidungsfall Becker (als ich davon im vermischten Teil der »Bangkok Post« gelesen hatte, bat ich sie sofort um regelmäßige Berichterstattung) und Mareile beschreibt ihr Dasein als Mutter einer zwei Monate alten Tochter. Ein Hamsterrad aus Wippe und Wickeltisch, denke ich. Andererseits bauen wir uns alle unser ganz persönliches Hamsterrad. Ist wohl menschlich. Und es ist ja nun wirklich nicht so, dass mein Bewegungsradius momentan wesentlich größer wäre.

Die vier Computer, die Ky aufgestellt hat, sind ein weiterer Pluspunkt für den Strand. Vorher musste man immer den halben Kilometer bis zum kleinen Dorfplatz hinter Starhut laufen und die Internettranse aufsuchen. Das ist ein junger Herr mit dem obligatorischen Kamm im Hinterhaar und langen lackierten Fingernägeln. Die gibt es in Thailand häufig (siehe Stewardess), und dagegen ist auch überhaupt nichts zu sagen, wenn diese nicht durch eine ausgesprochen unhöfliche Haltung gegenüber Frauen auffallen würden. Meine Freundin Savina und ich mussten im vergangenen Jahr grundsätzlich mehr Minuten bezahlen, als wir tatsächlich im Netz verbracht hatten. Und wenn wir dann sagten, das müsse ein Irrtum sein, antwortete sie, wir könnten ja woanders hingehen. Ha, ha.

Es ist gut, dass diese Zustände ein Ende haben. Zumal das Fallen der Monopolstellung auch zu einer Reduktion der Preise geführt hat. Von 7,50 auf fünf Mark die Stunde. Für thailändische Verhältnisse immer noch viel, aber immerhin. Wenn sie es jetzt noch irgendwie schaffen,

146

die Telefonleitung vor dem ständigen Zerreißen zu bewahren, ließe sich von hier aus problemlos arbeiten.

Als ich dem Adler von der neuesten Entwicklung an der Shiatsu-Front berichte, meint er, er würde sich der Sache annehmen. Von Mann zu Mann.

Er müsse ihm seine Frau wieder gerade biegen, sagt der Adler am nächsten Morgen zu Toni. Ich stehe breitbeinig daneben, den Oberkörper leicht nach vorne gebeugt (die einzige Haltung, in der ich einigermaßen schmerzfrei bin). No Problem, sagt Toni. Als wäre nichts gewesen, denke ich. Aber ich will auch nicht weiter darauf herumreiten, weil ich insgeheim immer noch ein schlechtes Gewissen habe, wegen der Sache mit dem Sex (von der ich vorsichtshalber niemandem etwas erzählt habe). Es ist ja auch nicht so, dass ich an Sex mit ihm gedacht hätte. Zumindest nicht explizit. Es war eher, als hätte eine fremde Macht Besitz von meinem Hirn ergriffen. Jahrelang verfolgte mich ein ähnliches Phänomen: Ich stellte mir die Menschen, mit denen ich zu tun hatte, plötzlich nackt vor, mitten in einem professionellen Gespräch, zack, waren sie da, ohne Kleider, vorzugsweise männliche Vorgesetzte. Schreckliche Veranstaltungen, vor denen ich mich heute noch fürchte.

Meine Vermutung ist folgende: Toni hat den Braten gerochen. Vielleicht kann er Gedanken lesen, vielleicht ist er tatsächlich so feinfühlig, wie er gern erscheinen will, und meine Energien, von denen er mir so viel erzählt hat, haben mit ihm geredet. Sein Kollege Pit würde mich bestimmt kurieren, sagt er dem Adler. Und ich weiß nicht, ob ich mich darüber ärgern oder freuen soll.

Pit ist das Gegenteil von Toni. Kurzes dunkles Haar, stämmige Figur, kräftige Stimme und Bratpfannen-Hände. Sein Bauch ist weich und seine Brust behaart. Nach der ersten Behandlung kann ich aufrecht gehen und einige Tage später bin ich so gut wie wiederhergestellt. Pit ist ein Meister seines Fachs, und er spart sich das Esoterikgeplänkel.

Und ich fange langsam an, meine Umgebung wieder wahrzunehmen, vor allem die Menschen, die hier sonst noch so sind.

In Nummer sechs wohnen Erica und Marc. Sie ist 25 und aus San Francisco, hat Sommersprossen und kinnlange braune Locken. Marc ist drei Jahre älter und bindet seine langen blonden Haare im Nacken zu einem Zopf. Die beiden sind seit sechseinhalb Monaten unterwegs. Eigentlich wollten sie noch sechs Wochen nach Laos oder Vietnam. Aber sie fühlten sich so erledigt, als sie in Tong Nai Pan Noi ankamen, dass sie beschlossen, den Rest der Zeit einfach hier zu verbringen.

Wir haben viele Menschen kennen gelernt, seit wir unterwegs sind. Einheimische, Pauschaltouristen, Rucksackreisende oder Traveller, alles dabei. Viele trampelten auf unseren Nerven herum, aber mit einigen haben wir uns angefreundet. Immer in dem Wissen, dass das Miteinander nur von begrenzter Dauer sein kann. Auch ein späteres Wiedertreffen war bisher nicht möglich, weil unsere Route von der Suche nach dem perfekten Platz geprägt wird, während die anderen im Urlaub sind. Trotzdem liegt das eigentliche Problem im fehlenden Hintergrundwissen, dem gemeinsamen Erfahrungshorizont. Mit Freunden kann ich direkt an der Stelle ansetzen, die mir gerade am wichtigsten ist, ohne erst die gesamte Lebensgeschichte aufsagen zu müssen. Wir ärgern oder freuen uns über ähnliche Dinge, wir kennen dieselben Prominenten, Bücher oder Filme.

So gesehen ist Erica die erste Frau, der ich mich nahe fühle. Ich kann sie in vielen Punkten verstehen. Sie hatte am Anfang der Reise zugenommen, weil das Essen in Spanien so wahnsinnig lecker war. Und Marc fand, sie übertreibe. Erica hat sich in Indien eine Kurta gekauft, weil sie sich ohne nackt fühlte, und Marc meinte, sie würde das alles ein bisschen eng sehen. Erica hat es geschafft, tagsüber nicht mehr zu rauchen, aber abends, wenn sie betrunken an der Bar steht, raucht sie eine ganze Schachtel und tanzt manchmal auf dem Tisch. Sie spricht dann sehr laut und verheimlicht nichts, was sie für die Wahrheit hält. Am nächsten Morgen ist sie verkatert, heiser und kleinlaut.

In San Francisco hat sie als Kindermädchen für reiche Leute gearbeitet. All die amerikanischen Dot-com-Millionäre, bei denen Babys im Haus sein müssen und Hunde auch. Aber kümmern muss sich jemand anders. Und als die Sängerin Neneh Cherry, die vor einigen Tagen mit Entourage von einem Speedboot gestiegen ist, davon hört, will sie Erica sofort mit nach London nehmen.

Wir hatten Neneh Cherry nicht erkannt. Sicher, sie war etwas durchgestylter als die anderen, andererseits, wer kann eine echte Gucci-Brille von einer guten falschen unterscheiden? Und lange Jeansröcke oder String-Tangas mit Tigermuster waren auch nicht erst seit gestern auf dem Markt. Sie hatte ein kleines Mädchen und zwei Teenager dabei. Die eine davon sah aus wie sie, nur in doppelt so dick. Wir nannten sie »die Wurst« und wunderten uns, was sie den ganzen Tag lang alles in sich reinstopfte: Chicken Burger, frittierte Bananen, Pancakes mit Erdnüssen und Honig. Der Mann oder Freund von Neneh ist der Produzent von Massive Attack. Ich verwechselte ihn mit Ian, dem Zimmermann, bis Nu ihm einen Irokesen geschoren hatte.

Warum sie das Angebot, als Babysitterin für Neneh zu arbeiten, nicht annimmt, frage ich Erica. Weil man sich solchen Menschen ganz und gar unterordnen müsse. Außerdem würde Neneh jeden Abend eine Flasche Schnaps mitnehmen, wenn sie ihre Tochter ins Bett bringt. Es sei besser, ein kleines eigenes Leben zu haben, sagt Erica, als im Hintergrund dafür zu sorgen, dass ein anderes so gelebt werden kann, wie es erwartet wird.

Direkt neben uns, in Nummer 18, wohnen Avon, 26, und Elvis, 28. Sie ist aus Wales und sieht aus wie Liz Taylor. Er kommt aus Neuseeland und trägt ein Bärtchen und kurze blonde Dreadlocks. Wir stehen mit einem Cappuccino an der Bar und unterhalten uns über die bevorstehende Full-Moon-Party, als Neneh kommt. Hi, sagt sie. Und zu Elvis, den sie noch nicht kannte: Ich bin Neneh Cherry. Schön, dich kennen zu lernen, sagt der, mein Name ist Elvis. Ich muss laut lachen, Elvis macht ein verständnisloses Gesicht und Neneh sieht irgendwie pikiert aus. Später erkläre ich Elvis, dem Neneh Cherry kein Begriff war, dass sie bestimmt dachte, er macht einen saublöden Witz.

Mittlerweile scheint zuverlässig die Sonne. Das Wasser ist platt und, nachdem sich der aufgewühlte Sand endlich wieder zur Ruhe gesetzt hat, lassen sich die Zehen problemlos von oben betrachten, wenn man bis zur Brust hineingewatet ist. Wir sitzen abends mit Avon und Elvis neben dem Barbecue und zerlegen frisch gebratenen Fisch, als ich es zum ersten Mal sehe: einen dicken hellgrünen Klumpen keine zehn Meter vom Ufer entfernt. Ich glaube an eine optische Täuschung. Aber dann kommt er wieder, noch größer als vorher.

Wir klettern über die hohen Felsen vor Nummer zwölf, das ist die Hütte, die ganz vorn am Wasser steht, mit unverstelltem Blick über die ganze Bucht. Die Felsen sind glatt und rund und fallen vorn steil ab. Von dort blicken wir ins Wasser. Und immer, wenn eine neue Welle gegen die Steine schwappt, sind sie wieder da, die fluoreszierenden Flecken. Manchmal sehen sie aus wie winzige Fünkchenhaufen und manchmal formieren sie sich zu handtuchgroßen Flächen. Wir haben keine Ahnung, was das ist: Fische? Algen? Plutonium?

Am nächsten Abend sitzen wir wieder auf der Terrasse und blicken angestrengt aufs Dunkel hinaus. Und dann rollt sie auf uns zu: Eine Welle mit einer glühenden Röhre mittendrin, mindestens hundert Meter lang.

»Wusch«, schreie ich. Und dann sehen auch die anderen, was da los ist. Alle rennen Richtung Leuchten. Der Adler leiht sich eine Taucherbrille, und wir holen unsere Badesachen. Der Sand hat lauter kleine Punkte und wenn man mit dem Finger darauf tippt, leuchtet der auch. Und als der Adler losschwimmt, sieht er aus wie eine Neonreklametafel, deren Lichter im Rhythmus der Arm- und Beinbewegungen flackern. Die ganze Nacht hindurch hören wir Planschen und Begeisterungsrufe und aufgekratztes Gekreische.

Markus, 29, der in Osnabrück wohnt und Aquarien ausstattet, erklärt uns das Phänomen. Der Sturm mit seinen hohen Wellen hätte Plankton aus der Tiefe nach oben geholt. Und das würde jetzt mit einigen Tagen Verspätung an Land gespült und sobald Reibung (entweder durch Wellenbewegung oder beim Kontakt mit Sand und Steinen) entstünde, beginnt es zu glühen.

Zwei weitere Tage sorgt die Natur für diese außergewöhnliche Art von Unterhaltung, dann sind die Menschen wieder auf sich selbst gestellt. Denn so ist das im Paradies. Es zeichnet sich durch völlige Ereignislosigkeit aus. Keine maßgeblichen Einflüsse von außen, alles, was passiert, ist hausgemacht.

Vier Wochen sind wir jetzt hier. Und jeder Tag ist gleich und doch anders, aber alle vergehen wie im Flug. Wir kennen jeden Tong Ta Pong- und viele andere Strandbewohner. Bald habe ich das Gefühl, in einem sehr kleinen Dorf zu leben, wo es unmöglich ist, sich aus dem Leben der Nachbarn herauszuhalten.

Pit hat mir erzählt, dass Toni abends oft für die beiden kocht und sauer ist, wenn er nicht pünktlich erscheint. Wie eine verbitterte Ehefrau sei er dann. Und dass er auf eine Freundin wartet, die ihre Ankunft immer wieder verschiebt. Ich frage ihn, warum Toni nur noch Englisch spricht. Das kann er mir auch nicht beantworten. Schwieriger fände er sowieso diese Namensgeschichte. Toni heißt ja eigentlich Anton, und weil in Österreich jeder Anton ein Toni wird, war er eben der Toni. Nur hier, da wollte er nicht mehr der Toni sein. Also änderte er seinen Namen: Toan statt Toni. Aber dann gab es die Leute, die ihn aus dem vergangenen Jahr kannten, und die nannten ihn weiter Toni und von den anderen konnten die meisten Toan nicht richtig aussprechen. Jetzt ist er zu Toran übergegangen. Aber Pit bezweifelt, dass das der letzte Stand der Dinge ist. Auch wenn man dann die Shiatsu-Werbe-T-Shirts, die Toni für sie entworfen hat, zum dritten Mal drucken lassen müsste. »Auf den T-Shirts hat Toni statt Patrick, wie ich eigentlich heiße, einfach Pit geschrieben«, sagt Pit. Weil Patrick zu kompliziert sei, meinte Toni-Toan-Toran.

Ich denke an eine Freundin, die als Silke nach Indien fuhr und als Voyage zurückkam. Als wenn das irgendwas besser machen würde.

Haad Rin ist drei Wochen des Monats nichts weiter als ein staubiger Ort, der sich am Anfang einer Halbinsel zwischen zwei gegenüberliegenden Buchten hinzieht.

Es gibt unzählige von unspektakulären Bungalowanlagen, jede Menge Restaurants, noch mehr Bars und Internet-Cafés. Anscheinend völlig überdimensioniert für die versprengten Gäste und die paar Besucher, die morgens mit dem Longtailboot von anderen Stränden kommen, um Croissants in der Swiss Bakery zu essen, Geld zu wechseln oder neue Zahnpasta zu kaufen und mittags schnell wieder in ihre Robinson-Idylle zurückzufahren.

Aber dann, genau in dem Tempo, in dem der Mond rund wird, erst langsam und zum Schluss ganz schnell, kommen immer mehr an. Mit der Fähre vom Festland oder von Ko Samui, wo sie mit dem Flugzeug gelandet sind. Drei Tage vor Vollmond gibt es in Haad Rin kein freies Bett mehr und zwei Tage später schlafen die Hartgesottenen schon überall im Sand. Und wenn die Telefonleitung mal wieder zusammenbricht, sitzen sie verzweifelt vor dem Computer, weil sie ihren Freunden nicht mitteilen können, wo sie zu finden sind.

In der Nacht davor ist Tong Nai Pan Noi auch komplett belegt und der Mond bereits so leuchtend hell und schwer und gelb, dass man um Mitternacht meint, vor einem Sonnenuntergang zu sitzen.

Es gibt nur ein Gesprächsthema. Und Susan und Aki, die in den vergangenen Wochen jede über die Insel verstreute Party besucht haben – Dark Moon, Half Moon, Natural Moon, Wonderful Waterfall und was es noch alles gibt –, wollen sogar gehört haben, dass Sven Väth auch auflegt.

Knapp 24 Stunden darauf wimmelt ganz Ko Pha Ngan wie ein Ameisenhügel. Die Straßen sind voll mit Pikkups, alle auf dem Weg nach Haad Rin. Und das Meer voll mit Booten, die von Ko Samui kommen oder Ko Tao oder sonst woher. Sven Väth ist auf Ko Samui gelandet, wird kolportiert.

Unmöglich einzuschätzen, wie viele Leute am Strand herumhüpfen. Es dürften mehrere tausend sein. Wir lagern an einem der kleinen kerzenbeleuchteten, von Sitzkissen gesäumten Tischchen, die überall im Sand verteilt sind und beobachten unter gemäßigtem Wodka-Redbull-Einfluss die Szenerie. Tim und Andy, unsere Bekannten aus Laos kommen vorbei. Und später Avon und Elvis. Sie alle haben ortsübliche Diätpillen als Ecstasy-Ersatz geschluckt. Avon stellt sich vor mich, klopft auf ihren Hintern und fragt mich, ob das ihr Arsch sei. Ja, sage ich, ganz sicher. Komisch, meint sie, fühle sich so fremd an.

Avon und Elvis haben zwei Stunden zu Sven Väth vor dem Paradise Club getanzt, ohne zu merken, wer da auf der Kanzel steht. Dabei hat Avon sogar ihren Hund Sven getauft, als Hommage an den deutschen DJ.

Direkt vor uns greifen sich zwei Zivilpolizisten einen jungen Mann. »Magic happens« steht auf seinem T-Shirt und er sieht aus wie Kurt Cobain. Aus seinen Taschen holt er vier mehr oder minder volle Packungen »Benson & Hedges«, zwei vorgerollte Joints und ein paar zerknitterte Bath-Bündel. Unter seinen Achseln wachsen dunkle Flecken. Die beiden Thai zertreten die Joints im Sand und schubsen ihn weg: kleiner Fisch, und nicht das, wonach sie suchen. Später führen sie einen anderen in Handschellen ab. Angeblich schließen sie die für tausend Dollar wieder auf.

Im Wasser stehen Männer Spalier. Sie pinkeln mit Blick aufs Meer hinaus. Zwanzig Meter vom Ufer entfernt bildet Korallenschrott eine natürliche Mauer. Weil Ebbe ist, wird die Brühe nicht mit rausgetragen. Urin, Erbrochenes,

Bierflaschen, Essensreste, alles da drin, und es stinkt wie die Pest. Scheint aber niemanden zu stören. Manche laufen mit ausgebreiteten Armen hinein, und lassen sich schreiend fallen und zwei Mädchen sitzen seit mindestens einer halben Stunde bis zum Hals in der Brühe und lachen. Als sie wieder rauskommen, hat eine nur noch ihr Bikinioberteil an, die Hose ging wohl verloren. Aber das fällt ihr erst auf, als sie darauf angesprochen wird.

Wochen später macht uns Henry, ein Thailänder, den wir über einen Freund kennen gelernt haben, ein Angebot, dass wir kaum ablehnen können. Ihm gehört die Mad Bar in der Nähe von Tong Sala. Das ist mittlerweile *der* Sonnenuntergangstreffpunkt. An diesem Abend erzählt uns Henry, dass er die Option hat, das Land zu kaufen, auf dem seine Bar steht. Für 120 000 Mark, den ganzen Berg. 30 000 konnte er in den vergangenen Monaten mit dem Bierverkauf ansparen. »Stellt euch mal vor, wie sich der Umsatz erhöht, wenn wir erst unser Restaurant eröffnen«, sagt er. Und Bungalows will er auch bauen, alles im gleichen Stil. Das Resort, das direkt nebenan liegt, hat auch schon ein Angebot hinterlegt, 300 000 Mark wollen die zahlen. Henry hat zwar das Vorkaufsrecht, aber er braucht nochmal 30 000, um einen vernünftigen Kredit zu bekommen. Und wenn er die nicht in den nächsten zwei Monaten zusammenkratzt, kann er seine Sachen packen. Ob wir einsteigen wollen?

Aquarien-Markus ist sofort Feuer und Flamme. So ein Angebot kommt nie wieder, sagt er. Das ist die Chance auf ein persönliches Stück vom Paradies. Mit einem Bein in der schönen neuen Welt. Das will er sich auf keinen Fall entgehen lassen. Ein super Bauchgefühl hätte er dabei. Ein Schicksalsschlag, sozusagen. »Wenn wir zu dritt sind, macht das doch auch nur 10 000 für jeden«, sagt er. So viel haut man doch in Deutschland in einem Jahr für Sachen auf den Kopf, an die man sich später nicht mal mehr erinnern kann.

Wir sagen Henry, dass wir seinen Vorschlag ernsthaft in Erwägung ziehen. Später schreibt uns Markus ein Gedicht. »Endlich wieder ich«, lautet der Titel. Und dann reist er ab.

Das ist mal wieder typisch, denke ich. Aber wir haben ja auch einen Rückzieher gemacht. Warum? Wir hätten einen international tätigen Rechtsanwalt finden müssen, der die Verträge aufsetzt. Wir wären immer nur die stillen Teilhaber gewesen, weil Ausländer in Thailand nie mehr als 49 Prozent von etwas besitzen dürfen. Wir kennen Henry erst seit ein paar Wochen. Wir würden, selbst wenn er die Bungalows aufgestellt hätte, nicht bei ihm wohnen wollen, weil uns der Strand von Tong Nai Pan Noi viel besser gefällt. Und wir haben eigentlich auch nicht wirklich Geld übrig.

Um ehrlich zu sein: Wir wollten einfach nicht. Weil das Leben am Strand auch Alltag wird, wenn man immer hier lebt. Und wenn man anfängt, sich im Paradies zu langweilen, dann bleibt nur noch der Strick. Weil es keine Hoffnung mehr gibt und keine Träume.

Wir werden Tong Ta Pong in Zukunft einfach für ausgedehnte Kuraufenthalte nutzen. Und das lässt sich von Bangkok aus ja auch ausgezeichnet arrangieren. Mit dem Wegfall von Nummer eins a ist Bangkok wieder in die Favoritenrolle geschlüpft.

Eigentlich müssten wir uns jetzt eine Wohnung oder ein Haus in Thonburi mieten. Aber die Begeisterung des Adlers hält sich in Grenzen. Bangkok sei ihm zu bequem, sagt er schließlich. Die Stadt würde ihn nicht wirklich inspirieren. »Immerhin sind wir losgefahren, um den besten Platz zu finden«, sagt er. Und Bangkok sei nicht perfekt. Zumindest nicht für ihn.

Gut, antworte ich, suchen wir eben weiter. Ich fasse nur mal eben unsere bisherigen Erfahrungen zusammen: Viele Menschen sind kein Nachteil, nur ehrlich müssen sie sein und von Regierungen wird generell ein gewisses Maß an Integrität verlangt. Eine einsame Insel ist auch unproblematisch, solange sie über eine zuverlässige Verkehrsanbindung verfügt. Wir wollen nicht in einem Plastikstaat leben, lieber in einem grünen Land, von dem sichergestellt ist, dass es sich nicht in zwei Jahren in einen Plastikstaat verwandelt. Wo gibt es denn so was?

»Mein Freund Matthew hat mir erzählt, dass seine Freunde in Phnom Penh ihre Motorräder nachts mit ins Wohnzimmer nehmen und an die Heizungsrohre ketten«, sagt der Adler. Das wäre doch mal was anderes.

Herz zersägt
Kambodscha, März 2001

Der Grenzübergang, der von Thailand nach Kambodscha führt, heißt Poi Pet. Und da ist es, als würden zwei Planeten aufeinander treffen.

Thailand ist vergleichsweise aufgeräumt. Es ist wie ein viel versprechendes Kind, von dem sich die Eltern das Erklimmen der nächsten sozialen Stufe erhoffen. An der Tankstelle, an der wir morgens um sechs anhielten, gab es Donuts und heißen Kaffee aus glänzenden Chromkannen und die Verkäuferin trug ein Käppchen auf dem Kopf wie eine Krankenschwester. Der Bus hielt schließlich vor einem Marktgelände und wir wurden in ein Lokal geführt, wo wir auf den Mann warteten, der uns die Tickets für die Weiterfahrt bis nach Siem Reap aushändigte. Auf der Toilette stand eine junge Thailänderin, die erst auf meine Füße und dann auf die Badelatschen zeigte, die fein säuberlich nach Größen geordnet in einer Reihe standen.

Ich will nicht unter die Dusche, sagte ich. Aber sie ließ sich nicht umstimmen, und ich zog meine Schuhe aus und schlüpfte in ein Paar hellblaue Flip-Flops. Als ich beim Hinausgehen die Tür hinter mir schloss, hatte sie die weißen Fliesen bereits einmal komplett durchgewischt. Dieser Sauberkeitswahn war mir neu. Aber ich verstand schnell, wo er seinen Ursprung hatte.

Wir gehen zu Fuß Richtung Grenze. Je mehr wir uns dem Schlagbaum nähern, desto schmutziger wird es. Es scheint, als würden wir in einer Geschwindigkeit jenseits der Wahrnehmbarkeit in Schlamm versinken. Indien ist auch schmutzig, aber da ist es Staub und Gestank und graue, undurchdringliche Luft. Hier ist es Schlamm, dickflüssiger gelber Schlamm. Als würde die Erde kotzen. Und die Luft ist klar und kühl. Als wollte sie mit dem, was sich da unten abspielt, nichts zu tun haben.

Die Menschen, die uns entgegenkommen, sehen auch anders aus. Es sind die Gesichter. Die Inder haben einen entschlossenen Ausdruck, die Nepali einen deprimierten, die Thailänder einen friedlichen. Aber die Khmer, so heißt die größte Bevölkerungsgruppe in Kambodscha, sehen verloren aus. Als käme hinter den Augen nichts, woran sie sich festhalten könnten. Köpfe, in denen alles abgebrannt scheint.

Die kleinen Kinder betteln. Sie zupfen an unseren T-Shirts und Hosen und zeigen auf die Zigarette, die der Adler in der Hand hält und auf meinen Mund, der ein Kaugummi kaut. Wir geben ihnen alles, was wir an Kleinkram in unseren Taschen finden können. Nicht, dass das irgendeinen Sinn hätte, aber wir können nicht einfach in der Schlange stehen und sie anstarren.

Neben uns werden hölzerne Karren vorbeigeschoben. Sie sind zehn Meter hoch mit roten Plastikeimern oder mit Blumenhandtuchbündeln beladen. Das einzige motorisierte Fahrzeug, das ich entdecken kann, ist ein altes Moped, auf das schätzungsweise 10 000 Wasserflaschen getürmt wurden. Es bleibt nach wenigen Metern stecken.

»Das sind völlig neue Maßstäbe«, sagt der Adler. Diese Gesichter, dieser Dreck, diese Armut. Alles in Dimensionen, die wir so bisher noch nicht erlebt hatten. Er sieht mich beunruhigt an, als wäre er nicht sicher, ob meine Nerven der Belastung gewachsen sind.

Wir werden mit 15 anderen auf die Ladefläche eines Pickups gepresst, mit unseren Rucksäcken als Unterlage. Außer uns zwei Engländerinnen, ein australisches Pärchen und ein Franzose, der Rest Japaner. Die Japaner haben alle in Frotteetücher eingeschlagene Bee-Gees-Frisuren und außer identischen halb leeren Hüftrucksäckchen mit aberwitzigen Schnürsystemen (scheint bei denen der neueste Trend zu sein) nichts dabei. Wenn man es nicht besser wüsste, könnte man meinen, sie wären auf einem netten kleinen Wochenendausflug. Freeclimbing oder so.

Der Pickup versinkt bis zu den Achsen im Boden. Ich habe als Kind immer Kartoffelbrei durch die geschlossenen Zähne gequetscht. Und die Straßen hier sehen ganz ähnlich aus. Als hätte sie jemand durch seine Zähne gequetscht.

Irgendwann verlassen wir die Stadt und die Umgebung zerbröselt. Die Häuser, die vorher links und rechts standen, gaben dem Verkehr eine Richtung. Jetzt fehlt jede Struktur. Wasserbüffel, Pferdekarren, Pickups, Fahrräder, Motorräder, alles wälzt sich mehr oder minder unkoordiniert gen Horizont. Die Felder rundherum liegen brach, grau und vermodert. Eine Schlange überquert den Weg, mit hoch erhobenem Kopf. Die Schlaglöcher sind so groß wie Schwimmbecken. Lastwagen können darin komplett verschwinden und werden erst entdeckt, wenn sie direkt vor uns wieder auftauchen.

Die Japaner sagen dann immer: »Uijuijuiui«, und halten sich fest. Und sie lachen, wenn wir um ein Haar im aufgeweichten Untergrund kleben bleiben. Nur, wenn wir die provisorischen Brücken passieren, steigen sie ab und gehen zu Fuß hinter uns her, nicht ohne zu lachen, wenn der Wagen plötzlich mit einem Bein in der Luft hängt, weil ein

Rad von den beiden vierzig Zentimeter breiten Planken abgekommen ist. Es gibt auch Brücken, die längst komplett zusammengebrochen sind. Aber das macht auch nichts, weil die Trümmer insgesamt wieder so etwas wie einen neuen Weg hergeben.

In diesem Land, das dreißig Jahre Bürgerkrieg erlebt hat, sind die Spuren der Zerstörung überall sichtbar und spürbar. Auch an unserer Fahrt: Die dreihundert Kilometer von Bangkok nach Poi Pet haben vier Stunden gedauert. Für die hundertfünfzig von Poi Pet nach Siem Reap brauchen wir mehr als doppelt so lange.

Auf halber Strecke hielten wir an einem Lokal mit angeschlossenem Bordell. Mein Suppenhuhn lag nachlässig angehackt in der Schüssel. Und die Japaner hatten Khmermädchen auf dem Schoß. Sie lachten und die Mädchen kicherten und zupften sie an den Ohrläppchen, und ich war erstaunt, wie professionell sie mit Männern umgehen. Wir wussten von Freunden, dass Sex hier extrem preiswert und überall erhältlich ist. Aber so einfach hatte ich es mir nicht vorgestellt. Wir hatten auch ein Mädchen, dass für uns zuständig war. Aber weil der Adler und ich ein Paar sind, füllte sie nur sofort jeden Schluck Bier nach, den wir tranken und fragte alle fünf Minuten, ob wir noch ein neues möchten.

Gegen elf Uhr stoppt der Fahrer für die letzte Zigarettenpause vor der Ankunft. Da hinten, das sei der Flughafen von Siem Reap, sagte er. Noch vierzig Kilometer, vielleicht zwei, drei Stunden. Ich sehe nichts, nur platte, nasse Dunkelheit. Nicht ein einziges Licht, aber das wundert mich nicht, weil keins der Dörfer, durch die wir gekommen waren, Strom zu haben schien. Dafür leuchtet der Vollmond, und die Frösche quaken. Und von irgendwo aus der Ferne schallt Musik zu uns herüber.

Es regnet die ganze Nacht in Strömen auf das Blechdach unseres kleinen Hotels. Das Zimmer ist hell und sauber und kostet umgerechnet zwölf Mark die Nacht (wenn wir die Klimaanlage nicht anschalten). Unten in der gefliesten Eingangshalle haben die Besitzer ihre Betten aufgestellt. Auf einer Matratze schlafen sechs Kinder unter einem rosafarbenen Moskitonetz.

Am Morgen ist der Himmel leer, und neben unserem Frühstückstisch warten vier Jungs, die uns die Tempelanlagen von Angkor zeigen wollen. Sie sprechen Englisch und Japanisch und Deutsch. Aber als offizielle Führer dürfen sie trotzdem nicht arbeiten, weil für jede erteilte Lizenz 800 US-Dollar Schmiergeld fällig werden. Dieses System wollen wir nicht unterstützen und lassen uns stattdessen von Som und Prakhai den ganzen Tag auf ihren Mopeds herumkutschieren. Sie sind 16 und 17 Jahre alt, tragen, wie alle anderen Moto-Driver auch, eine Baseballkappe und nehmen für die Tour je fünf Dollar. Die kambodschanische Währung ist der Riel, aber damit kann man vielleicht an einem Marktstand einen Sack Reis kaufen. Alles, was mit Touristen zu tun hat (und das ist so gut wie alles), verlangt nach dem inoffiziellen Zahlungsmittel: US-Dollar.

Wir fahren eine breite Schotterpiste entlang. Links das Grand Hotel Angkor Wat, ein feudaler Kasten mit Kronleuchtern und Mamorfußböden. Es ist umgeben von springbrunnendurchsetzten Gartenanlagen, mit kleinen geschmackvollen Villen für besonders betuchte Gäste. Dahinter erstreckt sich eine ganze Serie von Hotelkomplexen. Nur sind die anderen funkelnagelneu und dieses hier noch aus französischer Kolonialzeit, allerdings von Grund auf renoviert. Auf dem angrenzenden Gelände befindet sich ein Bodyguardausbildungscenter. Durch ein Loch im Zaun sehe ich, wie Männer in Camouflage-Anzügen über Hindernisse aus Holz hetzen.

Je näher wir den Tempeln kommen, desto dichter wird der Verkehr: Moderne Minibusse mit Pauschaltouristen, Moto-Driver mit Individualreisenden hinten drauf. Elefanten, die mit Feuerholz beladen sind. Fahrradfahrer und Fußgänger. Jeder schleppt Säcke oder Tüten mit sich rum. Und einmal sehe ich einen Mann auf einem Motorrad an mir vorbeifahren, der ein ausgewachsenes Schwein auf dem Gepäckträger transportiert. Es liegt da auf dem Rücken, in einer breiten Blechrinne und streckt die Beine in die Luft. Völlig regungslos, nur wenn er durch ein Schlagloch fährt, dann grunzt es und macht die Augen auf.

Der Eingangsbereich sieht aus wie die Zahlstationen auf französischen Autobahnen. Mehrere parallel aufgestellte Häuschen, in denen uniformierte Angestellte hinter Glasscheiben sitzen und für zwanzig Dollar eine Tageskarte ausstellen. Es wirkt, wie die Übernachtungsburgen, vollkommen überdimensioniert. Aber wenn man bedenkt, dass König Sihanouk in der Zeitung, die ich heute morgen las, davon spricht, dass hier in Zukunft Freiluft-Opern wie in Verona oder Gizeh aufgeführt werden, dann liegt nahe, worauf Hotels und Ticketschalter ausgelegt sind: In einigen Jahren jährlich zig Millionen Touristen durch die Anlage zu schieben.

Und sie werden kommen, dass weiß ich, als ich Angkor Wat, den Haupttempel, in der Ferne erblicke. Ich habe noch nie in meinem Leben etwas Erhabeneres gesehen. Der Tempel steht völlig frei und unangetastet auf einer künstlich geschaffenen Insel, umgeben von breiten Gräben und Seen. Die charakteristischen Tannenzapfentürme ragen weit über die umstehenden Palmen hinaus. Über alle Maßen majestätisch.

Vor tausend Jahren hatten die Khmer ein Reich, das in China anfing und in Indien aufhörte, und diese Stadt war die Regierungszentrale, das Herz des stolzen Volkes.

Es gibt Menschen, die hier eine ganze Woche mit kreisrunden Augen herumstapfen. Wir begnügen uns mit einem Tag. Das reicht für drei Besichtigungen: The Bayon, ein Tempel, von dem mehr als zweihundert Gesichter auf den Betrachter herunterschauen, alle mit versteinertem Mona-Lisa-Lächeln und entrücktem Blick. Diabolisch und dämlich zugleich. Darunter penibel gearbeitete Reliefs, lauter kleine Tänzerinnen, mit Kronen im Haar, nackter Gisèle-Bündchen-Brust und zweidimensionalen Ranken drum herum. The Bayon wird gerade von japanischen Archäologen restauriert. Sie haben die durcheinander gewürfelten Quadersteine numeriert und versuchen jetzt, sie wieder zusammenzusetzen. Wie ein Puzzle.

Ta Prohm gehört dafür nach wie vor dem Dschungel, überall Affen und vierzig Meter hohe Bäume, deren Wurzeln, dick wie Elefantenbeine, die verfallenen Mauern würgen. Steinzeit-Kraken. Ein Traum für jeden Indiana-Jones- oder Dschungelbuch-Fan.

Dem Ausgang gegenüber befindet sich das übliche Sammelsurium aus Souvenirshops und Restaurants. Alles notdürftig zusammengezimmert. Vor jedem dieser Verschläge steht ein aufgetakeltes junges Mädchen, sie schreien uns entgegen und wedeln mit Speisekarten herum. Sie machen einen Höllenlärm, aber keinen weiteren Schritt auf uns zu, als würden sie von einer unsichtbaren Barriere aufgehalten. Der Adler findet das Spektakel lustig, will jede

Einzelne ansehen und sich erkundigen, was die Aufregung soll. Aber ich lasse mich schon aus einem normalen Laden jagen, wenn eine Verkäuferin kommt und »kann ich Ihnen helfen« fragt. Dieser Aufmerksamkeitspegel ist mir unheimlich. Und peinlich.

Ich gehe, ohne nach links oder rechts zu blicken, auf das Mädchen zu, das genau geradeaus steht und setze mich an einen Tisch auf einen roten Plastikstuhl. Das Restaurantmädchen verbirgt sein Erstaunen hinter einem bezaubernden Lächeln und fragt, was wir essen wollen. Als sie alles gebracht hat, setzt sie sich ganz dicht neben den Adler, schenkt immerzu Bier nach und sagt, dass er sehr gut aussehe. Ich frage, wie alt sie ist. 18, sagt sie, aber das halte ich für übertrieben.

Vor uns im Staub ist ein dünnes Seil gespannt. Es verläuft vor jeder Hütte, immer in demselben Abstand. »Das hat die Regierung da hingelegt. Wir dürfen es nicht übertreten, wenn wir Gäste anwerben«, sagt sie.

Was sie wohl machen, wenn die Millionen kommen? Überall Gitter aufstellen, die die Fremden, die das Geld bringen, vor den kleinen Mädchen beschützen. Oder gleich die französische Autobahnvariante wie am Eingang: Moderne Schleusen, durch die die Ströme geleitet werden. Dann kostet das Essen bestimmt auch nicht mehr zwei, sondern zwanzig Dollar. Und daran verdienen dann auch nur noch die, die genug Dollar in Schmiergelder für die entsprechenden Lizenzen investieren können.

Wir sind froh, dieses Wunder jetzt bestaunt zu haben, von Massen konnte auf dem weitläufigen Gelände jedenfalls keine Rede sein.

Nachts fängt es wieder an zu regnen. Ich schlafe tief und fest und träume von Mogli und Balu, dem Bär. Sie retten mich vor einer Liane, die sich um meinen Fuß geschlungen hat und mich an einen Tannenzapfen ketten will. Als sie die Liane gekappt haben, wächst der Tannenzapfen mit mir oben drauf in den Himmel, ganz schnell, wie die kleine Bohne aus einem Märchen, das ich als Kind so gern mochte. Im Himmel steht der französische Gelehrte, der Angkor vor etwas mehr als hundert Jahren entdeckt hat. Er trägt Knickerbocker und Cordjackett, seine Augen sind mit einem rot-weiß karierten Khmerschal verbunden, und er hält sich eine Pistole an die Schläfe. Ich schreie wie am Spieß, aber niemand hört mich, weil kein Ton aus meiner Kehle kommt.

Ich schrecke hoch und frage mich, was dieses Land mit mir macht. Es sind nicht die Reisestrapazen, die mich auslaugen, wie vom Adler anfangs befürchtet. Es ist die Geschichte, die so lebendig und vereinnahmend ist.

Der Adler hat dazu mehr Distanz. Er kann sein Inneres besser schützen. Ich habe nie verstanden, wie er das macht. Aber ich bin froh über seine ausgleichende Wirkung, weil das Perfekte-Platz-Unternehmen sonst schon längst im Chaos ertrunken wäre. Er kümmert sich seit einem halben Jahr um die Weiterfahrt, die Tickets, das Geld, die Visa und was wir sonst noch so brauchen.

Und nun macht sich der Adler Sorgen, weil er fürchtet, dass wir morgen früh nie trockenen Fußes nach Phnom Penh gelangen. Dass mein Laptop aufweicht und seine Kameras auch. Als ich ihm von meinem Traum erzähle, nimmt er mich in den Arm. Und dann stopft er sich Stöpsel in die Ohren, damit er das beunruhigende Trommeln der Tropfen auf dem Aluminiumdach nicht mehr hören muss.

Der Pickup, der uns zum Bootsanleger bringen

soll, ist viel zu spät dran, und wir müssen eine Stunde im knöcheltiefen Wasser vor der Tür sitzen. Ich beneide die anderen um ihre Regencapes (meine Regenjacke habe ich in der Wüste von Rajasthan zurückgelassen, weil ich mir damals nicht vorstellen konnte, jemals wieder nass zu werden) und quetsche mich unter das schmale Vordach über dem Eingang.

Vom Bootsanleger bringen uns kleine Boote den Fluss hinunter, bis dahin, wo er in den Tonlé Sap, den großen See, mündet. Der See dehnt sich in der Regenzeit auf eine Fläche von 10 000 Quadratkilometern aus und er ist das fischreichste Gewässer der Welt. 50 000 Tonnen werden hier im Jahr gefangen. Es gibt 15 Salzwasserfischsorten, ein Relikt aus der Zeit, in der der Tonlé Sap noch Teil des Meeres war. Und wir haben sogar von einem Königsfisch gehört, der zwei Meter groß wird und bis zu 200 Kilo schwer.

Da, wo wir umsteigen müssen, ist eine Stadt, mitten im Wasser. Zwischen den Hausbooten hängen Netze und auf den dünnen Stegen sitzen Kinder, die kleine Fische aus den Maschen pulen. Der Kaffee, den ich mir in dem Restaurant bestelle, auf das wir von dem kleinen Boot klettern mussten, schmeckt auch nach Fisch. Ich trinke ihn mittels Strohhalm aus einer durchsichtigen Plastiktüte. Die hiesige Darreichungsform.

Auf dem Dach sitzt ein Reiher, der mir locker bis zur Schulter reichen dürfte, mit langem blauen Schnabel und kahlem Schädel. Dieses Restaurant ist eine Art Durchgangsstation. Auf der einen Seite legen die kleinen Boote an, die aus den vielen Flussarmen kommen, und auf der anderen die Fähren, die bis nach Phnom Penh fahren.

Ein Freund hatte uns empfohlen, auf dem Dach zu sitzen, weil die überladenen Fähren gelegentlich untergingen und man dann ziemlich aufgeschmissen sei im Innenraum. Das kam mir sehr gelegen, weil ich mir ganz grundsätzlich vorgenommen hatte, immer einen Fluchtweg in der Nähe zu haben, egal, in welchem Verkehrsmittel.

Nach einer halben Stunde gebe ich auf. Das Boot fährt mit mehr als sechzig Stundenkilometern über das rauhe Wasser, das jetzt aussieht wie ein Meer, und die Gischt spritzt bis zu uns hoch. Ich bin patschnass, ärgere mich einmal mehr über das Zurücklassen der Regenjacke und mache mir mittlerweile auch Sorgen um meinen Laptop. Was, wenn die Ziplockhülle undicht ist?

Der Adler bleibt oben sitzen, in seiner Jugendtrainiert-für-Olympia-Regenjacke und zieht sich die Kapuze über den Kopf. Sechs Stunden dauert die Fahrt. Irgendwann verlassen wir den See und sind wieder auf einem Fluss. Die Geschwindigkeit wird allerdings erst gedrosselt, als wir hinter einer der vielen Kurven um Haaresbreite mit einem entgegenkommenden Boot zusammenstoßen. Wir hatten bereits einige kleine Fischerboote versenkt, aber dieses Boot gehörte derselben Firma und da wollte man wohl Schaden vermeiden. Der Touristentransport ist immerhin ein einträgliches Geschäft: 25 Dollar zahlen die Reisenden für ein Ticket, mehr als das Doppelte des monatlichen Durchschnittseinkommens in Kambodscha.

An der Endstation werden wir den unvermeidlichen Moto-Drivern mit Guesthouseschildern in die Arme gescheucht. »Capitol« steht da drauf und »No.9« und »Walkabout«. Als wir an einer Kreuzung halten, sehe ich riesige Reklametafeln über den Dächern. Sie werben für die Zigarettenmarke »Alain Delon«. Der Adler hat ein leuchtend rotes Gesicht. Seine Haut brennt, sagt er. Wir können beide nicht glauben, dass man sich hier an einem verregneten Tag einen Sonnenbrand einfangen kann. Aber ich verspreche, ihn später mit einer Feuchtigkeitsmaske zu behandeln.

Ich mag Phnom Penh. Es erinnert mich an südamerikanische Städte. Breite Boulevards, Promenaden, Rasenflächen. Die Häuser sehen aus, als wären sie von Oscar Niemeyer gebaut und die, die an den Kreuzungen stehen, haben alle keine Ecken. Das hat etwas schwungvolles, elegantes, Great Gatsbyhaftes.

Ist es erlaubt, in einer Stadt, die eine schreckliche Vergangenheit und immer noch keine gute Gegenwart hat, euphorisch zu werden? Sich beschwingt zu fühlen?

Ich habe mich in den vergangenen Monaten oft gefragt, was wirklich ausschlaggebend ist für den Wohlfühlfaktor. Manchmal komme ich mir vor, wie eine Prinzessin auf der Erbse, die immer ein Haar in der Suppe findet. Eine menschliche Schwäche in Bangkok, ein Alltagsproblem im Paradies, was auch immer. Wenn ich gute Laune habe, sage ich mir: Ich weiß einfach nur genau, was ich will. Wenn ich schlechte Laune habe, fühle ich mich wie ein idiotisches Insekt, das sich im Netz der eigenen Ansprüche verheddert hat. Und nun diese Schwäche für Phnom Penh, eine Anti-Stadt, der Umkehrschluss des gesunden Menschenverstandes.

Dabei sah die Zukunft vor etwas weniger als fünfzig Jahren rosig aus. 1953 hat König Sihanouk, der seit 1993 wieder König ist, den vom Indochina-Krieg gebeutelten Franzosen die Unabhängigkeit abgehandelt. Er wurde von der Bevölkerung geliebt, der ging es gut und alle waren zufrieden. 1965 schickte der frisch gegründete Stadtstaat Singapur sogar eine Delegation, die sich vor Ort erklären lassen sollte, wie sich ein Land erfolgreich führen lässt.

Das Elend beginnt Ende der sechziger Jahre. Kambodscha wird in den Vietnamkrieg gezogen. Die kommunistischen Vietcong aus dem Norden benutzen das Land als Nachschublager für Angriffe auf den amerikanisch beherrschten Süden. Das lassen sich die Amerikaner natürlich nicht gefallen, sie fliegen erst geheime Bombenangriffe und marschieren dann ganz ein. Sihanouk ist in der Zwickmühle. Er will es sich mit den Vietnamesen nicht völlig verderben, denn, so denkt er, die Amerikaner werden irgendwann wieder verschwinden, genauso wie die Franzosen, aber Vietnam und Kambodscha, die sind Nachbarn für immer. Außerdem bezahlen die Chinesen enorme Summen, um die Transportwege der Vietcong offen zu halten.

Der Spagat des Monarchen bricht ihm 1970 den Hals. Während er im Ausland ist, übernimmt der proamerikanische General Lon Nol mit einem Staatsstreich die Macht. Sihanouk glaubt, ihn nur wieder ausheben zu können, wenn er sich mit den Kommunisten unter Pol Pot verbündet. Sie werden bald darauf als Khmer Rouge eine traurige Berühmtheit erlangen.

Fünf Jahre versinkt Kambodscha in einem barbarischen Bürgerkrieg. Auf der einen Seite Lon Nol, der mit US-Dollar gefüttert wird, und auf der anderen die Khmer Rouge, denen der König den Rücken stärkt. Einmal werden von der angeschlagenen Lon-Nol-Seite Verhandlungen angeboten, aber Sihanouk lehnt ab, er will mit seiner Clique nichts zu tun haben, schreibt er in einem Telegramm.

Am 17. April 1975 fällt Phnom Penh an die Khmer Rouge. In den kommenden vier Jahren töten sie alles, was nicht ihren Vorstellungen von einem reinen Bauernstaat entspricht. Keine Städte. Keine Bücher. Keine Brillen. Keine Götter. Gar nichts mehr. Nur die Partei. Rund ein Viertel der sieben Millionen Menschen passt nicht in die Linie. Sie enden auf den Killing Fields. Sihanouk steht unter Hausarrest.

Warum die Khmer Rouge irgendwann anfangen, die vietnamesische Grenze zu attackieren und auf der anderen Seite Zivilisten zu ermorden, wovon viele selbst zur Volksgruppe der Khmer gehören, ist nur nachvollziehbar, wenn man bedenkt, dass die Khmer bis heute große Teile von Südvietnam als ihr eigentliches Territorium betrachten. Vietnam hat das Land 1623 annektiert. Die Feindschaft ist also schon fast 400 Jahre alt.

Die Vietnamesen antworten mit einer Invasion, die die Khmer Rouge in den Dschungel treibt. Einer der Männer, die sie stattdessen einsetzen, heißt Hun Sen. Er ist heute der zweite Premierminister. Die nächsten zehn Jahre kämpfen also Khmer Rouge und alle anderen (denn gegen die Vietnamesen waren sie sich wieder einig) gegen vietnamesische Besatzungstruppen. Die Vietnamesen werden dieses Mal von den Sowjets unterstützt, der vielseitige Rest im Inneren des Landes von den USA und China.

1989 zieht sich Vietnam unter amerikanischem und chinesischem Druck zurück, und zwei Jahre später werden die Pariser Friedensvereinbarungen unterzeichnet. Und der Weg ist geebnet für eine neue, auf freien Wahlen basierende Regierung.

Endlich findet Kambodscha Ruhe, könnte man an dieser Stelle denken. Nur beginnt hier ein weiterer Wahnsinn, der bis heute andauert, sich festgefressen hat. Er ergibt sich aus Missverhältnissen zwischen denen, die hilfsbedürftig sind und denen, die helfen. Zum einen ist es ein Missverhältnis der Mittel. Das UN-Personal, das die Wahlen überwachen soll, bekommt 145 Dollar Tagespauschale.

Als ich von dieser Summe hörte, traute ich meinen Ohren nicht. Aber sie wurde mir mehrmals bestätigt. Und selbst wenn es nur die Hälfte sein sollte: Ein durchschnittlicher Khmer verdient nicht wesentlich mehr in einem Jahr. Das zweite ist ein Missverhältnis der gesellschaftlichen Hintergründe. Viele UN-Mitarbeiter kommen aus Ländern, in denen sie selbst die ein oder andere Form von Unterdrückung erfahren, aber hier sind sie eindeutig in der überlegenen Position. Nehmen wir die Inder, die in ihrer Heimat nur Sex haben können, wenn sie verheiratet sind, und auch dann oft nur in reglementierter, von den Eltern überwachter Form. Die kommen nach Kambodscha und können sich all diese hübschen jungen Mädchen, die keine andere Möglichkeit haben, ihre Existenz und oft auch die ihrer Familie zu sichern, kaufen. Blow Jobs für fünf, Geschlechtsverkehr für zehn Mark. Der Himmel. Die Hölle.

Aids breitet sich im ganzen Land aus. Und irgendwann bittet die UNTAC-Verwaltung ihre Mitarbeiter, die offiziellen Fahrzeuge mit dem UNTAC-Schriftzug nicht mehr vor Bordellen zu parken. UNTAC steht für United Nations Transitional Authority in Cambodia (Vorübergehende Amtsgewalt der Vereinten Nationen in Kambodscha).

Im Juli 1993 gewinnt Sihanouks Sohn, Prinz Norodom Ranaridh, mit seiner royalistischen Partei die Wahl. Zusammen mit der anti-kommunistischen Buddhisten-Partei will er die Regierung bilden. Aber Hun Sen, der nach wie vor das Militär kontrolliert, weigert sich, aufzugeben. Ein Engländer, der damals bereits als Arzt in Phnom Penh arbeitete und durch seine Kundschaft einen sehr guten Einblick hatte, beschreibt das Dilemma so: »An dieser Stelle hätten die UNTAC-Kräfte notfalls Gewalt anwenden müs-

n, um Hun Sen abzuservieren. Aber sie waren zu beschäf-
gt: mit saufen und ficken.«

Man findet einen Kompromiss: Ranaridh und Hun Sen werden beide Premierminister und die Ministerien zwischen den Parteien aufgeteilt.

Es dauert noch fünf Jahre, bis die Khmer Rouge, die auf dem Papier in die offizielle Regierung eingebunden ist, aber insgeheim macht, was sie will, erledigt ist. Sie zerbricht erst in zwei Lager, dann erklärt sich einer der beiden Führer, Ieng Sary, zur Kooperation bereit und bekommt dafür Straffreiheit zugesichert. Sein Counterpart Pol Pot wird intern abgesägt und vor Gericht gestellt. Er stirbt bald darauf.

Unterm Strich bleiben: Freie Wahlen, aber ein Ergebnis, das nicht eins zu eins in die Wirklichkeit umgesetzt wird. Eine Khmer Rouge, die so viel fremdes Blut an den Händen hat und sich jetzt endlich selbst zerfleischt, aber einem der Schlachter wird die Freiheit versprochen, weil er den anderen damit indirekt ans Messer liefert. In Kambodscha wurde Frieden gegen Gerechtigkeit getauscht. Das ist grundsätzlich nichts Neues, aber ein schlechter Start in eine bessere Zukunft.

Wie es heute aussieht? Am Tag nach unserer Ankunft steht in der Zeitung, dass zwei Touristen vor dem Capitol Guesthouse angeschossen wurden. Die Tatsache an und für sich ist erschreckend, aber noch schockierender finde ich, dass das Ereignis zwei Wochen zurückliegt. Zwei Wochen, bis so etwas in der Zeitung steht. Ich fasse es nicht.

Paul, 29, ein Ire, der seit sechs Monaten in Phnom Penh als Englischlehrer arbeitet und wie wir im Narin Guesthouse wohnt, erklärt mir die Umstände. Oft genug fände so was überhaupt nicht den Weg in die Presse. Aber dieser Vorfall wurde in einer von hier lebenden Ausländern herausgegebenen Zeitung erwähnt. Und da hätten die offiziellen Organe sozusagen nachziehen müssen. Um das Gesicht zu wahren.

Erst vorgestern seien zwei Japaner von den Leibwachen des Sohnes von Hun Sen zusammengeschlagen worden. Sie lägen schwer verletzt im Krankenhaus. Es ging um ein Mädchen in der Martini Bar. Aber das würde nie den Weg in die Öffentlichkeit finden, da könne ich Gift drauf nehmen.

Tagsüber rückt die Gefahr in den Hintergrund. Phnom Penh ist mit kleinen Ständen gepflastert, die Essen verkaufen. Vor allem Baguettes mit Paté oder Hühnchenstreifen oder Käse. Menschen sitzen vor unzähligen Cafés, Fahrradrikschafahrer stehen im kühlen Schatten der alten Bäume und schlafen mit hoch gelegten Füßen auf der Rückbank. Alles ist voller Mopeds, auf denen in der Regel mindestens drei Personen sitzen. Und am Monivong Boulevard, wo sich eine »English Learning School« an die andere reiht, stehen Trauben von jungen Menschen herum.

Die Bedrohung zeigt sich erst auf den zweiten Blick. Als der Besitzer des Guesthouses, der selbst eine Pistole im hinteren Hosenbund trägt, dem Adler empfiehlt, immer mit demselben Moto-Driver zu fahren. Der würde dann persönlich die Verantwortung für uns übernehmen, weil es ja in seinem Interesse läge, sich seine Kundschaft zu erhalten.

Der Adler ist ein besonnener Mensch, der Situationen gut einschätzen kann. Wenn wir uns auf den gesunden Menschenverstand verlassen, passiert uns nichts, sagt er. Als Fahrer suchen wir uns dementsprechend Den aus.

Weil er passables Englisch spricht und einverstanden ist, uns beide mit hinten drauf zu nehmen. So könnten wir nicht ohne weiteres getrennt werden.

Den ist es auch, der vorschlägt, die Shooting Range zu besuchen. Das sei eine ganz besondere Attraktion, sagt er. Wir fahren aus der Stadt hinaus, Richtung Flughafen. Vorbei an der Universität, ein weiteres Beispiel sozialistischer Prachtarchitektur. Dann kommt links der Flughafen und nicht viel später ein Gebäude der Militärverwaltung, dessen Eingang mit zwei bunt bemalten Raketen aus Beton geschmückt ist.

Wir biegen in einen Feldweg ein. Hinter der nächsten Kurve stehen zwei Soldaten mit Maschinengewehren, die den Eingang bewachen. Den ruft ihnen etwas auf Khmer zu und sie lassen die Kette fallen, die die Zufahrt versperrt. Wir halten direkt neben einer kleinen Baracke, mit Schießständen an der Frontseite. Sie zeigen hinaus auf eine Rasenfläche und einen Erdwall, vor dem Pappkameraden und Blechbüchsen aufgestellt sind.

Den spricht mit dem Chef, einem kleinen kompakten Mann mit dunkelgrünen Armyhosen und einer Camouflage-Jacke mit abgeschnittenen Ärmeln. Er hat zwei Munitionsgürtel um die Hüften geschlungen und nickt in unsere Richtung. Alles okay, sagt Den und zeigt uns eine Karte. Da stehen die Waffenarten drauf und wie viel es kostet, damit zu schießen. Für mich wäre eine kleine Handfeuerwaffe das Beste, kostet acht Dollar, meint er. Und der Adler sollte mit einer AK 47 schießen, ein automatisches Schnellfeuergewehr, zwanzig Schuss für dreißig Dollar.

Das Ding ist trotz der Ohrenschützer, die wir aufgesetzt haben, höllisch laut, und jedes Mal, wenn der Adler den Abzug drückt, hüpft der Holztisch, auf dem er sich mit dem Ellbogen abgestützt hat, ein Stück nach hinten. Ich fühle mich, als hätte ich einen Schlag in die Magengrube bekommen, mir war nie bewusst, was für eine Kraft hinter einer solchen Waffe steckt.

Ich höre aber noch einen anderen, wesentlich wuchtigeren Lärm. Das Dröhnen kommt direkt von vorn. Und dann sehe ich eine Maschine der »Royal Air Cambodge« im Landanflug, mit ausgeklapptem Fahrwerk, vielleicht noch hundert Meter über uns. »Achtung«, schreit der Chef, der gerade in einer mit Waffen und Munition voll gestopften Abstellkammer nach einer »Ladygun« sucht. Als wenn jetzt ernsthaft jemand schießen würde.

Andererseits. Wenn ich mir überlege, dass laut diesem Schrieb, den wir am Anfang bekommen haben, für hundert Dollar auch Panzerfäuste im Angebot sind, und genug verrückte Vögel herumflitzen, die sich damit einen echten Kick verschaffen wollen, halte ich gar nichts mehr für unmöglich. »Wir haben sogar Raketenwerfer«, raunt mir der Chef zu. Der Preis dafür sei allerdings Verhandlungssache. Mit so was ließe sich ganz bestimmt eine Boeing 737 vom Himmel pusten.

Neue Kundschaft trifft ein: Vier Herren um die vierzig. In Jeans, Cowboystiefeln und T-Shirts. »Stairway to heaven« lese ich auf Brusthöhe. Offensichtlich Amerikaner oder Kanadier. Auf jeden Fall alte Bekannte. Sie winken dem Chef zu und verschwinden mit ihm im Hinterzimmer.

Was hier für Leute herkommen, frage ich Den. Eigentlich alle, sagt er. Wer ist das, alle? Touristen? Ja, auch, aber vor allem die, die hier leben, die Ausländer.

Ich bin froh, als wir endlich auf der Terrasse des Foreign Correspondent Club sitzen und mit einem Bier in der Hand die Sonnenuntergangsstimmung genießen. Direkt vor uns fließen Tonlé Sap River und Mekong zusammen. Die Luft ist violett und weich und die von Kolonialstilhäusern gesäumte Uferpromenade dient als Flaniermeile für alle jene, die sich wieder etwas leisten können. Mercedes SLK mit schwarz getönten Scheiben, Hermèstücher und Gucci-Brillen oder Hunde, die in eine Zigarettenschachtel passen und statt Fell weißen Watteflaum tragen. Vielleicht kann man die ja auch auf dem Russian Market kaufen, wie die getrockneten Affenembryos oder die gepressten Marihuana-Platten. Ein Kilo Gras kostet nicht mal fünfzig Mark. Und die Affenembryos so viel wie eine deutsche Kaugummipackung. Die Verkäuferin sprach kein Englisch und ich kann nur vermuten, dass die Affenembryos entweder als Potenzmittel oder als Knabberstangen dienen. Knabberstangen deshalb, weil frittierte Hühnerembryos ohne Zweifel die kambodschanischen Chips sind.

Die Gäste des FCC, wie das Restaurant mit den tiefen englischen Clubsesseln neben der Bar von den Einheimischen genannt wird, sind alle Ausländer. Legere Kleidung, Handy, Filofax, Marlboro Lights, sämtliche Attribute einer anerkannten Existenz. Sitzen vor ihren Drinks, unterhalten sich mit Freunden oder Bekannten, die gerade vorbeikommen. Essen Pizza aus dem Holzofen mit Lachs und Crème fraîche. Was für ein Leben. Ich ärgere mich über diese Menschen, obwohl ich dazu nicht das geringste Recht habe. Ich kann nicht von ihnen verlangen, dass sie sich, nur weil sie in einem sehr armen Land leben, ebenfalls in Sack und Asche kleiden. Und ich sitze ja auch hier und genieße die Aussicht und den aufmerksamen Service. Aber es fühlt sich verdreht an.

Vor allem aus einem Grund möchte ich mit dem

Adler noch in eine andere Bar gehen: Ich brauche einen Aspekt des westlichen Lebens in Phnom Penh, den ich rundheraus verurteilen kann. Und ich hatte bereits überall Werbung für diese Nachtclubs gesehen. Zwei Namen kamen besonders häufig vor: »Martini« und »Champagne«. In diesen Etablissements gibt es die gesamte Amüsierpalette. Aber vor allem eins: Mädchen, die in den Anzeigen als Hostessen bezeichnet werden. Den schüttelt den Kopf, als der Adler ihn bittet, uns ins »Champagne« zu fahren. Das sei keine gute Idee, sagt er. Warum? Wenn das eine Bar ist und kein Bordell, dann bin ich doch als Frau nicht automatisch ausgeschlossen, sage ich.

Nein, das würde Ärger geben. Das sei auch keine gute Gegend. Er würde uns in die »Sharky Bar« bringen, sagt Den, das sei gleich um die Ecke.

Nach Einbruch der Dunkelheit leeren sich die Straßen im Handumdrehen. Gitter werden zugezogen. Eingänge verschlossen. Alles weggeräumt, was sich bewegen lässt. Keine Fußgänger, außer Betrunkenen, die an den Hauswänden entlangtorkeln. Wer zu dieser Stunde noch unterwegs ist, sitzt auf einem Moped oder in einem Auto.

Das »Sharkys« liegt im ersten Stock. Ich sehe den Balkon mit den Barhockern und das rote Licht, das durch die Fenster scheint. Wir gehen eine breite Holztreppe hinauf. Direkt vor der Tür ist eine große Pinnwand hinter Glas. Da haben viele begeisterte Besucher ihre Visitenkarten hinterlassen: Deutsche Ingenieure. Englische Betonfabrikanten. Dänische Rechtsanwälte. Kanadische Holzhändler. Mitarbeiter von internationalen Hilfsorganisationen wie Care oder Médecins sans Frontières.

Es ist kurz nach zehn und noch nicht viel los. An der Bar lehnen die Männer, die nach uns auf der Shooting

Range angekommen sind. Jeweils ein Mädchen im Arm. Die Mädchen sind sehr stark geschminkt, tragen kurze Röcke und hohe Schuhe. Sie lachen, wenn ihre Begleiter lachen, sonst lächeln sie, streicheln ihnen die Hände, den Rücken, die Haare.

Wir setzen uns auf den Balkon. Sofort eilt ein Mädchen herbei und fragt, was wir trinken wollen. Sie sieht anders aus als der Rest, jünger, schöner, weniger maskenhaft. Groß und schlank, mit hüftlangem braunen Haar. Nachdem sie zwei Flaschen Angkor Beer auf unseren Tisch gestellt hat, nimmt sie mich in den Arm und sagt, dass ich unglaublich schön sei. So ein Quatsch, antworte ich, du bist schön. Nein, sie hätte keine Grübchen und dunkle Haare und dunkle Haut.

Sie heißt Achanga und wird im nächsten Januar 19 Jahre alt. Das sagt sie zumindest, aber ich könnte mir denken, dass sie ein, zwei Jahre jünger ist. Sie sei das einzige Khmermädchen hier. Die anderen sind alle Vietnamesinnen. Die Vietnamesinnen haben hellere Haut als wir, sagt sie. Und das wird bevorzugt. Dabei sieht ihre Haut sehr hell aus, fast schon wie gepudert. Das liegt an einer Creme, die die Haut bleicht. Und dann schiebt sie die Ärmel ihres T-Shirts ein wenig hoch und ich sehe den Übergang, Gesicht, Hals und Hände kann sie damit einschmieren, für mehr reicht das Geld nicht.

Sechs Mark kosten unsere beiden Biere. Wir geben ihr noch einen Dollar Trinkgeld. Sie nimmt uns wieder in den Arm und sagt: Kommt morgen wieder, ihr müsst morgen unbedingt wieder kommen.

Vor der Tür ist jetzt richtig Betrieb. Immer mehr Mopeds kommen an. Mit westlichen Männern am Steuer und ihren rausgeputzten Freundinnen auf dem Rücksitz.

Kambodschanisch oder vietnamesisch? Ich kann keinen Unterschied erkennen. Und den Männern ist das doch bestimmt auch egal. Die Einzigen, die sich darüber wirklich Gedanken machen, sind wahrscheinlich die Khmermädchen.

Wir kennen Den jetzt schon eine Weile. Er ist 53 Jahre alt und hat ein sehr bedächtiges Wesen. Zu Hause warten seine Frau und vier Kinder. Er bräuchte nicht viel mehr als ein Dach über dem Kopf und genug Reis, sagt er bescheiden, wenn man ihn nach seinen Zielen fragt. Aber seine Kinder, aus denen soll mal etwas werden, erzählt er. Sie lernen Englisch. Er arbeitet vor allem, um ihre Privatschule zu bezahlen.

Vor 25 Jahren wollte Pol Pot Wissen in Kambodscha ausrotten. Aber der Wunsch nach Bildung ist wieder da, stärker denn je. Englisch-Lernen, das ist ein anderes Wort für Hoffnung. Ein Sesam-öffne-Dich für die Tür, hinter der sich Sicherheit und Kontinuität verbergen.

So kommt es, dass die Ausländer nicht länger nur für Hilfsorganisationen arbeiten, sondern auch als Englischlehrer tätig sind. Jeder, der passabel Englisch spricht, bekommt sofort einen Job. Und auch wenn die Tagessätze nicht so üppig sind, wie die von der UN, bedeutet ein solcher Job, dass einige Stunden Unterricht am Tag jede erdenkliche Extravaganz finanzieren: Sex, Drogen, tägliche Restaurantbesuche, persönlicher Moto-Driver, Waffenarsenal, Bootsfahrten mit unbegrenztem Schnapsnachschub auf dem Mekong, Wochenenden in einem der Bordelldörfer außerhalb der Stadt. Oder einfach den Sonnenuntergang in einer Hängematte am Boeung Kak See genießen. Einen Joint dazu rauchen. Oder zehn Joints, bei dem, was der Kram hier kostet. Selbst wenn das Geld für die vergleichsweise kostspieligen Mädchen aus den Nightclubs zu knapp wird, geht man einfach nach Tool Kok, Höhe 70. Straße. In diesem Viertel stehen hunderte von anderen Mädchen. Und für fünf Mark kann man mit ihnen in einen der Pappverschläge kriechen.

Anfangs konnte ich mir nicht vorstellen, dass diese Englischlehrer, jung und attraktiv, für Sex zahlen. Sie müssten sich doch eher in ihre gleichaltrigen Kolleginnen verlieben, dachte ich. Aber dann unterhielten wir uns mit Gwen, 26, und Philippe, 27, aus Paris. Englischlehrer und ein Paar. Gwen erzählte, dass sie kürzlich mit Philippe und zwei Freunden, die zu Besuch waren, durch die 70. Straße gefahren ist. Die Prostituierten hätten die Jungs von allen Seiten angemacht. Ihr seid so schön, riefen sie ihnen zu. Komm, mein Hübscher, komm her zu mir, mach bumm-bumm. Ich weiß, dass du das besser kannst als jeder andere. So ging das die ganze Zeit, sagte Gwen. Es war ja nur zum Spaß. Aber sie bekam trotzdem ein komisches Gefühl, weil die drei Männer so ein undefinierbares Lächeln auf den Lippen gehabt hätten.

Als wir kurz allein waren, erzählte sie mir noch, dass sie sich deshalb mit Philippe furchtbar gestritten hätte. Er sagte, sie solle die Sache nicht aufbauschen. Und, nein, er würde da nie hingehen. Aber sie ist sich da nicht mehr sicher. Diese Mädchen seien so jung und hübsch, sie schmeicheln und streicheln. Und das alles so gut wie umsonst. Wer könne da schon mithalten?

Helen, 31, aus London wohnt mit drei Kollegen, zwei Männern und einer Frau, in den beiden oberen Etagen einer Villa aus der Franzosenzeit. Sechs Zimmer, gefliste Terrasse, hohe Decken. Ein Traum für 500 Mark im Monat. Helen hat rotblonde Korkenzieherlocken, grüne Augen und

182

eine lange Nase, die ihr Gesicht immer neugierig aussehen lässt. Sie ist seit einem Jahr in Phnom Penh. Hängen geblieben auf einer mehrmonatigen Asienrundreise. Sie liebt diese Stadt. Weil sie anders ist, sagt sie: unerwartet, schön, durchgedreht.

Trotzdem will sie bald weg, weil die negativen Seiten die Oberhand gewinnen. Angefangen hat es mit der Abfahrt ihrer besten Freundin. Helen hatte die Dänin in Phnom Penh über Freunde kennen gelernt. Sie ist ein Jahr jünger und arbeitet als Juristin für die Vereinten Nationen. Vor einiger Zeit fuhr sie vier Wochen nach Hause, weil ihr Vertrag ausgelaufen ist und sie sich für eine neue Stelle bewerben musste. Ihr Freund, ein sehr gut aussehender Kanadier, 32 Jahre alt, blieb hier. Und was passierte? Er ging abends mit seinen Freunden aus und brachte irgendwann Mädchen aus den Clubs mit nach Hause. Junge Mädchen. Helen stellte ihn zur Rede. Und wie war die Antwort? Ist doch besser, wenn diese Mädchen mit mir schlafen, als mit einem fetten, alten Kerl. Außerdem behandele ich sie gut, wirklich, ich bin zärtlich und verständnisvoll. Das kann man von den meisten anderen nicht behaupten. Helen gab schließlich auf und bündelte Kraft und Nerven, um ihre Freundin zu trösten, die nach Hause kam und ihren Freund mit einer 14-Jährigen im Bett fand.

Aber ausschlaggebend war, dass kürzlich auch noch die Frau eines englischen Freundes ums Leben kam. Sie war eine Khmer, Anfang zwanzig und im vierten Monat schwanger. Das Paar hatte erst vor sechs Monaten geheiratet, ganz traditionell. Die Feier dauerte zwei Tage. Helen erinnert sich noch gut daran. Und dann diese Tragödie. Die Frau des Freundes wollte gerade die Gitter vor der Tür schließen, als zwei streitende Khmermänner aus der Kneipe nebenan kamen. Die krakeelten herum, und dann explodierte plötzlich eine Handgranate. Sie fiel um und war sofort tot. Ein Splitter hatte sie mitten ins Herz getroffen.

Helen ist abends oft überfallen worden. Aber sie hatte immer nur ein paar Dollar dabei und die sofort hergegeben. Das ist das Prinzip hier in Phnom Penh, sagt sie. Du zahlst einen Preis, aber du bekommst auch viel zurück. Nur sei ihr der Preis mittlerweile zu hoch geworden.

Eigentlich stand Kambodscha nie auf der Perfekte-Platz-Liste. Aber dann haben wir uns in das Land und vor allem in Phnom Penh verliebt. Und ich kann jetzt zumindest benennen, was für den Wohlfühlfaktor ausschlaggebend ist: Nicht die äußeren Umstände, sondern das, was ein Ort in dir auslöst.

Wenn man so will, ist Kambodscha wie Varanasi, die heiligste Stadt der Inder. Ein Ort, der mit den Extremen der menschlichen Existenz spielt. Man muss nicht einmal besonders feinfühlig sein, um in den Strudel der Emotionen hineingezogen zu werden. Das Gute an Kambodscha ist, dass wir hier nicht auf eine Perspektive (die Dachterrasse) beschränkt waren, sondern hinuntergehen konnten und zu ebener Erde am Leben teilnahmen, das hier geführt werden will oder geführt werden muss.

Ich sage dem Adler, dass ich mir ernsthaft vorstellen könnte, hier zu wohnen. Er sieht mich wieder von der Seite an, wie damals an der Grenze in Poi Pet, als er sich nicht sicher war, ob ich die Fahrt, die uns bevorstand, ertragen würde.

Ich weiß, was er jetzt denkt: Ich bin zu empfindlich, um diesem Wahnwitz standzuhalten. Aus Verliebtheit nie Liebe werden zu lassen, ist eine heikle Sache, sage ich, weil immer die Was-wäre-wenn-Frage im Raum steht, die sich unter anderen Umständen eventuell schnell erledigt hätte.

Das ist gut möglich, sagt der Adler, aber glaube mir: Es ist besser, nicht hier zu bleiben.

Schlangenblut unterm Eiffelturm
Vietnam, April 2001

Helen hatte vor, nach Saigon zu ziehen. Ein Exil für viele, denen Phnom Penh das Herz zersägt. Da werden auch Englischlehrer gebraucht und das Leben verläuft in annehmbaren Bahnen, hieß es. Das Konzept empfand ich als masochistisch. Als würde man jede Nacht unter dem erleuchteten Schlafzimmerfenster eines treulosen Liebhabers vorbeischleichen. Zumal die Vietnamesen nicht sonderlich beliebt sind. Sicher, die Kambodschaner seien verrückt, aber von freundlicher Wesensart, meinte Helen, und frei von Neid und Missgunst. Die Vietnamesen haben den Erzählungen zufolge alle schlechten Eigenschaften der Menschheit auf sich vereinigt: Sie sind gierig, feige, intrigant, scheuen vor nichts zurück. Ihre eigene Großmutter würden sie verkaufen, wenn sich ein Geschäft damit machen ließe. Wollen wir da wirklich hin, fragte ich den Adler. Wenn Vietnam so was wie ein Alternativ-Kambodscha ist, dann sollten wir es uns unbedingt ansehen, lautete seine Antwort.

»Operation«, sagt der Wachposten mit der grünen Uniform und der pappkartonverstärkten Mütze, als er in meinen Pass blickt. Man hatte mich vor der monströsen kommunistischen Bürokratie gewarnt. Zehn Durchschläge für alles. Das ist sicher erst der Anfang. »Obidason.« Diesmal lächelt der junge Mann mich an. Und ich verstehe, was er mir sagen will: »Auf Wiedersehen!« Hat er in Ostberlin gelernt, erzählt er mir noch. War ja befreundetes Ausland, damals.

Als ich mit unserer Reisetasche über die Grenze

nach Vietnam holperte, wehte eine wohnzimmergroße rote Fahne mit gelbem Stern in der Mitte träge im Wind über dem Immigrationsgebäude. Sie schien mir zuzuwinken, und als ich für einen kurzen Moment die Augen schloss, waren sie da: all die Bilder und Figuren, die ich aus Filmen kannte. Von Marlon Brando und Charlie Sheen aus »Apocalypse Now«, Robert de Niro und Christopher Walken aus »Die durch die Hölle gehen« bis hin zu Cathérine Deneuve aus »Indochine«. Nun war der Zeitpunkt gekommen, meine Vorstellung, die ich von diesem Land im Geist längst hatte, endlich an der Wirklichkeit zu messen.

Der Adler war erst kurz vor unserer Abreise durch Zufall beim Zappen in »Die durch die Hölle gehen« geraten. »Apocalypse Now« hatte sich auch in sein Teenager-Gedächtnis gebrannt, die Erinnerung war allerdings im Laufe der Zeit stark verblasst. Und sein Filmfetischismus sowieso weniger stark ausgeprägt als meiner.

Wir warten in einem Restaurant (die übliche Plastikmöbelansammlung mit Kochstelle) auf den Weitertransport. Der Adler hat furchtbare Kopfschmerzen, weil wir im Bus auf der Rückbank saßen und bei jedem Schlagloch in die Luft geschleudert wurden. Sein Gehirn sei dann immer gegen die Schädeldecke geknallt, sagt er, deshalb könne er jetzt nicht mehr klar denken. Ich gebe ihm zwei Aspirin und suche eine Toilette, um mir das staubverschmierte Gesicht zu waschen.

Die Toilette ist eine Betonkiste mit Holztür. Wobei ein Drittel der Holztür vermutlich von dem grünen Schwamm vertilgt wurde, der den Rest bereits mit Schleim überzogen hat. Dahinter ist ein Waschbecken und ein Loch im Boden. Ich halte den Atem an, um den Gestank auszusperren. Der Hahn lässt sich offensichtlich nicht mehr zudrehen, und alles steht unter Wasser. Ich überlege gerade, ob ich mit den Händen bis zum Hahn komme, wenn ich draußen stehen bleibe, als hinter mir eine Stimme ertönt: »1000 Dong.«

Eine junge Frau sitzt in einem Stuhl, ihre Füße in weißen Lackplateau-Schuhen ruhen auf einem Mauervorsprung und sie kämmt sich den schwarzen Pagenkopf. »1000 Dong«, wiederholt sie. Ohne mich anzusehen. Ja, spinnt denn die? 15 Pfennig für das Betreten dieser Bakterienbude? Ohne sie anzusehen, mache ich einen Schritt Richtung Waschbecken. Sie springt auf, packt meinen rechten Arm und hält mir drohend ihre Haarbürste ins Gesicht: »1000 Dong.«

Ich bin zu erschöpft, um mich weiter über sie zu ärgern. Der Adler konnte bei einer der vielen Frauen, die herumlaufen und jeglichen Währungstausch anbieten, Dollar in Dong tauschen. Ist doch nicht so schlimm, sagt er und hält mir einen Schein hin. Eigentlich hat er Recht, 15 Pfennig sind wirklich kein Vermögen. Aber die Wertmaßstäbe verändern sich, wenn man lange genug in Discount-Welten herumwandert. In Phnom Penh haben wir acht Mark für ein sauberes und gemütliches Zimmer gezahlt. Das ist das Fünfzigfache dessen, was jetzt für einmal Händewaschen verlangt wird, das steht doch in keinem Verhältnis.

Andererseits offenbaren sich die Unterschiede zwischen den beiden Ländern auf den ersten Blick: In Vietnam sind die Straßen geteert, die Reisfelder grün und bewirtschaftet und in den Dörfern und Kleinstädten, die wir passieren, stehen viele Häuser, solide gebaut und in hellen Farben gestrichen.

In Saigon, das jetzt offiziell Ho-Chi-Minh-City

heißt, aber von niemandem so genannt wird, müssen alle jungen Menschen zu Weihnachten fabrikneue Mopeds Marke Honda Wave geschenkt bekommen haben. Myriaden davon flitzen zu den Klängen von Abbas »Money, Money, Money«, das aus den Lautsprechern an den Straßenecken schallt, über den Asphalt.

»Großes Motorrad, große Freundin, kleines Motorrad, kleine Freundin«, sagt der Busfahrer, als er mein erstauntes Gesicht sieht. Die Mädchen tragen Anglerhutvariationen oder Mützen, ein Tuch über Mund und Nase und eng anliegende Nylonhandschuhe, die bis zum T-Shirt-Ärmelende reichen. Denn eines wollen sie auf gar keinen Fall, braun werden. Mir fällt wieder ein, wie sehr Achanga die Vietnamesinnen um ihre blassere Haut beneidet. Die jungen Männer haben aufgeplusterte Fönfrisuren wie einst Franz Müntefering. Und an jeder Ecke gibt es einen kleinen Haarschneideladen, in dem grundsätzlich mindestens ein Kunde anzutreffen ist. Hot Toc steht auf den Schildern davor. Toc heißt Haare. Aber was Hot bedeutet, kann mir niemand erklären. Meine ersten Eindrücke von Vietnam: Die Menschen erfreuen sich seit kurzem eines gewissen Wohlstands und sie sind ziemlich eitel.

Im War Remnants-Museum (übersetzt bedeutet das so viel wie Kriegsreste-Museum) parken rostige Panzer im Garten und es wimmelt von vietnamesischen Schulklassen. Ein Raum ist den Fotografen gewidmet, die die wahre Geschichte des Krieges, der bei uns Vietnam-Krieg und hier amerikanischer Krieg genannt wird, in die Wohnzimmer trugen und die nie nach Hause zurückgekehrt sind. Unter ihnen war auch Larry Burrows, dessen erste Farbreportage 1972 im US-Magazin »Life« erschien und die Stimmung in Amerika umkrempelte.

Einer der Artikel trägt den Titel: »Yankee Papa 13«. Es ist das sehr persönliche Porträt eines Hubschraubergeschwaderführers. Monatelang ist Burrows bei den Einsätzen mitgeflogen, hat hunderte von Filmen verschossen, bis er endlich glaubte, die richtigen Bilder zu haben. Sie zeigen einen jungen Mann, blond, blauäugig, Typ Matt Damon, the all american boy. Er steht hinter einem schwenkbaren Maschinengewehr an der offenen Hubschrauberflanke. Er feuert nach unten, auf der Stirn treten Adern hervor, wie Gebirge auf einer Relieflandkarte. Er brüllt. In seinen Augen Entsetzen und Erstaunen und Glück. Auf der nächsten Doppelseite hockt er vor seinem Spind und weint, das Gesicht in den Händen vergraben. Burrows trug immer Stahlsohlen in den Stiefeln. Wegen der Minen. Und weil die Vietcong angespitzte Bambuspfähle in die Sümpfe gerammt hatten, die vielen GIs die Füße durchstießen. Zusammen mit drei anderen Fotografen starb Larry Burrows in einem Hubschrauber über Laos.

Ich weiß nicht, wie Krieg wirklich ist. Aber ich fühle vor dieser Wand, dass er sich nicht so einfach aus dem Kopf schütteln lässt wie eine Träne.

Neben mir steht Scott, 28, aus Philadelphia. Ein junger Anwalt, mit Nickelbrille, dunkelgrüner Cordhose und braunen Locken. Er ist so alt wie sein Vater damals, als dieser vor dreißig Jahren nach Da Nang geschickt wurde, um über amerikanische Soldaten zu richten, die an der Front aus der Rolle gefallen waren. Sein Vater ist danach kein einziges Mal mehr verreist. Und viel von sich und dem Krieg hat er nie erzählt. Jetzt ist Scott hergekommen, um zu sehen, wie das Land ist, das diesen Mann so viel Kraft und Nerven gekostet hat, dass er sich nie wieder mit etwas konfrontieren wollte, was er nicht kontrollieren kann. »Ganz anders als erwartet«, sagt er. Eine Einschätzung, die so gut wie alle verbindet, die hier unterwegs sind.

Ich hätte beispielsweise nie vermutet, dass die Vietnamesen sportfanatisch sind. Sicher, eine gewisse Vorliebe für organisierte Körperkultur haftet kommunistischen Systemen von jeher an. Aber am frühen Abend schlüpft zumindest die Bevölkerung der Städte in Adidas-Trainingsanzüge aus den Siebzigern und zockelt um Seen herum oder durch Parks. Und die, die nicht laufen oder andere Turnübungen machen, spielen Fußball und eine merkwürdige Kombination aus Hacky Sack und Badminton. Dabei wird eine Feder, die in einem Gummifuß steckt, in die Luft gekickt. Die spielen das stundenlang, ohne dass die Feder auch nur ein einziges Mal den Boden berührt.

Wir lernen Vinh, 24, in einem der zahllosen Cafés kennen, in denen die Vietnamesen so gerne auf knöchelhohen Plastikstühlen hocken und starken Kaffee auf Eis trinken. Er hat am Kinn einen Leberfleck mit drei langen schwarzen Haaren, trägt ein fadenscheiniges Bayern-München-Trikot, kann sämtliche Aufstellungen der deutschen Nationalmannschaft bis '82 herunterbeten und arbeitet als Motorradfahrer. Die unterscheiden sich von ihren kambodschanischen Kollegen dadurch, dass sie keine Klapperkisten, sondern die neuen Wave-Scooter fahren und den doppelten Preis verlangen.

Wie gesagt, das Café sieht aus wie alle anderen auch. Trotzdem gibt es einen Unterschied: Es wird im Lonely Planet empfohlen. Und mir schwant bereits, dass es ein Fehler war, mit Laura, 27, IT-Ingenieurin aus Dublin, und Kevin, 35, Chef de Cuisine aus London, hier einzukehren. Uns ist seit Indien bekannt, dass sämtliche Halsabschneider dieser Welt den Lonely Planet studieren, weil sie dann genau wissen, wo sie ihre Opfer antreffen. Das Auf-schwatzverhalten war bei den Indern bisher am stärksten ausgeprägt. Aber die Vietnamesen stehen ihnen in dieser Hinsicht kaum nach. So gesehen bewahrheitet sich Helens Geldgier-Prophezeiung.

Sie hocken alle um uns rum. Mit Postkarten, Tempotaschentüchern, really real Kriegsrelikten (made in Taiwan), Büchern (Kopien sämtlicher Schinken, die gerade en vogue sind) oder kandierten Kakerlaken. Vinh hat nichts zu verkaufen, sagt er, er wolle sich nur mit uns unterhalten. Wer's glaubt, wird selig, denke ich. Aber der Adler sagt, ich solle nicht schon wieder so zugeknöpft sein.

Mich überkommt das Gefühl, einen Bleimantel zu tragen. Weil sich die Geschichte wiederholt. Weil sich nicht nur diese eine Situation über mich stülpt, sondern all die anderen, die sich davor abgespielt haben auch. Es han-delt sich um eine potenzierte Lähmungserscheinung. In diesen Momenten wäre ich gerne ein Goldfisch im Glas. Ich dachte immer, die müssten sich da drin schrecklich lang-weilen. Aber dann erzählte mir jemand, dass ihr Gedächtnis gerade mal eine Sekunde lang hält. Sie sehen also dasselbe Bild immer wieder neu. Mit jedem Augenzwinkern. Das ist schlimm und schön zugleich. Wir Menschen sehen neue Bilder immer wieder gleich, weil wir unseren tief eingegra-benen Mustern folgen. Und manchmal weiß ich wirklich nicht, was besser ist.

Vinh holt einen fadenscheinigen Zettel aus der Jackentasche, reicht ihn zu mir rüber. Ich denke an Vinod und Wilfried-Flöte aus Pushkar und falte ihn vorsichtig auseinander. Da schreibt Sabine aus Trier. Gerade wieder in Deutschland gelandet. Voller Sehnsucht nach Saigon und Vinh. Sie hätten so herrliche Tage gemeinsam im Mekong-

Delta verbracht. Das würde sie nie vergessen. Und vor allem nicht die Nacht. Diese Nacht wird mehrmals erwähnt. Sie scheint einen bleibenden Eindruck hinterlassen zu haben.

Vinh lächelt mich an, fährt sich durch die vollen schwarzen Haare und zupft dann an seinen drei Kinnfransen. Warum er mir den Brief gegeben hat, frage ich ihn. Weil ihr auch aus Deutschland seid, sagt er. Sabine hätte sehr viel Spaß mit ihm gehabt und das könnten wir doch auch.

Verblüffend einfache Logik. Als seien alle Deutschen gleich. Er würde uns so gern das Mekong-Delta zeigen, sagt er. Da komme er her und kenne sich genau aus, wisse, wo die schönsten Stellen sind. Laura, Kevin und der Adler halten das für eine gute Idee, und ich will kein Spielverderber sein. Wir verabreden uns für den nächsten Morgen, er würde noch drei Freunde mitbringen, sagt Vinh. Jeder von uns soll zehn Dollar bezahlen. Die organisierten Touren kosten mindestens 15 Dollar, das wussten wir. Also gut.

Mekong-Delta. Haben wir eigentlich eine Ahnung, wie weit das weg ist? Natürlich nicht. Als wir Stunden später endlich ankommen, lese ich auf dem Schild, das in die andere Richtung zeigt: Saigon 90 km.

Wir hatten Lastwagen überholt, obwohl kein Platz dafür war und Passanten vor uns in Hauseingänge flüchten mussten. Wir fuhren streckenweise durch dichten schwarzen Qualm, ohne das Tempo zu drosseln. Ich sah im Geiste schon alle in den Tod rasen. Und als wir endlich da waren, hätte ich am liebsten geheult. Beim Gedanken an die Rückfahrt.

Da stehen wir also mal wieder am Ufer des Mekong. An der Mole liegen lauter kleine Boote. Für eine Stunde wollen sie 25 Dollar haben. Ich ahne, was kommt. Vinh und seine Freunde haben sich auf die roten Miniplastikstühle einer mobilen Bar gesetzt und schauen unbeteiligt in die andere Richtung.

»Das meinen die jetzt nicht ernst«, sagt Laura. Doch, meinen sie: Bei der Bootstour seien sie außen vor. So ein Bullshit, sagt Laura, alles inklusive, hätte Vinh gesagt. Sonst wären wir nie mitgefahren.

Unterm Strich zahlen wir 15 Dollar pro Person, für alles. Weil Vinh uns hilft, einen der Bootsfahrer auf 28 Dollar für zwei Stunden herunterzuhandeln. Und er und die anderen sich bereit erklären, auf jeweils zwei Dollar zu verzichten. Später sehe ich durch Zufall, dass Vinh dem Bootsfahrer statt der vereinbarten 28 nur zehn Dollar gibt. Und dass, obwohl sie doch eigentlich gar nichts miteinander zu tun haben.

Mich verblüfft diese Dreistigkeit. Die haben sich mit ihrem Theater zwei Dollar fünfzig obendrauf verdient. Es fehlt nicht mehr viel, dann weichen die Vorurteile gegen Vietnamesen einer Überzeugung.

Zumal in diesem von Wasseradern und Inseln durchzogenen Delta auch nichts verschenkt wurde. Jedes Aussteigen kostete Geld. Auf der ersten Insel, die wir anliefen, befand sich ein abgewrackter Vergnügungspark. Wir waren kaum an Land, da kam auch schon ein Mann, winkte uns herbei und wollte 5000 Dong (7000 Dong sind eine Mark) kassieren. Also kehrten wir um und sagten unserem Fahrer, er soll nur noch anhalten, wenn es sich lohnt. Der sah uns verächtlich an und fuhr zu einer Kokossüßigkeitenfabrik.

Die lag an einem kleinen Kanal mitten im Mangrovenwald. In einem hüfthohen Topf wurde Kokosnussmilch mit Zucker gekocht, bis sie zähflüssig war. Dann schütteten sie die Flüssigkeit auf einen Tisch, um den fünf

Frauen herumsaßen. Eine knetete daraus eine Kugel, walzte sie mit einem Nudelholz aus und schnitt die Platte in lauter kleine Rechtecke, die ihre Kolleginnen in durchsichtige Folie wickelten.

In der Ecke dahinter hockte eine Gruppe Männer und trank Kokosnussschnaps. Einer von ihnen wollte uns die Flasche reichen und fiel dabei von seinem Stuhl.

Es roch wie auf dem Weihnachtsmarkt. Nach Zuckerwatte und gerösteten Mandeln. Und weil es endlich mal etwas umsonst gab, aßen wir Unmengen von dem klebrigen Zeug, tranken einige Gläser Schnaps und bekamen Magenschmerzen.

Ich fragte die Frau mit dem Nudelholz, warum wir hier nicht zahlen müssten. Weil es ein staatlicher Betrieb ist, antwortete sie.

Die zweite Anlaufstelle war ein Restaurant. Wir mussten einige hundert Meter durch den Dschungel laufen, bis wir den Eingang erreichten. Zwischen den Tischen stand ein an etlichen Stellen notdürftig geflickter Käfig mit zwei Kobras. Sie waren schwarz und schliefen. So sah es zumindest aus, vielleicht waren sie auch einfach nur satt. Dafür hatten die Frösche, die sie noch nicht aufgefressen hatten, keine ruhige Minute. Sie hüpften aufgeregt zwischen den Schlangen herum, immer wieder am Gitter hoch. Einer der Frösche, ein besonders großes grünes Exemplar, war wie von Sinnen. Auf seinem weißen Bauch leuchtete ein blutiger Fleck. Genau da, wo das Herz sitzt.

Ich brachte keinen Bissen hinunter. Auf dem Weg zur Toilette musste ich an der Küche vorbei und sah, dass dort gerade Schlangen geschlachtet wurden. Alles war mit dunkelroten Flecken beschmiert.

Als wir gingen, bot der Restaurantbesitzer uns ein

Glas Schlangenblut auf Kosten des Hauses an. Laura und ich lehnten ab. Der Adler und Kevin gingen mit nach hinten. Als sie wiederkamen, lachte der Vietnamese und sagte: »Das ist gut für den Penis.«

Na prächtig. Angeblich haben sie nichts gespürt. Aber dafür schwollen die Adern auf ihren Unterarmen an, das haben Laura und ich genau gesehen.

Im Rückblick hat unser Ausflug natürlich sehr unterhaltsame Seiten. Vielleicht liegt es auch nur an den Cocktails, mit denen wir Stunden später in der Bamboo Bar auf die absurde Expedition anstoßen. Neben uns sitzt ein netter Schwede aus Stockholm. Wir hatten ihn anfangs ignoriert, weil er eine minderjährige Vietnamesin dabei hatte und wir ihm zeigen wollten, dass wir eine solche Konstellation nicht gutheißen. Aber dann sprach er uns an und sagte, dass er nicht weiß, wie er dieses Mädchen loswerden soll. Sie folgt ihm seit dem Morgen überallhin. Er habe alles versucht, nichts half, kein Brüllen, kein Wegschieben. Und vor dem Hotel hat sie einfach stundenlang gewartet. Er sei völlig verzweifelt. Schlimme Situation. Wir hätten es gut, sagt er, als Paar gäbe es weniger Probleme.

Ein Paar zu sein, ist in Vietnam bestimmt von Vorteil. Aber der Schwede irrt sich trotzdem, weil Laura und Kevin kein Paar sind, jedenfalls nicht im eigentlichen Sinne. Laura hat ein Jahr mit ihrem Freund Declan in Sydney gelebt und gearbeitet. Declan ist direkt nach Dublin zurückgekehrt, weil er einen neuen Job antreten musste, und Laura gönnt sich eine Zeitlupenheimreise. Sie und Kevin kennen sich erst seit ein paar Tagen. Aber weil sie sich gut verstehen und beide ein knappes Budget haben, beschlossen sie, soweit sich die Routen vereinbaren lassen, ein Hotelzimmer zu teilen.

Aber wir werden sowieso alle denselben Weg nehmen, weil eigenständiges Entdecken in Vietnam nicht vorgesehen ist. Touristen dürfen keine Fahrzeuge mieten und weite Teile des Landes können nur mit einer besonderen Genehmigung betreten werden. Die persönliche Einflussnahme beschränkt sich auf die Wahl der Verkehrsmittel (Bus, Zug, Flugzeug) und auf das Auslassen einiger Zwischenstationen.

In Anbetracht der Umstände entscheiden wir uns, auf dem Weg nach Hanoi an jedem Stopp auszusteigen. Der erste Anlaufpunkt ist Dalat. Der Ort liegt in der zentralen Hochebene nördlich von Saigon und ist das bevorzugte Flitterwochenziel junger Leute. Ich hatte gelesen, dass man sich dort als Cowboy verkleiden und um einen See reiten kann. Genau nach meinem Geschmack.

Im Bus läuft »Summerwine« von Nancy Sinatra & Lee Hazelwood. Und je höher es geht, desto mehr nähern wir uns dem Anfang des vergangenen Jahrhunderts. Bauern, die Kohlköpfe auf Ponykutschen laden. Und Frauen mit Bambushüten, die bis zum Knie im Reisfeldsumpf waten. In Dalat ist es wie in Polen vor zehn Jahren, oder vielmehr als hätte man den Genfer See und einen Hauch Frankreich ins damalige Polen verfrachtet. Am Ufer in die Jahre gekommene Chalets, drum herum auch nicht mehr ganz taufrische Ostblock-Prachtarchitektur und irgendwo mittendrin ein riesiger roter Eiffelturmnachbau.

Der Markt besteht vor allem aus Ständen, die Strickwaren aus hundert Prozent Polyester vertreiben. Wäre ich Moderedakteurin, würde ich die Stilrichtung der angebotenen Kleidung als Kombinats-Schick beschreiben. Die Frauen, die dort arbeiten, winken uns mit nach unten gekehrten Handflächen zu und rufen: »Yo, Yo, Yo!« Damit meinen sie: Wir sollen herkommen. Weil es abends vergleichsweise kalt wird und wir beide in der vergangenen Nacht träumten, dass es schneit, kaufen wir einen Pullunder, der beim Anziehen die Haare zu Berge stehen lässt (für den Adler), und eine grüne Regenjacke mit aufgesticktem McDonald's-Emblem (für mich). Die grüne Regenjacke wurde mir vom Adler aufgedrängt. Ich brauche keine mehr, sagte ich. Es regnet nicht. Aber es wird irgendwann ganz sicher wieder regnen, entgegnete der Adler, und dann wirst du froh sein.

Macht zwölf Mark, Küsse und Umarmungen sind umsonst. Wir sagen »come on« (Danke auf Vietnamesisch) und fahren ins Valley of Love, wo sich die Frischvermählten als Winnetou und Squaw ablichten lassen. Sie sehen uns an und lachen. Wahrscheinlich denken sie, wir sind auch auf Hochzeitsreise und haben uns als Vietnamesen verkleidet, mit Pullunder und Anorak (es hat natürlich prompt angefangen zu nieseln). Sie wirken so unsicher. Die Jungs haben immer eine Zigarette im Mund und fassen sich alle zwei Minuten in die Plusterfrisur. Und die Mädchen zupfen an ihren Tanktops herum oder werfen ihre langen schwarzen Haare nach hinten und wieder nach vorn. Seen, Wasserfälle und Kiefernwälder gibt es hier. Karl-May-Kitsch hoch zehn.

Der nächste Halt ist Griechenland. Das ist meine erste Assoziation, als wir in Na Thrang aussteigen. Ich kann gut verstehen, dass die Amerikaner ihre Soldaten zur Erholung in diesen Badeort geschickt haben. Kilometerlanger, mit Palmblattsonnenschirmen gespickter Sandstrand, dahinter ein breiter, von zahlreichen Hotels gesäumter Boulevard. Postkartenkulisse in Blau und Weiß. Hiesige Hauptattraktion: ein Boottrip zu den vorgelagerten Inseln, Rundumversorgung für 13 Mark. Eine ganze Hand voll Anbieter

hat die Tour im Programm, aber wir buchen auf eine Empfehlung hin bei Mama Linh. Als Schnorcheltour, Meeresfrüchte und Musikeinlage bewältigt sind, wird zu den Klängen von »Yellow Submarine« die Floating Bar eröffnet.

Laura (wir haben sie und Kevin hier wieder getroffen) springt vom oberen Deck und taucht kurz darauf
akkurat mitten im nachgeworfenen Rettungsring wieder
auf. Alle klatschen. Erst als ich in ihre Richtung paddele und
ein leises Jaulen höre, sehe ich, was passiert ist. Sie hat sich
auf dem harten Gummireifen die Lippe aufgeschlagen.
Zum Glück lässt sie sich mit etlichen Gläsern des ausge-
schenkten Grapewines besänftigen. Diese regionale Spezialität aus der Portweinfamilie ist so süß, dass selbst das ständig einfließende Salzwasser kaum ins Gewicht fällt. Laura
ist so reizend in ihrem Schmerz, dass ich lachen muss. Und
sie lacht und weint. Irgendwie gleichzeitig.

Die ersten zwei Wochen in Vietnam hatten, was
den perfekten Platz angeht, keine wirklichen Erkenntnisse
gebracht. Wir haben beide nach wie vor kein Gefühl für einen möglichen Alltag. Die Menschen erscheinen uns wie
hinter einer Glaswand. Die meisten sprechen kein Englisch.
Und die, die Englisch sprechen, haben die Sprache gelernt,
um am Tourismus zu verdienen. Immerhin fühlte ich mich
nicht mehr von Blutsaugern belagert. Ich brauchte nach
Kambodscha einfach einige Tage, um wieder relativieren zu
können und einzusehen, dass die Preise insgesamt lächerlich gering sind.

Als wir Kevin und Laura in Hoi An (hier ist es wie
in einem Bilderbuch-China) erneut wiedersehen, haben sie
sich sozusagen getrennt. Kevin sagt, dass er froh ist, wieder
nackt auf dem Bett liegen zu können. Und Laura, dass sie
einfach Abstand brauche. Unterm Strich kann ich mir den-

ken, was passiert ist: Laura litt unter ihrer aufgeschlagenen Lippe nebst zeitgleich aufgetretenem Durchfall und fühlte sich allein und verlassen, weil sie ihre Schmerzen und Ängste nicht mit Kevin teilen konnte. Oder glaubte, ihn damit nicht belästigen zu können. Am Abend nach dem Unfall stand sie unter Schock, weinte und wünschte sich ihre Mutter herbei, diese Schwäche vor Kevin nahm sie sich im Nachhinein auch übel. Der wiederum kannte Laura bei weitem nicht gut genug, um zu wissen, wie er mit diesem Häufchen Elend umzugehen hat. Um nichts falsch zu machen, zog er sich vorsichtshalber zurück. Was sie als Ablehnung gewertet hat.

So oder so ähnlich. Da bin ich ganz sicher. Der Adler und ich sind jetzt seit fast acht Monaten unterwegs. Wir haben uns wirklich gut kennen gelernt. Ich habe akzeptiert, dass wir zweierlei Meinung sein können, ohne dass die Welt zusammenbricht. Und ich vertraue ihm. Hundertprozentig. Dennoch: Jede neue Entwicklung birgt Konfliktpotenzial. Meine dicke Lippe heißt beispielsweise gerade Vertragskündigung. Zum Hintergrund: Wir hatten mit einer deutschen Zeitschrift einen schicken kleinen Vertrag für eine Art Internettagebuch unserer Reiseerlebnisse. Alle 14 Tage achtzig Zeilen Kolumne plus Fotos. Es war nicht viel Geld, aber zumindest in Asien eine solide Grundlage. Dieser Vertrag wurde vor einigen Tagen Opfer der New-Economy-Talfahrt und aufgelöst. Und nun liege ich dem Adler immerzu mit meinen Existenzängsten in den Ohren.

Früher hätte ich die Zähne zusammengebissen und gesagt, ich schaff das schon! Die harte Nummer. Das wäre auch falsch, weil ich den Adler damit ausschließen, aber insgeheim denken würde, er sei froh, mit dieser Sache nichs zu tun zu haben. Trotzdem: Die Offenbarung meiner

Sorgen ist nur die halbe Miete, weil der Adler mir auch nur begrenzt helfen kann. Er kann sagen, dass wir das schon hinkriegen, dass das eben das Leid eines Freiberuflers sei. Und dass morgen bestimmt wieder die Sonne scheint.

Nur das eigentliche Problem kann er nicht beheben. Das liegt Jahrzehnte zurück. Was nicht bedeutet, dass ich je vergessen hätte, wie es war, wenn unsere Mutter mal wieder sagte, wir müssten unsere Sachen zusammenpacken. Ich holte den Hasen mit dem weißen Bauch, wo das Fell ganz stoppelig war, vom Festhalten. Und meine Clogs aus rotem Löcherleder. Ich wusste dann, dass wir kein Geld mehr von der Bank bekommen und woandershin müssen, wo die allein stehende Frau mit den beiden kleinen Kindern noch nicht bekannt ist wie ein bunter Hund. An einen Ort, wo alles besser werden sollte und doch schnell wieder gleich war.

Der Adler kennt dieses kleine Mädchen. Und es fällt mir nicht mehr so schwer, von ihr zu erzählen. Und vielleicht hat er sogar Recht mit dem, was er sagt: Dass ich in meinem Inneren immer noch dieses kleine Mädchen bin. Weil ich immer noch den Ort suche, an dem alles besser wird. Und dass ich deshalb mit so viel Aufwand und Akribie meine Umwelt untersuche. Und so schnell begeistert bin. Und so schnell enttäuscht. Der Weg ist das Ziel, was?, sage ich zu ihm. Gleichzeitig lachend und weinend. Wie Laura in Na Thrang.

Fast bin ich froh, als der Adler sich in Hanoi einen großen Zeh bricht. Wir beobachteten das Fußballspiel Hanoi gegen Halong City. Die Mannschaften schenkten sich nichts. Da flogen Schuhe dem Ball hinterher und Augenbrauen zerplatzten. Der Adler hatte sich der besseren Optik wegen direkt hinter dem Tor auf einer Mauer platziert. Und wäre abgeschossen worden, wenn er nicht zum Sprung angesetzt hätte. Er landete unglücklich auf einem Stein und jetzt wechsle ich jeden Tag den Verband, der den Bruch ruhig stellen soll.

Ich betrachte es als Wiedergutmachung, immerhin bin ich mal nicht diejenige, die das Sorgenkind ist.

In Hanoi sind wir endlich in die Nähe einer Sehenswürdigkeit gerückt, die mir seit »Indochine« durch den Kopf geistert. Halong Bay. 2996 Inseln und Inselchen stehen da im Wasser. Ein riesiges Labyrinth, das perfekte Versteck. Und Vincent Perez, Cathérine Deneuves jugendlicher Liebhaber, ist darin am Ende des Films mit ihrer vietnamesischen Stieftochter verschwunden, in die er sich ärgerlicherweise verknallt hatte. Angeblich ist niemand, der in dieses Gewirr hineingesegelt ist, jemals wieder zum Vorschein gekommen.

Wir tuckern stundenlang durch das märchenhafte Panorama. Manche Buchten sind fast komplett von Felsen umgeben. Die glatten Wände werfen die Stimmen der Vögel zurück. Und das Wasser ist ganz still. Wie in einer vergessenen Welt. Nur verstecken oder gar verlieren kann man sich hier nicht, weil hinter jeder Ecke Fischer und Perlenzüchter auf ihren kleinen Pontonhäusern wohnen. Mit Kindern, Hund, knatterndem Dieselgenerator und Fernsehantenne.

Es gibt in Vietnam ein Obst namens Drachenfrucht. Von außen sieht es aus wie ein in die Länge gezogener Kohlrabi. Nur mit knallroter Haut, wie die der Bonbel-Käsebällchen. Und genauso leicht lässt sie sich auch abziehen. Darunter kommt melonenartiges Fleisch zum Vorschein. Weiß mit winzigen schwarzen Kernen durchsetzt. Und das Ganze schmeckt wie eine Mischung aus Kiwi und Gurke. An dieser Drachenfurcht ist nichts, wie es scheint, und hinter jeder Schicht kommt etwas zum Vorschein, mit dem man so nicht gerechnet hätte. In Wirklichkeit ist dieses Land wie eine Drachenfrucht.

Nehmen wir beispielsweise die uns angekündigte Geldgier. Sie ist da, aber in einem in Anbetracht der Summen unerheblichen und noch dazu verständlichen Rahmen. Immerhin sind die Vietnamesen gerade dabei, die Vorzüge einer in bestimmten Bereichen ermöglichten Privatwirtschaft zu genießen. Die eigentliche Problematik verbirgt sich in der Fernsteuerung. Wir konnten uns nicht vom Gefühl leiten lassen, sondern mussten uns nach den Routen richten, die erlaubt waren. Damit ist dieses wundersame Land merkwürdig leer geblieben. Und für uns unbewohnbar.

In der Rückschau vermute ich, dass hier auch der Grund für die Ansichten der Phnom-Penh-Exilanten liegt: Vietnam ist ihnen fremd geblieben. Denn Distanz ist die Seele des Vorurteils.

Decadence kills depression
Schanghai, Mai 2001

Die besten Partys sind immer die, auf denen man nicht war. Das wollen Dabeigewesene dem verhinderten Rest zumindest gerne glauben lassen. Ich behandle derartige Informationen deshalb mit Vorsicht. Aber Claudine erschien zuverlässig. Wir hatten uns auf der Weihnachtsinsel kennen gelernt, wo die Fotografin aus Paris regelmäßig gen Morgengrauen im strömenden Regen zur einzigen Telefonzelle pilgerte, um endlich den vermeintlich fremdgehenden Freund zu erreichen. Sie machte keinen Hehl aus ihrer Eifersucht und als sie mir von Schanghai berichtete, wo sie kurz zuvor tätig war, wusste ich, dass sie nicht übertrieb: »Die feiern da rund um die Uhr und das mitten in China. Incroyable.« Und nun hatte die »Asiaweek«, eine asiatische »Newsweek«-Nichte, Schanghai auch noch auf dem Cover. Tenor der Titelgeschichte: Das ist die Metropole der Zukunft – cool, schick, schlaflos. Die Stadt sei der Gipfel der Hipness, war dort zu lesen. Wie wäre es denn mit Schanghai, fragte ich den Adler.

Wir waren in Hanoi, und das Wetter spielte seit Tagen »Herbst in Hamburg« (Dauerregen). Der Adler stand auf dem Balkon, aber selbst der wunderschöne Blick über die Dächer (die vietnamesische Hauptstadt erinnert überraschenderweise stark an Palermo oder Neapel) wurde von der nasskalten Gesamtstimmung überschattet. Gut, sagte er, aber wir fahren nur, wenn die McDonald's-Regenjacke auch mitkommt. Wie konnte er nur ahnen, dass ich tatsächlich darüber nachdachte, das grüne Ding hier liegen zu lassen?

Es ist früher Abend, und wir schweben in einem silbernen Volkswagen Santana (die hiesige Taximarke) zwischen blank gewienerten Wolkenkratzern hindurch. Die Straßen in Schanghai sind drei Stockwerke hoch und von unten blau angestrahlt. »Germany, very good«, sagt der Fahrer zum dritten Mal und tätschelt liebevoll sein Lenkrad. Aber ansonsten versteht er kein Wort.

Der Adler sagt, dass ihn Schanghai an Singapur erinnert. Komisch, bin ich denn die Einzige, die gesehen hatte, dass Singapur längst zur Karikatur geworden ist.

Wie Singapur ist Schanghai für mich eine Frau. Wieso? Ich weiß nicht warum, aber wie New York eine männliche Stadt ist, sind Singapur und Schanghai zwei Frauen. Man könnte auch sagen, Singapur ist Jerry Hall und Schanghai ihre Teenie-Tochter Elizabeth, die jetzt unbedingt auch modeln will. Und die alle toll finden, weil ihr Vater Mick Jagger ist und man dann einfach toll sein muss. Und wenn alle glauben, dass irgendjemand oder irgendetwas toll ist, dann wird das plötzlich Wirklichkeit. Als habe sich die Kraft der Gedanken gebündelt und eine neue Wahrheit materialisiert.

Ich habe dieses Alle-finden-etwas-toll-und-man-selbst-dann-auch-Phänomen diverse Male am eigenen Leib erfahren. Einmal recherchierte ich für eine Reportage über einen jungen deutschen Modedesigner auf den Wintermodeschauen in Paris. Um mich herum massenhaft schmallippige Expertinnen in *der* Bluse von Veronique Branquinho oder *den* Schuhen von Prada (damals ein Modell mit Golfschlappen entliehenen Troddeln und Schnippeln vorne dran), alle der Fendi-Baguette-Manie (ein hochgradig trutschiges Täschchen) anheim gefallen. Ich stolzierte also einige Tage in dieser Szenerie herum und meinte plötzlich, auch dringend das gesamte Fashionprofi-Equipment besitzen zu müssen.

Damit wir uns nicht falsch verstehen: Ich liebe Mode. Sie ist mir nur in der Regel zu teuer. Und weniger sowieso meistens mehr. Aber das zählte plötzlich nicht. Sie hatten mich infiziert, indoktriniert, gebrainwashed, auf Linie gebügelt oder was auch immer. Zum Glück beschränkte sich mein Kaufrausch auf ein olivgrünes Pradapärchen (900 Mark), eine weiße Hose von Atsuro Tayama mit bis auf Kniehöhe umgeschlagenen Hosenbeinen (500 Mark), und ein T-Shirt von Chloé mit einem Adleraufdruck vorne drauf (den Preis behalte ich für mich). Schlimmeres wurde nur verhindert, weil weitere Must-have-Stücke der Saison bereits vergriffen waren.

Ich bin also keinen halben Tag in Schanghai und habe schon wieder dieses Gefühl, einkaufen gehen zu müssen. Dringend. Wir sind von einem sibirischen Tiefausläufer überrascht worden. Es regnet, ich trage also immer noch diese klebrige grüne Plastikregenjacke. Wir wohnen direkt neben einer mit rotem Backstein ausgelegten Fußgängerzone. Rechts kleinere Geschäfte, vor allem Restaurants, Mini-Supermärkte und Friseursalons. Links Kaufhäuser. Riesige Kaufhäuser. Und überall sind diese wunderschönen Chinesinnen unterwegs. Groß, dünn, schmale, klare Gesichter, glänzendes Haar, alle mit Tüten unterm Arm.

Ich kaufe eine Jeans (low cut, extra lang, mit Schlag) und ein schwarzes Filzjäckchen. Es sieht aus wie aus einem Guss bis hoch zum Stehkragen. Beides No-Name-Kreationen und mit 150 Mark insgesamt für hiesige Verhältnisse spottbillig. Das muss fürs Erste reichen. Die Herrenabteilungen sind vergleichsweise steinzeitgeprägt. Der

Adler, der in seinen vietnamesischen Helmut-Kohl-Sandalen (angesichts des immer noch nicht ganz verheilten Zehbruchs das einzig adäquate Schuhwerk) kalte Füße hatte, ersteht drei Paar schwarze Socken und einen seniorenfarbenen Blouson mit Schulterpolstern. Der Stoff ist aus einem Material, das meine Oma immer als Popeline bezeichnet hat.

Später finden wir heraus, dass diese Einkaufsmeile endlos ist. Man kann immer weiter gehen, über Plätze, auf denen Leinwände stehen, die Militärparaden in Endlosschleife übertragen, durch labyrinthische U-Bahn-Stationen, vorbei an diversen McDonald's und Starbucks und Häagen Dasz, bis hinunter zum Schanghai River.

Schanghai war in den dreißiger Jahren bereits eine chinesische Ausnahmeerscheinung mit elektrischen Straßenbahnen und Hochhäusern und einem schier unerschöpflichen Angebot an ausländischen Luxuswaren. Genau genommen gehörte die Stadt auch nicht zu China, sondern hatte den Status eines unabhängigen Territoriums. Ähnlich wie Hongkong, mit dem Unterschied, dass Hongkong nur den Briten gehörte und Schanghai sozusagen gleich mehrere internationale Besitzer hatte, die sich die Stadtviertel untereinander aufteilten. Schanghai war damals der einzige Hafen der Welt, der kein Einreisevisum verlangte. Und so strömten angesichts der prekären Weltlage die Ausländer zu Zehntausenden herein: russische Monarchisten, vor den Nazis geflohene Juden, Kriegsgewinner oder -verweigerer, Handelstreibende jeglicher Couleur und Nationalität. Es gab Edelbordelle, Lokale, die sich auf Pferderennen spezialisiert hatten, Art-déco-Theater und Restaurants, deren Champagner- und Kaviarverbrauch bis heute seinesgleichen sucht. Alles versammelte sich zu dieser Zeit am Bund, der Promenade, die am Schanghai River entlangführt.

Heute stehen wir am Bund und blicken auf die Sciencefiction-Landschaft von Pudong, der angeblich besten Geschäftsadresse des neuen Millenniums. Noch mehr Wolkenkratzer, noch futuristischer. Vor einigen Monaten hat hier das »Grand Hyatt«, das höchste Hotel der Welt, eröffnet. Es ähnelt verdächtig dem Empire State Building. Überragt wird das Viertel von vier Perlen in Lilametalic und die größte Kugel wird die Perle Asiens genannt. Pudong ist, den Werbeplakaten zufolge, *das* Megaprojekt. Alle namhaften internationalen Firmen sollen sich hier bald niederlassen oder bereits da sein. Sozusagen der Pradaplatz der Business-Speerspitze.

Ich bin irgendwie verwirrt. Als sei mir jahrelang ein potemkinsches Dorf vorgesetzt worden. Mein Bild von China war durch Nachrichtensendungen und Magazinbeiträge geprägt. Darin kamen weder Blade-Runner-Kulissen noch dieses markenwahnsinnige Jungvolk, das sich einen Dreck um Politik schert, vor. Oder der Taxifahrer, der seinen Santana liebt und das Land, in dem er erfunden wurde, gleich mit. Oder der Starbucks-Verkäufer, der seine Eltern hasst, weil sie gute Parteikader sein wollten. Sie sind ideologiegemäß aufs Land gezogen und haben ihn bei seinen Großeltern in der Stadt deponiert, weil sie insgeheim doch nicht wollten, dass aus ihm auch nur ein Bauer wird. Er ist ohne Rollenmodelle aufgewachsen, sagt er. Kein Wunder, dass ihm heute künstlich aufgebauschte Werte als Halt dienen. Ich frage ihn, was für ihn das Wichtigste im Leben ist. Spaß und Geld, antwortet er.

Ich gestehe dem Adler, dass ich insgeheim auch gehofft hatte, hier ein Stück von dem China zu finden, das ich aus dem Tim & Struppi-Band »Der Blaue Lotus« kannte: bunte Papierlampen, die mit schwarzer Kalligraphie bepinselt sind, gebückt laufende Kulis, die schwere Karren ziehen und von denen ich früher dachte, sie können nicht aufgerichtet werden, weil sie dann in der Mitte zerbrechen. Und stark geschminkte Frauen in geblümten Seidenkleidern, die an den Seiten bis zum Oberschenkel geschlitzt sind.

»Dann hätten wir ja auch gleich in Hoi An in Vietnam bleiben können«, antwortet der Adler. »Da sah es ja nun haargenau so aus.« Mein Problem liege eigentlich woanders. Zwei Seiten von mir suchen gleichzeitig nach dem perfekten Platz: das kleine Mädchen und die erwachsene Frau. Und beide würden sich dauernd gegenseitig im Wege herumstehen.

Wir ahnen beide, dass sich dieses Knäuel nur ganz behutsam auflösen lässt. Aber ich nehme mir vor, vermehrt darauf zu achten, dass die beiden sich nicht immer ins Handwerk pfuschen. Schanghai ist sowieso kein guter Platz für Kinder. Die Stadt ist für erwachsene Vergnügungen geschaffen. Und das wollen wir jetzt nutzen. Immerhin sind wir seit unserer Abreise aus Deutschland nicht mehr richtig ausgegangen. In Singapur hatten wir keine Lust, und in Bangkok kann man sich zwar sehr gut amüsieren, aber eher in thailändischer Atmosphäre. Schanghai winkte mit westlichem Standard.

Ein flüchtiger Einblick in verschiedene Publikationen hatte ergeben, dass sich am unteren Ende der Maoming Road ein Club an den anderen klammert. Insgesamt dürfte die Liste wohl mehrere hundert Objekte umfassen. Praktischerweise sind die Adressen auch gleich in chinesischer Schrift verzeichnet, sonst würden die Santanas einen wohl nie dort abliefern, wo man hin will.

Wir suchen einen Club namens »dkd«, das ist die Abkürzung für »decadence kills depression«, und angeblich handelt es sich dabei um den heißesten Tanzboden der Volksrepublik. Aber Hausnummer 172 beherbergt dem DIN-A5-Schild zufolge nur die »Buddha Bar«.

Viel Stahl, wenig Licht. Irgendwie London-Look. Recht gut besucht, für einen Montagabend. In einer grünen Sitzecke räkeln sich zwei langbeinige Chinesinnen. Eine hat Haare bis zur Hüfte und trägt ein Oberteil in doppelter Topflappengröße, dem Anschein nach Kaninchenfell mit Seidenapplikatur. Daneben hockt ein Inder mit Dreadlocks und bodenlangem Parka und nippt an seinem Gin Tonic. Eine junge Frau in Jeans und dunkelgrüner Bomberjacke kommt auf uns zu und fragt, was wir bestellen wollen. Minuten später stehen zwei Fläschchen Carlsberg auf dem Tisch, und ich zähle schnell nach, ob wir die nötigen achtzig Renminbi (umgerechnet zwanzig Mark) in der Tasche haben.

Die Frau in der Bomberjacke stellt sich als Snow vor (die englische Übersetzung ihres chinesischen Namens), ist 26 Jahre alt und Managerin der »Buddha Bar« und des Clubs darunter, der jetzt »A-Void« heißt, aber vor einer Woche noch das »dkd« war. Ja, ja, »dkd« sei ein Riesenerfolg gewesen, sagt sie. »Aber da kamen zu viele junge Leute.« Und das ist nicht gut fürs Geschäft, weil die sparen müssen und nicht genug trinken. Allein an Miete kosten sie die beiden Läden 60 000 Mark im Monat. Damit am Ende die Kasse stimmt, müssen entsprechend viele Drinks über die Theke gehen.

Snow erklärt mir auch den Hintergrund des ausschweifenden Ausgehverhaltens. Vor drei Jahren habe das alles angefangen, weil China sich in einer Wahnsinnsgeschwindigkeit weiterentwickele. Schanghai sei die Boomtown des neuen Wirtschaftswunders und dementsprechend viel Geld im Umlauf.

Die knapp 500 000 Ausländer, die hier leben, haben größtenteils keine Familie. Was macht man, nach einem harten Arbeitstag, allein, in einer fremden Stadt? Ausgehen. Und die schnell reich gewordenen Chinesen wollen zeigen, was sie haben. Der Rest will einfach nur endlich mithalten, mit den Gleichaltrigen auf der ganzen Welt und schön hedonistisch sein.

Dann ist da noch das, was Snow »die lustige Sache in Schanghai« nennt: »Wenn ein neuer Laden aufmacht, rennt die ganze Meute hin, und alles andere ist leer. Dann eröffnet der nächste und alles geht von vorne los.« Aber unterm Strich ginge es nur um eins: Liebe zu finden.

Die letzten beiden Aspekte kommen mir vertraut vor. Fast wie zu Hause, denke ich. Als wir aufstehen, sagt Snow noch, dass wir morgen Abend unbedingt in den »Cotton Club« gehen sollten, da würde Coco auftreten. Eine echte Nightlifelegende.

Der »Cotton Club« ist genau die Sorte Jazzschuppen, die daheim von pfeiferauchenden Tweedsakkoträgern frequentiert würde. Tiffanyscheiben und schweres Mahagoni-Interieur. Nur hockt hier Jungvolk an den Tischen. Der Einzige, der in mein Schema passt, ist Manfred Eichel, langjähriger Moderator der ZDF-Sendung »Aspekte« und nun, wie ich seiner Visitenkarte entnehme, Chefkorrespondent Kultur. Er dreht gerade einen Film über Künstler und, genau, das Nachtleben in Schanghai.

»Atemberaubend«, flüstert er mir mit seiner charakteristischen Weichzeichner-Stimme zu, wiegt sich im Takt von Cocos »Fever«-Interpretation und nimmt einen

Schluck aus einem frisch gezapften 500-ml-Glas Carlsberg. Ich nippe an meinem lauwarmen Pendant und beneide ihn um sein öffentlich-rechtliches Spesenbudget. Er präsentiert mir auch Mianmian, 31, Schriftstellerin. Sie trägt eine lila Sonnenbrille unter dem kurzen schnurgeraden Pony und blickt immer wieder nervös Richtung Nachbartisch.

Da sitzt ihr Mann Dominic, 27, DJ aus London, mit seiner Schwester. »Die kann mich nicht ausstehen«, erzählt Mianmian, »und sie behauptet, dass ich mich nicht genug um meine acht Monate alte Tochter kümmere.« Und, dass ihr Buch irgendwie auch vom Nachtleben in Schanghai handelt. Und, in diesem Moment werde ich wirklich hellhörig, dass es einen Weg gibt, die endlosen Schlangen am Eingang zu vermeiden: »Sagt einfach, ihr seid Freunde von Bai Li.«

Nach Erica und Laura ist Mianmian endlich wieder eine Frau, die mir näher steht und ein vergleichbares Leben führt. Nicht dass ich jetzt gerade dieselben Sorgen hätte, aber ich kann sie verstehen. Sie lädt uns ein, in den nächsten Tagen auf einen Kaffee vorbeizukommen.

Und Coco, der auch ein Freund von ihr ist und den sie uns nach seinem Auftritt vorstellt, sagt, wir sollten übermorgen ins »Pu-J's« kommen. Das ist die Diskothek im »Grand Hyatt«-Hotel. Und dazu gehöre die schickste Bar, die wir je gesehen hätten, verspricht er uns noch. Tatsächlich dürfte die Einrichtung selbst den Wallpaper-Art-Director einmal trocken schlucken lassen, und die zwei Damen, die uns zu unserem Tisch geleiten, sehen beide aus wie Lucy Liu aus »Charlie's Angels«. Sie tragen Headsets und Catsuits aus schwarzem Leder. Gefällt mir gut. Kein Wunder, dass »Hotelbar« in Schanghai kein Schimpfwort ist.

Wir treffen Mianmian in der Wohnung einer Freundin. Hierher käme sie immer zum Schreiben, weil sie im häuslichen Chaos mit Mann und Kind keine Ruhe findet, sagt sie. Ich hätte nie gedacht, dass sich in einem so winzigen Haus (es steht in einem der wenigen typisch chinesischen Hinterhofanlagen, die noch nicht abgerissen wurden) eine so großzügige und komfortable Wohnung verstecken kann: Holzdielen, Stuck an den Decken, schwarz-weiß gefliestes Bad, Edelstahlküche. Nur kalt ist es. »In Schanghai sind alle Heizungen kaputt«, sagt Mianmian. Deshalb sei sie eigentlich immer erkältet.

Mianmian erzählt, dass das Paar, dem die Wohnung gehört, sich gerade getrennt hat. Aber eigentlich würden sich sowieso gerade alle trennen. Obwohl das gar nicht gut sei, weil man dann wieder ausgehen müsse. Sie selbst sei ja glücklich verliebt und bevorzuge deshalb seit einiger Zeit Privatpartys oder einfach nur ein Essen mit Freunden. Außerdem beginne das Nightlife in Schanghai sie zu langweilen.

So ganz glaube ich nicht an ihren Rückzug aus dem Clubgewerbe. Immerhin hatte sie gleich eine Empfehlung für den Abend parat: Mittwochabend ist im »Rojam« die Hölle los. Der Club befindet sich im vierten Stock eines Hochhauses und am Eingang sage ich brav mein Bai-Li-Sprüchlein auf. Sofort springt die Obertürsteherin herbei und fragt, wie es ihm ginge. Gut, sage ich und weiß jetzt immerhin, dass es sich um einen Mann handelt. Dann werden uns eingeschweißte Schildchen um den Hals gehängt und Minuten später blicken wir von der VIP-Tribüne aus auf die wogende Menge.

Ich stelle fest, dass die Chinesen auch zu Techno-klängen gern als Paar tanzen, entweder in eng umschlungener Stellung oder zumindest mit Händchenhalten. Als die Lightshow loslegt, wird kräftig gepfiffen. Und die anderen Wichtig-Menschen stürmen ebenfalls nach unten. Zurück bleiben wir, mit etlichen Flaschen Henessy Cognac und Pieper-Heidsieck Champagner und getrockneten Tintenfischstreifen, einem heftig knutschenden Pärchen auf dem Sofa und einem heulenden Mädchen hinten links in der Ecke. Muss ein Vermögen kosten, was da so alles rumsteht. Wie viel genau, kann ich nicht feststellen, weil unser Bierkrug aufs Haus geht.

Die kommenden Nächte erinnern mich vage an eine Waschmaschine im Schleudergang. Club, Taxi, Club, und dazwischen noch diverse Vernissagen, die sich ebenfalls großer Beliebtheit erfreuen. Hängen geblieben ist unter anderem ein Ort namens »Vogue«. In einem Haus, das Frank Gehry auch für einen Hollywoodproduzenten in Venice Beach gebaut haben könnte.

Auf dem Weg zum Eingang überschreitet man eine Holzbrücke, die über einen türkis fluoreszierenden Bach führt. Oben gibt es eine ellipsenförmige Bar, und die Mädchen dahinter verkleiden sich um Mitternacht als indische Tempeltänzerinnen und steigen auf die Tische. Sie haben da auch noch eine separate Abteilung, die Clubmitgliedern vorbehalten ist. Die Kellner flitzten alle drei Minuten mit Magnumflaschen Taittinger hinein, und zweimal wurde ein Mädchen rausgebracht. Das erste heulte und das andere kotzte auf seine Louis-Vuitton-Pantöffelchen.

Ich wusste mittlerweile eine ganze Menge über Bai Li, auch, dass er krank im Bett lag. Ein Umstand, der mir gelegen kam, weil ich ständig befürchtete, ihm irgendwo über den Weg zu laufen. Zumal sich unsere Anwesenheit in den vergangenen Tagen herumgesprochen zu haben

215

schien. Zumindest wurden wir im »Pegasus«, das sich als Club »for beautiful people« bewirbt, vor drei Wochen eröffnet hat und dementsprechend der Renner ist, bereits von Joe, dem Resident DJ, persönlich begrüßt. Und im »Face«, ein weiteres exklusives Bar-Schrägstrich-Restaurant, vom australischen Manager Ian. Beide sagten, sie hätten schon viel von uns gehört.

Und im »A-Void«, wo der französische Techno-DJ Charles Siegling gerade seine neue CD aufnahm, fiel uns Snow um den Hals. Das »A-Void« ist tatsächlich der einzige Ort, an dem so etwas wie Subkultur zu spüren ist. Auf der Tanzfläche entdecke ich zumindest Horden von jungen Chinesen, mit Wollmützen auf dem Kopf und zwei übereinander gezogenen T-Shirts oder dicken Daunenparkas. Und sie kreischen, wenn der DJ die Bässe wieder reindreht.

Mianmian taucht später auch noch auf. Nur Coco konnte nicht kommen, weil er zu einer Hochzeit geflogen war.

Wie gesagt, wir hatten uns vorgenommen, das Nachtleben in Schanghai zu genießen. Und das haben wir auch ausgiebig getan. Es macht wirklich großen Spaß, ich notiere allerdings in der Nörgelecke, dass Schanghai, weil es gerade erst wieder erwacht ist, zwar eine enorme Auswahl bietet, aber nur begrenzte Facetten.

Schanghai ist ein perfekter Wenn-dann-Platz. Sprich, wenn uns ein Magazin für ein oder zwei Jahre mit einem üppig gestalteten Gehalt (man bedenke allein die Bierpreise und wenn meine Bai-Li-Tarnung auffliegt, wird ja auch noch Eintritt fällig) hier als Korrespondenten einsetzen würde, dann wären wir sofort dabei.

Aber so fahren wir weiter nach Japan, da ist es zwar noch teurer, aber dafür erzählte mir der deutsche

Modedesigner, den ich damals in Paris interviewte, dass die Menschen dort die Einzigen wären, für die es wirklich noch Spaß macht, kreativ zu sein. Weil sie Sinn für Irrsinn hätten.

Neben dem Strudel
Japan, Mai 2001

Wir stehen auf dem Rollfeld in Schanghai und warten auf die Startfreigabe, als ich sehe, wie der Steward versucht, den jungen Japaner, der auf der gegenüberliegenden Gangseite sitzt, zum Ausschalten seines Handys zu bewegen. Der Mann, klein, klebrige Haare, graue Bundfaltenhose, dunkelblaues Ralph-Lauren-Polohemd, schüttelt immer wieder den Kopf und drückt das Handy an die Brust. Wie ein Kind, dem die Eltern den Teddy wegnehmen wollen und das sich hartnäckig daran festklammert. Das sei sehr gefährlich, sagt der Steward mit sanfter Stimme. Und: Wenn er sich nicht kooperativ zeige, könnten wir nicht abheben. Der Mann drückt das Kinn an die Brust und schließt die Augen. Bitte, sagt der Steward und legt eine Hand auf die Schulter des Mannes. Das scheint ihn zu entspannen, und er macht sein Handy doch noch aus. Der Steward dreht sich um, sieht mich an, seufzt und schüttelt den Kopf.

Später erzählt er mir, dass Japaner immer solche Probleme bereiten würden. Dabei müssten sie doch eigentlich den Umgang mit Technik gewöhnt sein, sage ich. Im Grunde genommen ja, antwortet er. Aber trotzdem sei genau das Gegenteil der Fall.

Ich erinnerte mich an die Japaner auf dem Pickup in Kambodscha. Und daran, dass sie immer gelacht haben, wenn es brenzlig wurde. Sollte es sich wirklich um ein infantiles Volk handeln, um Menschen, die die Augen vor der Realität verschließen?

Das Wasser in der Bucht von Osaka hat alle mög-

lichen Farbschattierungen, von Grüngrau über Dunkelrot bis Anthrazit, wie ein Gewitterhimmel in Öl. Darin
schwimmen stählerne Schiffe herum. Wir fliegen über eine
hohe gebogene Brücke und landen auf einer quadratischen
Insel.

Diese Insel ist nur für den Flughafen da. Und angeblich ist Osaka-Kansai einer der modernsten Flughäfen
der Welt. Als er 1994 eröffnet wurde, war er der erste in Japan mit Rund-um-die-Uhr-Betrieb. Eigentlich ein gutes
Konzept: keine Nachbarn, die nachts nicht schlafen können; keine bedrohten Tiere, denen der Lebensraum genommen wird. Sollte die Olympiade 2008 nach Osaka kommen,
wollen sie dafür auch eine Man-made-Insel bauen. Alles
schön künstlich und zweckdienlich. Nur der starke Strudel,
der direkt neben dem Flughafen das Meer aufwühlt, ist vergleichsweise unnütz.

Wir fahren mit dem Kansai International Airport
Express Richtung Stadt. Elf Stationen. Die Bahn ist außen
blau und innen sitzt man auf sehr bequemen gelben Ses-
seln. Da lässt es sich gerade noch verschmerzen, dass wir
für zwei einfache Tickets achtzig Mark gezahlt haben. Hinter der Brücke verschwinden wir sofort in Reihenhaussied-
lungen. Sieht aus wie in Deutschland. Weiße zwei- oder
dreigeschossige Häuser mit Giebeldächern und Jägerzaun
außenrum. Die Gärten sind auch dunkelgrün. Nur die Ge-
wächse darin haben sie in unbekannten Formen zurecht-
geschnitzt.

Die Luft ist kalt und grau. Und sie riecht nach
Langeweile. Die Stationen sind aus Beton und Aluminium,
platt gestanden von noch müden oder schon wieder müden
Pendlern. Die Straßen davor glatt und überall stehen Am-
pelanlagen. Sie stellen bestimmt automatisch auf Grün,

wenn ein Auto auf dem Sensorstreifen davor zum Stehen kommt. Die anderen Bahnfahrer schlafen oder spielen mit ihren Handys. Keiner spricht. Nur die Weichheit des Sessels und der warme Händedruck des Adlers haben eine wohltuende Wirkung auf mich.

Kann sein, dass ich den Japanern großes Unrecht tue. Aber so fühlt es sich an, draußen vor der Stadt. Nichts deutet darauf hin, dass da Dörfer sind oder Orte, die einen Namen haben. Der Plan hilft auch nicht weiter, da ist nur die Bahnlinie verzeichnet, die Zwischenstopps und Osaka am Ende. Der Weg führt durch verschiedenfarbige Flächen. Überall scheinen Menschen zu wohnen und alles ist bebaut. Und ich lese im Reiseführer, dass die gesamte Gegend, fast hin bis nach Kobe und Kyoto, die nur anderthalb Zugstunden entfernt sind, Osaka Präfektur genannt wird und extrem dicht besiedelt ist.

Wir wollten nicht nach Tokio. Wenn man überhaupt mal jemanden trifft, der schon in Japan war, dann in Tokio. Er erzählt dann von der einen Straße, in der die ganzen Bands auftreten, und von der anderen Straße, in der die ganzen Jugendlichen stehen, die sich wie ihre Idole zurechtgemacht haben. Davon, dass europäisches Essen sündhaft teuer ist und dass es an jeder Ecke McDonald's gibt. Und von den Ecken, die alle gleich aussehen.

Osaka ist mit fast neun Millionen Einwohnern die zweitgrößte Stadt Japans. Und ich kenne niemanden, der schon mal in Osaka war.

Die Station, an der wir aussteigen, ist unterirdisch und hat mehrere Ebenen. Wenn man nicht die richtige Ebene erwischt, landet man in einem Kaufhaus oder einem neuen Gang, aber nicht im Freien. Und wir müssen an die Oberfläche, wenn wir jemals zu unserem Hotel finden wollen. Das Mädchen von der Tourismuszentrale hat uns genau eingezeichnet, wo wir langgehen müssen. Immer geradeaus, bis zur koreanischen Botschaft, dahinter kommt ein T-Shirt-Shop (den hat sie auf dem Zettel durch ein gemaltes Hemd gekennzeichnet), und dann sollen wir links abbiegen.

Osaka ist für zwei Viertel berühmt. Das eine heißt Den Suji und ist voll gestopft mit High-Tech-Elektronik. Und das andere Minami. Da gibt es das beste Essen, die coolsten Shops und die trendigsten Jugendlichen. So steht es auf der Webseite der Tourismuszentrale. Wir wohnen in Minami.

Die japanischen Passanten können uns auch nicht sagen, wie wir auf die Straße kommen. Sie schütteln immer den Kopf. Irgendwann fragen wir nicht mehr nach dem Weg, sondern nur noch: »English?«

Der T-Shirt-Laden ist eine Eddie-Fisher-Boutique (oder Flagship-Store oder was auch immer) und die koreanische Botschaft haben wir nie gefunden. Es sei denn, sie meinte die kambodschanische mit den beiden bronzenen Khmer-Löwen davor. Dabei ist alles ganz logisch aufgebaut: Prinzip Schachbrettmuster.

Der Teufel steckt hier im Detail. Weil nichts von außen wirklich gut zu erkennen ist. Ein unglaubliches Wirrwarr. Leuchtreklamen und Werbetafeln verdecken sich gegenseitig. Geschäfte sind über- und untereinander gestapelt. Auch das Schild des »Arrow Hotel« verschwindet im Fassaden-Dickicht. Unten, im Kellergeschoss, ist eine Bar, im ersten Stock ein Klamottenladen, der Eingang zum Hotel in der zweiten Etage nur über eine Rolltreppe zu erreichen.

Knapp 200 Mark kostet das winzige Zimmer pro Nacht. Es gibt einen Fernseher, eine Minibar und ein cubicle genanntes Duschkabinchen, in dem man kaum aufrecht stehen, geschweige denn die Arme ausstrecken kann. Vor dem Fenster ist eine Mauer, vielleicht zwei Handbreit entfernt, und die schmale Schneise ist angefüllt mit dem, was die Klimaanlagen der umliegenden Restaurants aus den Küchen blasen.

Das Bett ist schmal und zu kurz. Und wenn man den Fernseher anschaltet, stellt sich auf den meisten Sendern nach einigen Sekunden automatisch das Pay-TV-Programm ein. Es ist immer derselbe Porno. Ein junges mageres, völlig unbeteiligtes Mädchen mit einem mittelalten, unscheinbaren Mann. Ich denke daran, dass in diesem Hotel hauptsächlich Geschäftsmänner absteigen.

Mit der Zeit lerne ich, die Zeichen draußen zu lesen. Nehmen wir das Haus gegenüber. Irgendwo in die Mitte haben sie einen roten Krebs aus Plastik montiert. Er ist bestimmt zwei mal drei Meter groß und drum herum sind viele kleine Krebse. Also ist ein Restaurant nicht weit, vermutlich eins, dass sich auf Meeresfrüchte, wenn nicht gar Krebse spezialisiert hat. Links daneben ist eine Palme aus grünen Leuchtröhren, von einem rosa Herz eingerahmt. Das soll auf das Stundenhotel hindeuten, dessen Eingang mich zunächst an ein Sonnenstudio erinnert hat. Alles ist vollautomatisch, keine Rezeption, nur das flackernde Neonlicht trägt etwas Leben in den Raum. Hinter dem längst verwaisten Empfangstresen hängen Bilder von den verschiedenen Zimmern und die, die nicht besetzt sind, kann man gut erkennen, weil sie wie Dias auf einem Leuchttisch von hinten angestrahlt werden.

Ich drücke auf Nummer 34. Hinter uns öffnet sich der Fahrstuhl und wir steigen in die musikbeplätscherte Kabine. Drei Stockwerke weiter treten wir auf den gefliesten Flur, an den Wänden hängen Bilder von glücklich aussehenden Paaren in Herzrahmen. Über der Tür von Nummer 34 flackert ein rotes Lämpchen, als befinde sich dahinter ein Tonstudio, in dem gerade aufgenommen wird. Der Raum hat eine Karaokeanlage, ein Duschcubicle, und auf der linken Seite steht ein Bett mit einem silbernen Überwurf. Die einzige Farbe, obwohl sie keine ist. Der Boden ist abwaschbar und die Wände auch. Selbst die Decke auf dem Bett sieht aus, als sei sie schmutzabweisend. Und hier soll man Sex haben? Für hundert Mark die Stunde? Mit Karaokevorspiel?

Beim Hinausgehen sehe ich mir noch mal die Zimmer an, die gerade in Betrieb sind. Sie haben alle eine Karaokeanlage. Geht wohl nicht ohne. Gezahlt wird übrigens per Kreditkarte. Und ich denke, wenn wir zwei Minuten länger in Nummer 34 geblieben wären, hätte sich die Tür geschlossen und uns kostenlos nicht wieder freigegeben.

Nebenan ist noch ein Hotel. Das hat allerdings einen anderen Zweck. Es ist für Leute, die nicht genug Geld haben, um ein Zimmer, wie in unserem, für japanische Verhältnisse extrem günstigen Hotel zu zahlen. Die gehen dann in das Kapselhotel. Ich identifiziere es anhand eines Werbeplakats. Darauf sind vier Männer abgebildet. Sie sitzen an einem Spieltisch, halten Karten in der Hand und werden von Stehaschenbechern und Schnapsflaschen eingerahmt. Den Hintergrund bildet eine grüne Gummipflanze. Und an der Wand vier Kapseln, alle geöffnet, mit aufgeklappten Decken und von innen beleuchtet, fast schon gemütlich. Wenn sie mal einen netten Abend mit ihren Freunden verbringen wollen, steht darunter.

Ich weiß nicht, was zuerst da war, Schlaf-Kapseln

oder Sandwich-Solarien oder Kernspintomographen, aber sie haben sehr viel gemeinsam. Obwohl die Kapseln geräumiger wirken. Sie sind mit einer Plastikmatratze ausgelegt, es gibt eine Klappe für die Kleider und einen Fernseher, der aus der Decke herabgesenkt werden kann.

Ich frage mich, ob hier auch Frauen schlafen dürfen. Was er von einer Probenacht hält, frage ich den Adler. Aber dann fällt mir ein, dass wir seit 270 Tagen keine Nacht getrennt verbracht haben. Was sollte ich ohne den Adler machen, wenn mich Albträume von fleischfressenden Austern heimsuchen oder klaustrophobische Anfälle? Was, wenn sich das Ding plötzlich nicht mehr von innen öffnen lässt? Und mich draußen niemand hört, weil der Adler und all die anderen auch in ihren geschlossenen Schubladen stecken?

Wir überlegen uns, japanisch zu essen, weil europäisch ja so teuer sein soll. Subway, KFC oder Burger King fallen aus, da mein Magen nach längeren Flügen immer einige Tage Fastfood-Karenzzeit benötigt. In den Schaufenstern stehen kunstvoll gefertigte Menümodelle. Ich erkenne das ein oder andere familiär anmutende Stück Sushi, aber der Rest ist mir gänzlich unbekannt. Die Preise machen uns auch nicht schlauer, sie sind alle horrend hoch.

Wenn ich Hunger habe, werde ich anstrengend. Quengelig, nervös, launisch. Der Adler kennt diese Zustände und schiebt mich durch die nächste Papiertür. Wir ziehen die Schuhe aus, schlüpfen in die bereitgestellten Pantoffeln, steigen auf die lang gezogene Empore und versenken unsere Füße in einem uns zugewiesenen Hohlraum mit Tisch.

Die Karte ist mit japanischen Schriftzeichen vollgepinselt. Sicher, da gibt es auch Fotos, aber die sind so wenig aufschlussreich wie die Ausstellungsstücke. Und die grauen Anzüge um uns herum sprechen auch kein Englisch. Ich solle mich jetzt endlich mal zusammenreißen, sagt der Adler gerade, als ein Mädchen in einer schmutzigen braunen Schürze auf uns zukommt. Sie haben sie aus der Küche geholt, weil sie Deutsch spricht, sagt sie. Ihre Schwester ist in Stuttgart verheiratet und deshalb hat sie einen schwäbischen Akzent. Wir unterhalten uns ein bisschen, und dann zeige ich auf die Fotos, die einen schmackhaften Eindruck machen. Aber das Mädchen, das einen Doris-Schröder-Köpf-Mund mit einem breiten Zahnfleischrand hat, bleckt jedes Mal die Zähne und lacht ganz laut, aber auch verschämt, als hätte ich einen schmutzigen Witz erzählt. Neinneinneinnein, das ist nichts für Ausländer, sagt sie dann. So geht das immer weiter. Ob es überhaupt etwas gibt, was sie empfehlen könne, frage ich irgendwann. Und sie deutet auf ein Bild, dass aussieht wie ein Spiegelei mit Reis. Gut, sage ich, dann nehme ich das. Der Adler will nichts für Ausländer essen und bestellt trotz ihres heftigen Widerstandes (»das ist sehr, sehr scharf«) ein Gericht aus einem dunkelbraunen Schwamm.

Unterm Strich bekamen wir eine fade Portion Fried Rice und ein würziges, aber dennoch unbefriedigendes Süppchen. Wir tranken dazu zwei Flaschen Asahi-Bier. Die Rechnung belief sich auf etwas mehr als 180 Mark.

Im Hotel drängt sich wieder die Lolita mit ihrem langweiligen Lover ins Bild. Aber dann finden wir doch noch einen Kanal, auf dem etwas anderes läuft. Johnny Mnemonic mit Keanu Reeves als mobile Datenbank. Wenn man mit nichts mehr rechnet, freut man sich über Dinge, die es eigentlich gar nicht wert sind. Vor allem, wenn man erst in der kommenden Nacht feststellen wird, dass Johnny

Mnemonic tatsächlich das einzige Alternativangebot ist und in Endlosschleife gezeigt wird.

Das Frühstück bei Starbucks, zwei Caffè latte (small) und zwei Schoko-Muffins, kostet sechzig Mark. Sicher, dafür sind die Klobrillen beheizt, aber das ändert nichts an der Tatsache, dass eine Existenz hier im Grunde genommen unbezahlbar ist.

Wie eine japanische Mikroökonomie trotz allem funktioniert, erfahren wir von Emiko, der Inhaberin eines Friseursalons. Sie ist vierzig Jahre alt, sieht aber wesentlich jünger aus. Langes hellbraun gefärbtes Haar, helle Bluse, Jeans, Turnschuhe. Im Vergleich zu dem, was vor ihrem Laden herumläuft, fast schon erschreckend unspektakulär. Andererseits sind diese ganzen, von der Tourismuszentrale angepriesenen, dreifach gestylten Gestalten auch schon wieder so gleich und uniformiert, dass ich nicht mal Lust habe, sie zu beschreiben. Wenn jeder unter dreißig lila Krepp auf dem Kopf hat, ist das nicht wirklich anders als die schwarze Seitenscheitelhaube, die von den zugehörigen Vätern bevorzugt wird.

Wobei Emiko dieser Kult ums Haar nur recht sein kann. Hundert Mark kostet der einfachste Schnitt und da kein junger Japaner, der etwas auf sich hält, zum Friseur geht, ohne sich die Haare färben zu lassen, kommen im Monat rund 50 000 Mark zusammen. Davon muss Emiko zwar noch ihre drei Angestellten, Miete und Strom bezahlen, aber am Ende bleiben immer noch 8000 Mark für sie übrig. Das sei zwar nicht gerade viel, aber es reicht, sagt sie.

Jetzt hat sie ihre Mitarbeiter erst mal für fünf Tage nach Hawaii eingeladen. Es ist ihr erster Urlaub, seit sie das Geschäft vor vier Jahren eröffnet hat.

Was wir denn so ausgeben würden, fragt sie uns. 1500 Mark in drei Tagen, sagt der Adler. Er ist derjenige, der unser Geld verwaltet. Mir kommt die ehrenvolle Rolle zu, mich über finanziellen Schwund zu beklagen. Und das mache ich ständig, weil ein unvernünftiger, aber sehr dominanter Teil meines Gehirns wünscht, dass der Betrag auf unserem Konto nie weniger wird. Ich bekomme also an dieser Stelle einen ordentlichen Schreck.

Und nachdem wir uns verabschiedet haben, gehe ich in die nächste Telefonzelle und sage der Dame von der Fluggesellschaft, die uns nach Australien bringen soll, dass sie uns auf die nächste Maschine buchen soll. Das wäre morgen, meint sie. Das geht in Ordnung, sage ich.

Nein, auch wenn es unfair ist, ich kann Japan keine Chance geben. Alles, was man hier macht, kostet Geld. Dabei darf ein perfekter Platz ruhig teuer sein, wichtig ist nur, dass das Geld sinnvoll angelegt wird. Und den Eindruck hatte ich hier bisher nicht.

Am Nachmittag vor dem Abflug besuchen wir noch schnell das zweite Osaka-Highlight der Tourismuszentralen-Webseite: Den Suji. An dieser Stelle hätte ich gerne Geld ausgegeben, und sei es nur, um zu beweisen, dass ich kein Geizkragen bin: für eine Polaroidkamera, die sich verschlucken lässt und dann Bilder aus der Speiseröhre liefert oder ein Mobiltelefon, das flach ist und biegsam wie ein Zehnmarkschein und so platzsparend im Portemonnaie wohnen könnte. Aber so was haben sie hier nicht.

Auf der Rückfahrt zum Flughafen setze ich mich auf die linke Seite. Und als wir über die Brücke fahren, blicke ich angestrengt aufs Meer hinaus. Ganz weit hinten ist ein schwarzer Fleck. Von Bojen eingekreist.

Da ist der Strudel, sage ich zum Adler, was da

wohl schon alles drin verschwunden ist. Wahrscheinlich gar nichts, antwortet er. Aber mir ist das egal, ich mag den Strudel. Weil ich glaube, dass er ein eigenes Leben führt.

Letzte Ausfahrt Myella
Australien, Juni–Juli 2001

Wirklich, ich freute mich auf Australien. Endlich wieder ein Land, das der Heimat ähnlich ist. Was das Lebensgefühl angeht und die Preise (Australischer Dollar und Mark stehen fast eins zu eins). Einfach und einschätzbar und besseres Wetter noch dazu. So hörten sich zumindest die Geschichten derer an, die schon mal da waren. Und das sind, im Vergleich zu Japan, eine ganze Menge.

Nach der Landung in Brisbane (im Süden um Sydney hat gerade der Winter angefangen und hier ist die Schönwettergrenze) hatten wir einen Ford Falcon gekauft und waren nun auf dem Weg nach Byron Bay, der Surferhauptstadt an der Küste von New South Wales. Extrem entspannt soll es da sein. Wir wollten ein Häuschen am Meer mieten und sehen, was so kommt.

Queensland, der Bundesstaat, dessen Hauptstadt Brisbane ist, liegt gerade zwei Kilometer hinter uns, da sehe ich einen Polizeiwagen mit eingeschaltetem Blaulicht im Rückspiegel. Er fährt an uns vorbei, und der Polizist am Steuer deutet mit dem Zeigefinger an den linken Fahrbahnrand. Wir halten. Er steigt aus, breitbeinig, verspiegelte Sonnenbrille. Handschellen und Pistole griffbereit an der Hüfte.

Der Adler sei nicht angeschnallt, stellt er fest, ohne die Zähne dabei auseinander zu nehmen. Führerschein, Fahrzeugschein. Antworten sind unerwünscht, obwohl er die ganze Zeit ein Tonbandgerät mitlaufen lässt. Er reicht einen Zettel ins Wageninnere: 120 Dollar Strafe. Später wird uns erzählt, dass New South Wales so was wie das australische Texas ist.

Wir wissen nicht, woran es liegt, aber Australien geht uns von Anfang an auf die Nerven. Vielleicht sind wir den geordneten westlichen Lebensstil nach neun Monaten in Asien nicht mehr gewohnt. Ich fühle mich, als sei ich aus einer Zeitkapsel gefallen. Andy Warhol hat solche Dinger gern angefertigt. Zeitkapseln. Ganze Kartons davon standen in seinem Atelier herum. Diese Zeitkapseln waren streng genommen keine Kapseln, sondern irgendwelche Behältnisse, die ihm gerade in die Quere kamen. Und die hat er mit dem gefüllt, was er im Moment des Packens für zeitgemäß hielt. Das sollte man dann später wieder auspacken und wissen: Aha, dass war also in Gebrauch, September '72. Und denken: Super oder komisch oder was für ein Krempel.

Mit mir ist das natürlich anders: Kein Australier weiß, wie ich mich fühle, und es interessiert auch niemanden. Dabei gibt es einige Punkte des täglichen Lebens, die ich hier bemängeln könnte.

Allein die Umgangsformen. Grundsätzlich wird alles verniedlicht. Brisbane ist nicht Brisbane, sondern Brisbie. Man kauft nicht bei Woolworth ein, sondern bei Woolie, und ein Australier ist kein Australier, sondern ein Aussie, aber das wussten wir ja schon. Wenn man in ein Internet-Café geht, sagen sie, akkurat übersetzt: Spring einfach an den und den Computer, wenn dort jemand wegspringt. Sicher, wir sind im Land der Kängurus, aber trotzdem. Außerdem wollen sie einem immer etwas organisieren. Nicht bringen oder holen, nein, organisieren. Und in den Restaurants fragen die Bedienungen im Viertelstundentakt, wie der Abend denn so läuft, bisher. Das erste Mal haben wir das Mädchen nur völlig verständnislos angesehen. Woraufhin sie die Augen verdrehte und ganz schnippisch meinte, sie würde ja nur versuchen, freundlich zu sein. Als liefe der Abend besser, wenn man sich dauernd nach ihm erkundigt.

Und jetzt auch noch das. Wir haben gerade unseren Ford Falcon in einer Lücke auf dem Woolworth Parkplatz in Byron Bay untergebracht. Ich öffne die Tür auf der Beifahrerseite und stoße mit der Kante sacht an die Flanke des Autos nebenan. Ein umgebauter Leichenwagen, vor einem Vierteljahrhundert hergestellt, verdreckt, verbeult und verrostet. Eine Schramme im weißen Lack konnte ich nicht entdecken und als ich dem Adler gerade beruhigt in den Getränkeshop (wie in den USA werden Lebensmittel und Alkohol fein säuberlich getrennt) folgen will, stellt sich mir die Leichenwagen-Fahrertür in den Weg. Ganz langsam. Heraus kommt, noch langsamer: Eine dicke Haschwolke, ein linker und dann ein rechter Fuß, schmutzig, ohne Schuhe, ein Kopf mit Dreadlocks und ein dünner Körper in Surfshorts und T-Shirt. Was mir eigentlich einfiele, seinen Wagen zu beschädigen, schnauzt mich der Typ an. Der sei frisch lackiert, komplett.

Am liebsten würde ich einmal ordentlich zutreten, dann hätte er endlich einen echten Schaden, halte mich aber zurück und sage, da sei nichts zu sehen. In der Fahrertür erscheint eine weitere Gestalt, an den Fenstern werden die bunten Batiktücher zurückgezogen und weitere Dreadlock-Köpfe tauchen auf. Der vermutliche Halter schleicht zu der Stelle, die ich ihm zeige, bückt sich und findet einen mikroskopisch kleinen Kratzer.

Er richtet sich wieder auf, sieht mich aus roten Augen an und sagt: »2000 Dollar hat der neue Lack gekostet.« Das sei jetzt alles hin.

Wie viel, frage ich. Zwanzig Dollar, sagt er. In Ordnung, sage ich, um weitere Komplikationen zu vermeiden. Mein Freund muss nur schnell zum Automaten und Geld holen.

Ich werde als Pfand am Tatort zurückgelassen und höre, wie die Leichenwagengang den Fahrer beschwatzt. Da hätte er viel mehr Geld rausschlagen können. Hundert Dollar, mindestens, wenn nicht das Doppelte. Kifferträume, denke ich und könnte platzen vor Wut. Was sind das hier eigentlich für Menschen? Machen auf laid-back und alles easy und sind in Wirklichkeit Superspießer.

Der Adler kehrt unverrichteter Dinge zurück. Ein Automat war leer, der zweite kaputt und der dritte verweigerte die Visa-Card. Er nimmt den Typ beseite, sagt, dass es kein Cash gäbe, er sich aber etwas im Liquor Shop aussuchen könne. Es dauert ewig, bis er sich endlich für eine Flasche Whiskey entschieden hat. Gedanken sind ja unter THC-Einfluss nur schwer zusammenzuhalten, und ich gönne ihm das verwirrte Hirn von Herzen.

Byron Bay ist voll von solchen Gestalten. Mir ist schleierhaft, warum der Ort einen so legendären Ruf hat. Der lange Strand mit dem feinen Sand ist bestimmt schön, aber die gesamte australische Ostküste von ähnlichen Stränden gesäumt. Ansonsten gibt es viele Läden mit Organic Food, heilenden Steinen oder rustikalen Musikinstrumenten wie Bongos und Digeridoos und noch mehr Surfschulen, die in Großbuchstaben versprechen, dass sogar jemand, der noch nie auf einem Brett gestanden hat, am Ende des ersten Tages eine Welle hinuntergleitet. Mit Beweisfotos. Believe it or not, steht daneben.

Das alles wäre noch erträglich, wenn sie Byron Bay nicht zusätzlich mit viel Beton verschandelt hätten.

Direkt hinter dem Strand erstreckt sich eine Shoppingmall. Drum herum stehen Apartmentanlagen, Ferienhäuser und Jugendherbergen, die etwas besser sind als herkömmliche Jugendherbergen und in Australien Backpacker heißen. Eine enorme Urlauberaufnahmekapazität. Trotzdem ist alles ausgebucht. Aber wir wären sowieso nicht bereit gewesen, 1500 Dollar die Woche für ein Zimmer zu zahlen und fahren weiter.

Wie die Leichenwagenbelegschaft hier über die Runden kommt? Essen von Woolie und Übernachten im Auto. Schlafen im Auto ist sowieso ein gängiges Reisekonzept. Deshalb sind auch so viele Campervans unterwegs. Und wer keinen Campingwagen hat, fährt einen Ford Falcon mit Matratze hinten drin. Den haben wir auch, samt Matratze, aber die soll nur zum Einsatz kommen, wenn sich nichts Besseres bietet.

Lennox Head ist nur 28 Kilometer entfernt und entspricht schon eher unseren Vorstellungen. Tim Glynn vermietet uns das geräumige Untergeschoss seines Hauses für siebzig Dollar am Tag. Das ist ein fairer Deal, vor allem, weil hinter der Holzterrasse nur noch ein kleiner Rasenstreifen und dann der Strand kommt.

Als wir die Wohnung besichtigten, war Tim Glynn gerade nicht da, und wir wurden von einer schmächtigen Frau in T-Shirt und rosa Leggings empfangen, die ihre beiden Kinder, ein dicker Junge und ein Mädchen mit einer irritierenden Frisur (Dreadlocks mit kahlen Stellen dazwischen) vor dem Fernseher wegscheuchte. Ob sie normalerweise hier wohnen und das jetzt nur für uns freiräumen würden, fragte ich. Nein, nein, sagte sie, aber die Kinder würden immer unten fernsehen, obwohl sie das nicht dürften. Sie sei auch nur zu Besuch, das Haus gehöre ihrem Boyfriend. Sie führte uns herum und erzählte, dass Byron Bay sich in den vergangenen Jahren enorm verändert habe. Früher wären da hauptsächlich Freaks gewesen, aber jetzt kommen immer mehr Leute mit reichlich Geld.

Wenn wir auf der Veranda frühstücken, liegen die Surfer bereits seit Stunden in Neoprenanzügen auf ihren Brettern und lassen eine Welle nach der anderen an sich vorbeiziehen. Ich weiß, was ich an ihrer Stelle denken würde: Nein, du bist nicht hoch genug, ich lasse dich ganz unbeteiligt unter mir durchschwappen. Und dann, wenn eine Welle kommt, die richtig groß ist: Will ich die jetzt wirklich haben oder bricht sie mir den Hals?

Das Schlimme ist: Diese Frage lässt sich nie wirklich beantworten. Entweder du hast die Welle erwischt und fühlst dich großartig. Und zwar so großartig, dass du denkst, du hättest auch die Nächsthöhere bewältigen können und dich ärgerst, weil du nicht mehr Geduld bewiesen hast. Oder du nimmst die wirklich hohe Welle und wirst derartig durchgespült, dass du dich glücklich schätzt, lebend wieder an Land zu kommen. Und für einige Zeit von jeglicher Hochnäsigkeit geheilt bist.

Ich vermute mal, dass die Jungs dieses Stümper-Stadium vor Jahren hinter sich gelassen haben. Sie fürchten nicht mal die mörderischen Klippen, an denen sie eiskalt vorbeischlittern. Ihnen geht es nur noch um eins: Morgens der Erste zu sein, um die Brandung zu entjungfern. Und abends der Letzte, lange nach Sonnenuntergang.

Im Grunde machen sie das Richtige. Etwas Besseres gibt es sowieso nicht zu tun. Lennox Head besteht aus einer langen Straße, die am Meer entlangführt. Irgendwo in der Mitte ist der Bürgersteig breiter und aus Backstein. Da sind dann ein paar Neonlicht-Laternen, ein Supermarkt, ein Café, ein Laden für Surfutensilien, ein Immobilienbüro (die haben uns auch an Tim Glynn vermittelt), eine Pizzeria, ein Chinese und eine Videothek.

Für eine Weile entsprach das Angebot genau unseren Wünschen. Erst sahen wir alle Filme, die wir seit unserer Abreise verpasst hatten, dann die, die wir immer schon mal sehen wollten. Und als wir bei denen waren, die wir schon immer gerne gesehen hatten, beschlossen wir, nach Nimbin zu fahren.

Nimbin ist eine Legende. Ein kleines Dorf gegen den Rest der Welt. Wie bei Asterix und Obelix. Nur, dass hier nicht die Römer der Feind sind, sondern die Polizei, vielmehr die Drogenfahndung.

Dabei fing alles so friedlich an. 1973 haben sich die Studenten der Universität von Sydney den Ort für ihr jährliches Aquarius-Festival ausgesucht. Das australische Woodstock. Und von den zigtausend Teilnehmern sind am Ende einige hundert geblieben, um hier ihren Traum von Love & Peace zu verwirklichen. Eine heile Welt sollte es werden. Selbstbestimmt, naturverbunden, tolerant.

Die Voraussetzungen sind ideal. Nimbin liegt in einer idyllischen Lila-Pause-Landschaft. Hier gedeiht alles, Menschen, Tiere, Pflanzen und darunter vor allem Hasch. Die 10 000 Leute, die in und um Nimbin wohnen, widmen sich folgerichtig mit aller Kraft dem professionellen Cannabisanbau. Das ist natürlich illegal. Schon auf den Besitz eines Joints steht in New South Wales ein halbes Jahr Bewährungsstrafe. Aber die dunkelgrüne hügelige Oberfläche dieses Landstrichs macht es für die Hubschrauber sehr schwer, die gut getarnten Plantagen aufzuspüren. Und das Ergebnis rechtfertigt sowieso jedes Riskiko: Dreimal können sie hier im Jahr ernten. Die Pflanzen werden problemlos bis zu drei Metern hoch und jede Pflanze bringt durchschnittlich ein Kilo.

Vor zehn Jahren haben die Nimbiner erkannt, dass ihr Projekt nur Zukunft hat, wenn sie Unterstützung bekommen. Und sie wollten ihrer politischen Überzeugung mehr Ausdruck verleihen: dem Kampf für die weltweite Legalisierung von Cannabis. Seither veranstalten sie jedes Jahr ein Erntedankfest der besonderen Art, eine Hanfolympiade, Mardi Grass genannt. Was sich die Nimbiner dachten, war Folgendes: Ein internationales Dopewochenende kann uns zwar eindeutig Kopf und Kragen kosten. Andererseits, wenn nur genügend Leute da sind, dann ist es wiederum ganz ungefährlich. Denn, auch wenn die Polizei hier in großer Zahl anrückt, wird es unmöglich sein, fünf- oder zehntausend Menschen auf einen Schlag festzunehmen. In den Fernsehnachrichten haben sie gesagt, dass in Nimbin alle kriminell sind. Nur macht das keinen Sinn, denn wenn alle kriminell sind, ist es eigentlich niemand mehr.

Ein befreundeter Tontechniker aus Münster hatte uns in Thailand voller Begeisterung von seinem Mardi-Grass-Besuch berichtet. Verschiedene Disziplinen gäbe es da, sagte er: Speed-Joint-Bauen, Bong-Werfen und der kunstvollste Joint würde auch prämiert. Kakerlaken hätten sie da gebastelt, Hubschrauber und Blumen. Mal wieder ein Da-müsst-ihr-unbedingt-hin. Mir lag immer noch der Woolie-Leichenwagen-Trupp im Magen. Andererseits war dessen schlimmste Eigenschaft ja auch das Pseudo-Hippietum. Da erschien mir die Reinkultur verheißungsvoller.

Groß ist Nimbin nicht, eher ein in die Breite gegangenes Dorf. Die Hauptstraße ist mal wieder von »Waltons«-Häusern gesäumt, was mir den Ort sofort sympa-

thisch macht. Ansonsten das übliche Esoterik-Ethno-Na-
turkost-Angebot.

Wir haben gerade geparkt, als ich aus den Lautsprechern an der Kreuzung eine Durchsage höre: Die Polizei
hätte die Umgebung abgeriegelt und würde die Wagen aller
Anreisenden mit Spürhunden durchsuchen. Ein Raunen
geht durch die Menge, die sich bereits auf den Bürgersteigen
postiert hat und auf die Ankunft der Bullyparade wartet. Die
VW-Bullyparade ist der traditionelle Mardi-Grass-Auftakt.

Wir bestellen uns an der »E-Bar« einen Caffè latte
und essen eine handgerollte, abschließend in Kokosnussras-
peln gewälzte Powerkugel. Ein Mann, der seine Halbglatze
mit einem indischen Käppchen bedeckt hat, kommt vorbei
und hält braune Plastiktüten in die Luft. Sieht aus wie ein
Kilo Kaffee. Ist aber die entsprechende Menge Gras, das sie
hier Bush nennen. Grundsätzlich kosten fünf Gramm in
Nimbin zehn Dollar, aber für größere Portionen gibt es bestimmt Mengenrabatt.

Mit einer Stunde Verspätung kommt die bunt be-
malte VW-Bus-Karawane die Hauptstraße herauf. Es
scheint, als hätten die Spürhunde nichts gefunden. Wahr-
scheinlicher ist aber, dass die Insassen sich entsprechend
präpariert haben und längst wissen, dass man alle Stellen,
die mit Dope in Berührung gekommen sind, mit frisch ge-
mahlenem Pfeffer einreiben soll. Das legt den Geruchssinn
der Hunde lahm.

Vorne weg läuft ein ausgemergelter, aber durch-
trainierter Mann mittleren Alters, er hat lange braune Haare (wie fast alle anwesenden Männer jenseits der dreißig),
ein Stückchen Leder um die Hüften geschlungen und eine
Fackel in der Hand. Wie bei einer echten Olympiade. Und
so ist der Auftritt wohl auch gemeint.

Alle hupen und johlen und winken. Und später stellt sich heraus, dass der Fackelträger Chibo heißt, 45 Jahre alt ist und aus Hamburg kommt. Er stammt aus einer bekannten Politikerfamilie, erzählt er mir. Auf Wunsch der traditionsbewussten Eltern hat er Jura studiert. Aber dann kamen 1977 die AKW-Proteste, Gorleben. Das war seine Welt, nicht die Paragraphen. Zehn Jahre später ist er dann nach Australien gegangen. Nimbin war damals schon ein Begriff in der alternativen Szene. Seither lebt er hier. Arbeitslos und allein stehend. Aber eigentlich macht er viel mehr als die meisten anderen, sagt er. Vor allem Sport, er trainiert die Fußballjugend. Und die Hanfolympiade hat er sich auch ausgedacht.

Darauf ist er sehr stolz. Und manchmal wünscht er sich, dass seine Mutter ihn sehen könnte, wenn er vor zigtausend Besuchern aus aller Welt im Peace Park die Spiele moderiert. Souverän, witzig, ohne deutschen Akzent und trotzdem, mit Blick auf die Uhr, immer auf seine abstammungsbedingte Pingeligkeit Bezug nehmend. Aber die Mutter hat Krebs und denkt, er sei nichts weiter als ein nichtsnutziger Kiffer.

Chibo weist immer wieder darauf hin, dass Teilnehmer mindestens 18 Jahre alt sein müssen. Dass er selbst erst im Alter von 21 angefangen hat zu kiffen. Und dass es nur ein schmaler Grat sei zwischen Gebrauch und Missbrauch. Er hat Freunde an harte Drogen verloren, erzählt er noch. Und war selbst dem Alkohol verfallen. Alles Bullshit. Aber Hasch wäre etwas anderes, es mache nicht aggressiv, sondern relaxed.

Zuvor hatte eine hakennasige ältere Dame, die der britischen Königstochter Princess Anne verblüffend ähnlich sieht, die Feierlichkeiten offiziell eröffnet. Sie stellte sich als

Her Royal Hempress Anne vor und hielt eine launige Rede, in der unter anderem hervorgehoben wurde, dass die Familie, die just die Macht in den Vereinigten Staaten übernommen hätte (the Bushes, haha), ein Hauptanteilseigner des multinationalen Konzerns Lilly Chemicals sei, einer der weltweit größten Produzenten von gentechnisch verändertem Methadon und Morphium. Und dass ihre verehrte Vorfahrin, Queen Victoria, auch gerne mal ein paar Kräuter (Augenzwinkern) inhaliert habe, um sich Erleichterung während der monatlichen Regelkrämpfe zu verschaffen. Die Ansprache endete mit einem Seitenhieb auf die feindlich gesonnene nähere Umgebung. Nimbin sei mitten im Redneck-Country gelegen, das zehn Kilometer entfernte Casino, die Hauptstadt der Rindfleischproduktion, und die Behörden in Lismore, Sitz der Bezirksverwaltung, hätten auch schon immer alles getan, um ihnen das Leben so schwer wie möglich zu machen. Aber sie, die Bewohner der Regenbogenregion, würden sich nicht einschüchtern lassen und jegliche Illegalität des organischen und natürlichen Cannabis verneinen. Und dann standen alle auf und schrien: Free Marihuana.

Manchmal frage ich mich, woran ich glaube. Die Nimbin-Perspektive ist so klar und einfach. Die der Gegenseite natürlich auch. Ich hingegen halte mich an ein undurchsichtiges Gewirr aus geheiligter Natur, Pfadfinderregeln, Indianerehrenwort, Fatalismus, persönlichem Entwicklungspotenzial und Lernen von denen, die wirklich etwas wissen. Wenn ich weiter darüber nachdenke, fällt mir bestimmt noch mehr ein, aber nichts, was das Dilemma besser machen würde. Und das ist vermutlich genau der Punkt: Je mehr man versucht, der Welt gerecht zu werden, desto komplizierter wird es, sich auf einen bestimmten Standpunkt festzulegen.

Deshalb bin ich nicht kompatibel mit dem Nimbin-Lifestyle, der auf den Schildern des hiesigen Immobilienbüros beworben wird. Und dem Adler, der grundsätzlich gegen Hasch überhaupt nichts einzuwenden hat, geht die extreme Cannabis-Fixierung ebenfalls auf die Nerven.

Vielleicht ist es nur eine Frage des Alters. Immerhin hat der Nachwuchs in Nimbin auch ein gespaltenes Verhältnis zu den Idealen der Eltern. Zwar gibt es Kinder wie Jesse James (in diesem Fall kein berühmter Bankräuber, sondern die Tochter von Jocylin James), die mit 26,5 Metern zur besten weiblichen Bong-Werferin gekürt wird, Kinder, die in die Fußstapfen der Gründergeneration treten. Oder die beiden Jungs, deren Heimzüchtung »Nimbin Natural« gute Chancen hat, den diesjährigen Cannabis Cup, die Auszeichnung für das beste Jahrgangsgras, zu gewinnen. Aber viele pflegen eine andere Kultur. Sie haben dieselbe Frisur wie die Kampfhunde, die sie an der Leine halten, kurz und drahtig. Statt in Batikhemden hüllen sie sich in Jogginganzüge aus Ballonseide. Trinken Bier vor dem Schulhofeingang (obwohl der Ort zur alkoholfreien Zone erklärt wurde) und beantworten die Let's-smoke-and-then-get-naked-Songs mit dumpfen Bässen aus ihren aufgemotzten Autos, die eigentlich Soundsysteme auf vier Rädern sind.

Was nun? Wir sind wirklich ratlos. Sydney hatte man uns immer wieder als den perfekten Platz empfohlen, aber da war längst der Winter eingezogen und wir wollten uns nicht mit lausigem Wetter konfrontieren. Also ging es allein aus Klimagründen nur weiter Richtung Norden. Australien protzt vor allem mit seiner einzigartigen Natur, sagt der Adler. Danach sollten wir suchen. Die Strände von Byron Bay und Lennox Head seien zwar sehr schön und die

Landschaft um Nimbin auch, aber nichts, was es woanders in ähnlicher Form nicht auch gibt.

Ich bin völlig seiner Meinung. Allein schon, weil mich die Zahl meiner bisherigen Känguru-Begegnungen bitter enttäuscht. Genau einmal hatte ich lebende Kängurus gesehen. Am ersten Tag in Brisbane. In einem Privatzoo. Da konnte man über eine Holzbrücke gehen, die an zurechtgestutzten kahlen Bäumen vorbeiführte, in deren Astgabeln Koala-Bären schliefen. Aber die schlafen ja bekanntlich ständig, weil in den Eukalyptusblättern ein Stoff ist, der sie nachhaltig sediert.

Und dahinter gab es eine Pforte, die auf eine weitläufige Wiese führte. Auf dieser Wiese waren Kängurus, Wallabies und Wallaruhs. Kängurus sind klar. Wallabies sind kleine Kängurus, oder, so stand es auf der Erklärungstafel, die hübscheren Verwandten der Kängurus. Und Wallaruhs entstehen, wenn sich ein männliches Känguru mit einem hübschen weiblichen Wallabie zusammentut.

Neben der Erklärungstafel war ein Futterautomat. Ich kaufte eine Tüte mit dunkelgrünen Bröckchen, Känguru-Brekkies, und machte mich auf den Weg. Ich wollte ein kleines Känguru finden und streicheln. Die meisten Exemplare im Kinderalter, so genannte Joeys, schlüpften schnell in die Taschen ihrer Mütter, wenn ich kam. Ich ging über einen Hügel und dann sah ich genau meine Kragenweite unter einem Baum liegen. Ganz allein. Ich schlich mich an, streckte ihm vorsichtig meine Handfläche hin, auf die ich einige Brekkies drapiert hatte. Es richtete sich vorsichtig auf, sah mich aus dicht bewimperten schwarzen Augen an, schnüffelte mit seiner weichen Schnauze (eine Maul-Mischung aus Katze und Kamel) an meinem Jackenärmel herum und fraß dann einige Brekkies.

Ich war hingerissen. Wir hockten voreinander und als sich gerade Ernüchterung in meine Gedanken schlich (die haben sich längst an die vielen Menschen mit den braunen Papiertüten gewöhnt und nehmen von jedem was), fiel von hinten plötzlich ein großer Schatten auf uns. Ich drehte mich um und sah einen Berg von einem Känguru. Das musste der King of the Koppel sein. Das Alpha-Männchen. Mit einem Brustkorb wie Arnold Schwarzenegger. Die boxen ja bekanntlich bei ihren Kämpfen.

Er beugte sich zu mir herab, hielt meinen Arm im Klammergriff und tastete nach der Tüte. Ich hielt sie ihm hin, das kleine Känguru hüpfte davon, und so saßen wir da. Bis das letzte Brekkie vertilgt war. Eine Ewigkeit. Und kein Adler weit und breit. Niemand, der mich retten konnte.

So viel also zum Thema Tierwelt. Wir wissen nicht, wo sich die Einzigartigkeit verbirgt, also bitte ich meinen langjährigen Mitbewohner Matthias um Rat. Er war vor zwei Jahren drei Monate in Australien und ihm schien es gefallen zu haben. Hier sei nichts wie versprochen, bekommt er zu hören. Koalas und Kängurus leben hinter Zäunen. Die Australier sind dem Hasch oder den Wellen verfallen. In den Backpackern wohnen eintönige Menschen, die sich allabendlich Spagetti mit Tomatensoße kochen und ihre dreckigen Teller später in der Spüle stehen lassen. Die Orte gleichen sich wie ein Ei dem anderen, aber angeblich ist jeder »magic« und »the ultimate experience«, mit anderen Worten: komplett kommerzialisiert. Die Buy-one-and-get-one-free!-Nummer. Ob er irgendetwas empfehlen könne, was wirklich außergewöhnlich ist, frage ich ihn.

Er wisse genau, was ich meine, ist die Antwort. Es gäbe nur eine Gegenmaßnahme: Wir sollten einen Segeltörn durch die Whitsundays, eine Inselgruppe am Beginn des Great Barrier Reefs, machen.

Wir fahren die Strecke an einem Stück. Mehr als tausend Kilometer. Die Straße wird immer schmaler und leerer. In regelmäßigen Abständen stehen Schilder, deren Buchstaben sich nachts in den Scheinwerferlichtern reflektieren: »Danger – Sleeping Zone!« und »Take a break and stay alive!«.

Anfangs hatten wir tatsächlich den Plan, einmal quer rüber auf die andere Seite zu fahren, um Bill of the Bush in Broome zu besuchen, den wir auf der Weihnachtsinsel so ins Herz geschlossen hatten. Aber ohne Four-Wheel-Drive geht das angeblich nicht. Und außerdem sagten alle, für die Strecke bräuchte man eine Woche oder länger. Als Europäer kann man sich das gar nicht vorstellen. 6000 Kilometer. Hört sich weit an, aber die Dimension ist jenseits der Erfahrungsgrenze. Hamburg – Kapstadt? Madrid – Moskau? Noch dazu nicht auf Asphalt, sondern auf Geröllpisten. Kann Tage dauern, bis jemand vorbeikommt, wenn man eine Panne hat.

Von Nimbin nach Airlie Beach, da legen die Boote Richtung Whitsundays ab, führt uns immerhin der Bruce Highway. Dafür ist der entsprechende Abschnitt auf der Australienkarte gerade mal daumendick.

Das muss ein Irrtum sein. Ein ganz großes Missverständnis. Ibiza, sagt der Adler. Airlie Beach hat zwar keinen Beach, aber eine ausgeprägte Entertainmentabteilung. Wir werden zugeschüttet mit Prospekten. Zehn Prozent in KC's Chargrill & Bar, wenn Sie zwei Hauptgerichte essen. Einen Eimer Sangria in Magnums Nightclub, wenn Sie am Wet-T-Shirt-Contest teilnehmen. One Night free im Mehrbettzimmer, wenn Sie den Limbo-Wettbewerb im Reef'Os gewinnen. Und so weiter. Im Hafen liegen an die hundert Boote, deren einziger Sinn und Zweck darin besteht, Backpacker durch die Whitsundays zu schippern.

Wir buchen nach langen Überlegungen zwei Tage und zwei Nächte auf der »Ron of Argyll«, einem achtzig Jahre alten schottischen Schooner, ganz aus Holz, mit Messingverschlägen und antikem Flair. Es sollte sich hierbei ausdrücklich nicht um ein Partyboot handeln, wie die »Waltzing Mathilda« oder die »Lasse Solway«, wo man nachts kein Auge zu tut, weil die Mitinsassen (das sind die, die sonst immer ihre Spagetti-Teller in den Spülen liegen lassen) nachts zu Techno-Trash über die Planken hüpfen und irgendwann über die Reling kotzen.

Die drei Jungs, die vor uns an Bord der »Ron of Argyll« gehen, tragen jeder einen Karton Dosenbier auf der Schulter.

Nach anfänglicher Skepsis schließen wir sie dann doch noch ins Herz. Sie sind 21, heißen Kenny, Kevin und Richard und stammen aus Carlisle. Das ist eine Kleinstadt kurz vor der schottischen Grenze, und die Menschen dort sind vor allem der Rinderzucht verpflichtet. Sie erzählen uns, dass ein Mädchen aus ihrer Klasse vor zwei Jahren an der Creuzfeldt-Jakob-Krankheit gestorben ist.

Das Empfangskomitee bestand aus Skipper Craig (ein dünner, wortkarger Kerl mit tief in die Stirn gezogener Schirmmütze), seiner Deckhand Bob (Halbglatze, leutseliges Grinsen) sowie Hostess Susa (eine deutsche Blondine, der Mit-mir-kannst-du-Pferde-stehlen-Typ). Die anderen Gäste: Ein Pärchen aus der Schweiz, ein Pärchen aus Manchester, drei irische Lehrer, Kenny, Kevin, Richard und wir.

Die Rollen sind schnell verteilt. Susa ist hilfsbereit und nett. Bob setzt auf die Kumpelschiene und ver-

246

sucht, sich mit schmutzigen Witzen ins Vertrauen der Jungs zu pirschen. Craig verzieht sich hinter die Pinne und macht, von gelegentlichen Seitenhieben auf die drei Clowns aus Carlisle abgesehen, auf Rühr-mich-nicht-an. Die drei sind auch unerträglich, wenn man ihren Humor nicht versteht. Und wenn man nicht erkennt, dass sie ihre prolligen Späße seit Sandkastenzeiten kultiviert und zurechtgefeilt haben. Außerdem kann man sich durchaus normal mit ihnen unterhalten. Aber dafür ist sich Craig natürlich zu fein.

Mich überzeugen sie mit ihrer Superman-Verkleidung. Wir mussten uns vor der Abfahrt noch Schwimmanzüge ausleihen. Die sind aus dünnem schwarzen Trikotstoff und bedecken die Haut vom Hals bis zu den Händen und Füßen. Es gibt auch noch eine passende Kopfhaube, aber darauf haben wir verzichtet. Wenn die Quallen, die im Meer herumschwimmen und die so klein sind, dass man sie nicht sieht, die einen aber trotzdem töten können, ausgerechnet mit meinen Ohren kollidieren sollten, kann das nur Schicksal sein. Zumal die Nase ja immer noch schutzlos ausgeliefert wäre.

Wir sehen sehr albern aus. Nicht schick genug, um als Star-Trek-Besatzung durchzugehen. Eher wie eine ganz armselige Balletttruppe. Oder eine Balletttruppe, die in einer abgehalfterten Varietéshow eine Balletttruppe parodiert. Und über die keiner lacht.

Kevin, Kenny und Richard haben sich ihre Surfshorts über den Swimsuit gezogen und Badetücher an den Schultern verknotet. So stehen sie an Deck, leicht nach vorn gebeugt, einen Arm in die Luft gestreckt, und die Handtücher wehen wie Umhänge im Wind.

Während wir an Deck liegen und aufs Wasser

schauen, erzählt mir Kenny, dass sie in Byron Bay ihr Geld von der Surfschule zurückgefordert haben, als sich am Ende des ersten Tages nicht der versprochene Erfolg einstellte. Dass es eine ganz spezielle Art von Humor ist, wenn man Dinge ernst nimmt, von denen niemand wirklich erwartet, dass sie ernst genommen werden, haben die Besitzer der Surfschule natürlich nicht verstanden. Und weil die so uncool reagiert hätten, haben die drei aus Carlisle weiter darauf bestanden. Damit wird eine Vermutung bestätigt, die wir schon lange hatten: Australier sind humorlos.

Craig ankert vor Whitehaven Beach und sagt, wir sollen die paar hundert Meter an Land schwimmen. Die können nicht schwimmen, sagt Richard und zeigt auf seine beiden Freunde. Craig denkt, sie machen sich über ihn lustig und wendet sich mit einem verächtlichen Grinsen ab. Tatsächlich können sie sich nur irgendwie über Wasser halten.

Whitehaven Beach gilt als der schönste Strand der Welt. Unbewohnt, unter Naturschutz gestellt, nicht mal eine Muschel oder ein Stück Holz darf man mitnehmen. Der Sand ist wie Silikon und quietscht beim Gehen. Kurz nach unserer Ankunft landen zwei Wasserflugzeuge. An Bord befinden sich japanische Touristen mit einem australischen Animateur. Der versucht, ihnen Frisbeespielen beizubringen. Und als das nichts wird, schickt er sie zum Schnorcheln, obwohl es in dem glasklaren Wasser wirklich nichts außer schneeweißem Boden zu sehen gibt.

Die Japaner tragen keine Schwimmanzüge, und ich beneide sie um ihre Sorglosigkeit. Tödliche unsichtbare Quallen, so was kann einem jede Freude verderben. Ob die wirklich so gefährlich sind, frage ich Susa. Ja, sagt sie. Aber wenn sie so klein sind, dass man sie nicht mal sieht, wo können die dann genug Gift aufbewahren. Keine Ahnung, sagt sie. Aber das ist so, ganz bestimmt.

Zum Schnorcheln fahren wir in eine andere Bucht, und weil dort noch zehn weitere Backpacker-Boote herumliegen, müssen wir warten, bis ein Platz frei wird.

Schön ist es da unten, Korallen, bunte Fische, aber insgesamt kein Vergleich mit Ko Pha Ngan oder der Weihnachtsinsel. Kenny teilt sich mit zwei von den Iren einen Rettungsring. Ab und zu stecken sie ihr Gesicht mit der Schnorchelmaske ins Wasser und sehen nach unten. Ich habe Kevin an der Hand. Er traut sich nicht allein rein, sagte er mir vorher. Aber wenn ich neben ihm bliebe, würde er mitkommen.

Ich versuche meine auf der Weihnachtsinsel gesäte Hai-Angst vor ihm zu verstecken, sehe mich aber ständig um. Und dann kommt aus dem Nichts ein enormer Fisch auf mich zu. So groß wie das Rettungsboot, mit dem Craig zwischen uns herumkurvt, falls etwas passieren sollte. Leuchtend grün, mit einem dicken Höcker über den Augen. Kevin bemerkt meine Panik, blickt Richtung Fisch und klammert sich daraufhin mit aller Kraft an mich.

Als wir zurück an die Oberfläche und wieder zu Atem gekommen sind, rufe ich Craig zu, ob er eine Ahnung hat, was das da unten ist. Ein Fisch, sagt er. Ja klar, aber was für einer? Das hier sei ein Ozean und da gäbe es viele Fische, lautet die Antwort und ich wechsle endgültig in die Anti-Craig-Fraktion.

Nur der Adler ist relativ unparteiisch. Vielleicht liegt es aber einfach nur daran, dass er, als Einziger von uns, etwas vom Segeln versteht. Und deshalb lässt Craig ihn an die Pinne, als die Sonne untergeht, und der Adler fährt uns zu »Sail away with me, honey« von David Gray mitten hinein, in den allerschönsten Postkartenkitsch.

Susa ist 33 und war elf Jahre bei einer japanischen Firma in München angestellt. Vor drei Monaten hat sie Wohnung und Job gekündigt und das Auto verkauft, um ein Jahr durch Australien zu reisen. Auf der »Ron of Argyll« ist sie durch Zufall gelandet. Erst war sie Gast wie wir, dann traf sie Bob einige Tage später zufällig in Airlie Beach wieder. Sie gingen ein Bier trinken und er meinte, er bräuchte eine Hostess, ob sie das nicht machen wolle. Ihre weiteren Pläne? Keine Ahnung, sagt sie, mal sehen, was kommt. Bisher gefällt ihr der Deal. Sie bekommt zwar nicht viel Geld, hat aber, weil sie sechs Tage die Woche auf dem Schiff ist, auch kaum Unkosten. Und nur Schönheit um sich rum.

An Australien mag sie, dass hier jeder das macht, was er kann. Wenn einer ein Brot bäckt und es schmeckt, dann ist er eben Bäcker. Ganz einfach.

Bob hat 19 Jahre als Polizist gearbeitet. Er sei genauso ein Asshole gewesen, wie der, der den Adler ohne Gurt angehalten hat, sagt er. Vor einem Jahr hat er das Boot zusammen mit zwei anderen gekauft. Er wollte sein Leben ändern. Jetzt verdient er weniger Geld, sei aber ein ganz anderer Mensch geworden. Ein halbes Jahr hat er noch, dann will er endgültig entscheiden, wie es weitergehen soll.

Es ist wie verhext. Mit Susa und Bob haben wir schon wieder zwei Menschen getroffen, die ihren Platz gefunden haben, auch wenn noch nicht feststeht, für wie lange, aber immerhin. Das ist mehr, als wir von uns behaupten können. Warum nur? Er könne die beiden gut verstehen, sagt der Adler, die beiden Tage auf der »Ron of Argyll« wären mit Abstand das Highlight unseres Aufenthaltes, aber wir wollten eben weder Jobben, wie Susa, noch aus alten Mustern ausbrechen, wie Bob.

Es gibt nur eine Möglichkeit, sage ich dem Adler. Wir müssen raus aus diesem Ferienpark. Ins Outback. In den Bush. Dahin, wo Land und Leben noch ursprünglich sind.

Ich hatte von einer Rinderfarm namens Myella gelesen, auf der man sich einmieten kann. In der kompletten Einöde. Das Einzige, was sie da im Überfluss haben, ist roter Staub.

Achthundert Kilometer fahren wir durch Niemandsland. Erst zweihundert Kilometer von Townsville nach Charters Towers, ins Landesinnere. Die Strecke ist noch geteert, und dort treffen wir auch auf die höchste Dichte toter Kängurus (ich hatte immer noch kein lebendes in Freiheit gesehen): sieben Stück in zehn Sekunden. Dann biegen wir im rechten Winkel links ab. Und für die nächsten sechshundert Kilometer ist eine Delle in der Fahrbahn schon ein Ereignis. Der einzige Gegenverkehr sind Road-Trains, riesige Trucks, die bis zu vier Anhänger, meist mit Rindern beladen, hinter sich herziehen.

Als wir Baralaba erreichen, ist es acht Uhr abends. Baralaba ist knapp zwanzig Kilometer von der Farm entfernt und die nächstliegende menschliche Ansiedlung. Stockdunkel ist es da. Nur in einem zweistöckigen weißen Haus brennt noch Licht. Pub steht über dem Eingang. Und das ist gut, weil Pubs in Australien Hotels und Hotels Pubs sind. Drinnen läuft »TNT« von AC/DC und die Männer, die um den Billardtisch herumtorkeln, grölen mit.

Zu essen gibt es um diese Zeit nichts mehr. Nur einen Meat Pie könne sie uns noch in die Mikrowelle schieben, sagt die Frau hinter dem Tresen. Ich bestelle eine Tüte Chips und ein Bier, der Adler Bier und Pie.

Die Zimmer sind in einem Nebengebäude. Von dünnen Holzwänden unterteilt. Quietschende Betten mit dicken Patchwork-Decken. Das Schnarchen unseres Nachbarn ist so laut, dass ich für einen Moment glaube, er läge im selben Zimmer.

Höchstens null Grad, diagnostiziere ich am nächsten Morgen. Mehr als ein paar hundert Einwohner kann Baralaba nicht haben. Dafür sind die Stromleitungen mit tausenden von Kakadus besetzt. Eine Szene wie aus Hitchcocks »Vögel«, nur nicht mit Krähen.

Wir frieren immer noch, als wir in Myella ankommen. Und Hunger haben wir auch. Olive stellt uns neben das Feuer, schleppt Stiefel und dicke Jacken herbei und giesst uns einen Kaffee ein. Frische Milch holt sie auch noch aus dem Kuhstall, dann zeigt sie auf die Pappschachteln mit Müsli und Cornflakes, die in der Freiluftküche stehen und sagt: »Wir sehen uns gleich bei den Pferden.«

Warum Myella Myella heißt, weiß niemand so genau. Der Vater von Olives Mann Peter hat die Farm vor fast hundert Jahren in der Lotterie gewonnen. Dreißig Hektar Land, umsonst, wenn man von der Auflage, das Gelände vom Prickly Pear, einer damals in weiten Teilen Australiens grassierenden Kaktusplage zu befreien, absieht. Und Peter hat sie immer so genannt, ohne zu wissen, warum. Es war einfach ein Name, der dem Gefühl entsprach, das er mit diesem Ort verbindet.

Wir verbringen den Tag mit Cattle Driving. Also damit, eine Herde Rinder von einer Weide auf die andere zu schieben. Dafür setzen sich zwei Reiter an die Spitze und zwei ans Ende. Wer nun meint, das sei einfach, irrt. Die Rinder sind zwar ganz simpel gestrickt, aber das ist genau der Haken. Wenn man von hinten etwas zu sehr drängelt, braucht nur eines in Panik zu geraten und loszustürmen, dann stürmen alle anderen hinterher. Unter Umständen verheddern sie sich in den Stacheldrahtzäunen und können die beiden Reiter an der Spitze im schlimmsten Falle einfach niederwalzen. Ihnen das Tempo zu überlassen, ist aber auch keine Lösung: Sie würden an jedem verdauungswürdigen Strauch stehen bleiben und man kommt nie an. Ein echter Drahtseilakt.

Abends sind wir staubig, verschwitzt (auch wenn es morgens bitterkalt ist, steigt das Thermometer gen Mittag auf bis zu dreißig Grad), die Hände haben Blasen und jeder Knochen schmerzt. Wir essen dreimal mehr als sonst. Und danach zeigt uns Peter, der fast siebzig ist und ein Glasauge hat, den Sternenhimmel. Peter liebt die Sterne, er sieht sie sich jeden Abend an. Und wenn irgendwo eine Sonnenfinsternis ist, wie in Europa vor zwei Jahren, dann verfolgt er das Spektakel live im Internet. Er deutet auf das Kreuz des Südens, Cassiopeia und das riesige schwarze Känguru mitten in der Milchstraße, wir erkennen alles ganz deutlich.

Um halb neun sind wir im Bett. Als Kind bedeutete es für mich den Gipfel der Geborgenheit, in frisch aufgezogene Laken zu steigen. So fühle ich mich jetzt auch. Nichts soll anders sein. Das kann ich gerade noch denken und bin schon eingeschlafen.

Außer Peter und seiner Frau Olive, 58, leben auf Myella noch deren Tochter Lynn, 32, sowie Stubby, der auf behufte Hinterbeine spezialisierte Jagdhund, und Midget, ein achtzehn Monate altes Känguru, das aus dem Beutel seiner überfahrenen Mutter gerettet wurde.

Es ist sechs Uhr morgens, wir stehen am Feuer, das nie ausgeht, und trinken Kaffee, als Midget dem Adler entgegenhoppelt, sich neben ihn setzt und ihn anstupst. Sie hat Hunger, sagt Lynn und zeigt auf den Kuhstall. Der Adler besorgt frische Milch, füllt sie in ein Babyfläschchen und hält es Midget hin. Die nimmt mit einer Hand die Flasche, krallt sich mit der anderen in seinen Jackenärmel und nuckelt mit geschlossenen Augen.

So geht das jeden Tag. Und nachdem wir einen von Olive sehr empfohlenen Dokumentarfilm über das Leben der Kängurus gesehen haben, beginne ich, mir Sorgen zu machen. In dem Film gibt es zwei Hauptprotagonisten, Little Jeffer, ein Kängurujunge mit einer Rabenmutter und ein Mädchen, dessen Namen ich vergessen habe, das aber eine sehr fürsorgliche Mutter hat. Little Jeffer wird irgendwann von Wölfen oder Dingos gefressen, weil seine Mutter ihm nie beigebracht hat, dass er sich nicht mehr bewegen darf, wenn er sie verloren hat. Sein Gegenstück wächst prächtig heran. Sie weiß, wie sie in gefährlichen Situationen zu reagieren hat und wird selbst einmal eine wunderbare Mutter werden.

Aber Midget? Verwaist, ohne Rollenmodell. Jetzt hat sie sich auch noch den Adler als Ersatz ausgesucht. Was soll aus der nur werden? Kann sie immer auf Myella bleiben und sich versorgen lassen?

Wenn sie alt genug ist, wird sie uns verlassen, sagt Lynn. Sie hat sich bereits mit den vielen anderen Kängurus angefreundet, denen wir jeden Morgen begegnen, wenn wir die Pferde mit Geländemotorrädern von den großen Wiesen ins Paddock treiben. Und in ein paar Monaten wird sie sich ihnen ganz anschließen. Sie wird uns vergessen, sagt Lynn. Und das sei das Beste.

Das Leben hier funktioniert nach so einfachen Prinzipien. Manches davon klingt grausam oder herzlos. Dabei ist es nur natürlich.

Lynn ist die Einzige aus der Familie, die bisher nicht an Hautkrebs erkrankt ist. Und die Einzige, die Australien jemals verlassen hat. In London war sie, in Bangkok, in Sydney und in Brisbane. Aber nichts hat ihr wirklich gut gefallen, sagt sie. Ihr sei schon als kleines Mädchen immer schlecht geworden, wenn sie mit Olive, die zu diesem Zweck Lippenstift und Parfüm aufgelegt hatte, in die Stadt (Baralaba!) fuhr. Lynn glaubt, dass ihr übel wurde, weil sie die Farm nicht verlassen wollte, weil sie hier glücklich ist und nichts anderes braucht.

Und sie hat Recht. Myella ist ein wundervoller Platz zum Leben. Und er wäre sogar perfekt, wenn wir genug von Landwirtschaft verstünden.

Wir kehren nach Brisbane zurück. Mittlerweile herrscht auch hier Winter. Das äußert sich nicht wirklich in einem Temperatursturz, sondern darin, dass eine Hälfte der Bevölkerung in Mantel und Stiefel gekleidet ist. Und die Apotheken mit Vitaminpillen und Anti-Schnupfen-Mitteln werben. Die andere Hälfte läuft nach wie vor barfuß und mit Löchern im T-Shirt durch die Gegend.

Ich fürchte, ich werde die Australier nie begreifen. Es ist, als gäbe es in diesem Land nicht nur ein Universum, sondern mehrere. Wir hatten den Hippieplaneten kennen gelernt, die Tourismusgläubigen und das einfache Landvolk. Sie leben nebeneinander und haben so wenig miteinander zu tun wie die Bewohner von Brisbane, die sich jetzt Stiefel anziehen, mit denen, die immer noch barfuß gehen.

Eine uneinheitliche oder inkonsequente Einwohnerschaft gibt es in vielen Ländern, und es wäre ungerecht, deshalb wütend zu sein. Aber ich fühle mich trotzdem, als hätte ich voller Vorfreude ein Geschenk ausgepackt und dann nicht den erhofften Inhalt vorgefunden. Australien ist vom Image her genau das, was wir suchen: Die Lebensalternative par excellence. Aber für uns hat es sich leider als Mogelpackung erwiesen. Und dort, wo es uns wirklich sehr gut gefallen hat (Myella), müssten wir ein völlig neues Leben beginnen. Und das war nie unser Ziel.

Wunderland e.V.
Cook Islands, Juli–August 2001

Unseren ersten Tag auf Rarotonga gibt es gleich zweimal. Genau genommen sogar etwas mehr als zweimal. Wir sind an einem Mittwochmorgen in Brisbane gestartet (20 Grad, Sonnenschein), am Nachmittag im neuseeländischen Aukland zwischengelandet (9 Grad, Sturmböen, Regen), abends weiter nach Rarotonga geflogen und dort kurz vor Mitternacht angekommen (25 Grad, Wellenrauschen). An einem Dienstag.

Zwischendurch hatten wir zwar Richtung Westen noch einiges an zusätzlicher Zeit verloren. Aber dafür wurde dann ein Mehrfaches zurückerstattet. In einem Schwung. Das liegt an der Überquerung der internationalen Datumsgrenze.

Sie ist daran schuld, dass internationale Fernsehstationen enorme Summen an eine Insel vor der neuseeländischen Ostküste bezahlt haben, um den ersten Sonnenaufgang des neuen Millenniums live in alle Welt übertragen zu können. Tatsächlich war es zu diesem Zeitpunkt auf den Cook Islands schon eine Weile hell. Und wunderbar warm. Und die Kamerateams hätten statt bleichen Schafzüchtern in nebliger Kargheit cognacfarbene Schönheiten unter Kokospalmen einfangen können. Es waren *dieselben* Sonnenstrahlen, die sie so mit etwas Verspätung vor die Linse bekamen. Wenn man ehrlich ist.

Aber mich fragt ja keiner. Der Adler ist auch ein Erbsenzähler. Datumsgrenze ist Datumsgrenze, sagt er. Irgendwo müsse man ja mal einen Strich ziehen. Und den

Mittwoch gäbe es auch nicht mehr als zweimal, sagt er. Obwohl der Dienstag noch nicht ganz aus der Tür war, als wir ankamen.

Wir sind hier, weil ich auf dem Höhepunkt meiner Australien-Antipathie in das Schaufenster eines Reisebüros blickte. Eine Woche Fidschi für 500 Dollar, stand da, alles inklusive, sogar der Flug. Tonga kostete auch nur 300 Dollar mehr. Oder Tokelau und Vanuatu.

Ich hatte eine vage Vorstellung, wo sich all diese Namen befinden. Genau vor unserer Nase. Zwischen hier und Amerika, dachte ich damals. Im Pazifischen Ozean verstreut. In diesem Meer, das so ausladend ist, dass es die meisten Weltkarten in zwei Teile sprengt.

Vielleicht ist es auch nur eine Frage der Perspektive. Weil wir Europäer in der Mitte wohnen wollen, und sich Globen nicht an die Wand hängen lassen, muss natürlich das, was auf der entgegengesetzten Seite liegt, in die äußersten Ecken wandern (der Adler soll noch einmal sagen, ich könne nicht logisch denken!).

Und weil wir das Gute immer weit weg vermuten, ist die Südsee in der Himmel-auf-Erden-Schublade zu Hause. Nicht von ungefähr bedient sich die Werbung dieser Sehnsüchte. Bounty, Bacardi, Fa und das ganze Feeling.

Für die Australier und vor allem die Neuseeländer ist alles umgekehrt. Die haben viele verarmte Polynesier (der Oberbegriff für den größten Teil der südpazifischen Inselbewohnerschaft) direkt vor der heimischen Tür und verbinden damit gern mal Begriffe wie soziale Hängematte, Familienzusammenrottung oder Bummelantentum. Die Tatsache, dass die meisten Menschen, die in eisigen neuseeländischen Kühlhäusern Rinder und Schafe zerlegen, als Kinder ganzjährig Bademode trugen, wird natürlich außer

Acht gelassen. Ob unsere Antipoden folgerichtig die Türkei glorifizieren, ist mir nicht bekannt. Dafür ist Bali, noch so ein Ziel, das deutsche Augen verklärt, eindeutig das Down-under-Mallorca.

Das alles wusste ich noch nicht, als ich die Reise-Angebote studierte. Deshalb lief ich zum Adler und sagte, ich hätte unsere Rettung entdeckt.

Das Perfekte-Platz-i-Tüpfelchen: einsame Puder-zucker-Strände, blitzsaubere See, freundliche Fische, eine Bevölkerung, die sich noch nicht dem Andenkenhandel verschrieben hat und dementsprechend möglichst wenig, am liebsten gar keine Mittouristen. Mit anderen Worten: unsere ganz persönliche Schatzinsel. Die würden wir finden.

Der Adler war gleich auf meiner Seite. Das wäre schon immer sein Traum gewesen, sagte er, seit er als Junge von der Meuterei auf der Bounty gelesen hatte.

Wir sammelten Informationen. Von meiner im Filmbereich tätigen Freundin Claudia wusste ich, dass der schönste Platz, den sie je gesehen hat, das Tahiti-Atoll Bora-Bora ist. Aber dort hatte sie im Rahmen von Dreharbeiten für die ZDF-Serie »Traumschiff« angelegt. Und der Club Mediterranée ist auch schon da: eindeutig falsche Wellen-länge.

Im benachbarten Tonga musste ein Freund sein Kneipenbier grundsätzlich mit sämtlichen Tresennachbarn teilen und entging sowieso nur durch fluchtartige Abfahrt einer Zwangsvermählung, weil er einer jungen Dame auf deren ausdrücklichen Wunsch hin ein »Fischmob«-T-Shirt geschenkt hatte.

Fidschi ist auch nur so billig, weil ein Irrer vor zwei Jahren eine Gruppe von Parlamentsabgeordneten als

Geiseln nahm und die Gegend seither als politisch instabil galt, was den Pauschaltouristenstrom versiegen ließ. Jetzt ist angeblich alles wieder im Griff und die Lowest-budget-Preise sollen die alte Klientel erneut anlocken.

Auf Magnetic Island, einer hübschen kleinen Insel vor Townsville, besprachen wir das frustrierende Ergebnis unserer ersten Recherchen mit Mike und Michelle. Das Pärchen aus Sydney war auf einer zweiwöchigen Camper-van-Rundtour und vor den blutrünstigen Salzwasserkrokodilen in den nördlichen Nationalparks um Darwin an die Ostküste geflüchtet. Mike arbeitet als Programmredakteur bei einem australischen Fernsehsender. Eine zermürbende Arbeit, erzählte er seufzend. Er verbringt seine Tage vor einem Bildschirm und sieht Filme, von denen die meisten eine Beleidigung fürs Auge seien. Aber er erinnerte sich dunkel an einen Beitrag über eine Südsee-Inselkette. Da war es wie im Bilderbuch, sagte er. Und noch ganz unberührt. Sagenhaft. Nur der Name, der war ihm entfallen.

Wir hatten gerade beim Krötenrennen verloren (eine beliebte Freizeitbeschäftigung der Magnetic Islander), weil die anderen unbedingt auf »George W. Bush« (blaues Band) setzen wollten. Ich vermute, weil der vierschrötige Moderator erklärte, das W. stehe für Walker. Dabei hatte ich mich sofort für »Virgin« entschieden, eine schlanke, mit einem rosa Bändchen geschmückte Krötendame, die selbstverständlich als Erste über die Ziellinie sprang, noch dazu mit einem äußerst eleganten Two-Step. Wir ertränkten den Fehltritt in vier Flaschen Shiraz, und als ich gegen ein Uhr nachts mit einem zugekniffenen Auge unsere vorletzte Billardkugel grandios über Bande in die linke Tasche schoss, fiel es Mike wieder ein: »Ihr müsst auf die Cook Islands«, schrie er mit schwerer Zunge. »Das ist die Lösung.«

Es ist stockdunkel, als wir aus der Maschine der Air New Zealand klettern. Rechts schemenhafte Umrisse einer Bergkette, links die schwach erleuchtete Empfangsbaracke. Wir folgen den Ukulelenklängen, und einige Minuten später sind wir mit schweren Blumengirlanden geschmückt. Sie duften nach feuchtem Sommer und kratzen im Nacken.

Das Angebot an Übernachtungsmöglichkeiten ist trotz der Abgelegenheit reichhaltig, und unsere Wahl fällt auf das Sunrise Beach Motel, Bungalow mit Kochnische direkt am Strand für fünfzig Mark die Nacht. Auf dem Nachttisch liegt das nationale Telefonbuch, es ist nicht mal daumendick.

Ein Blick ins Internet hatte ergeben, dass die 15 zugehörigen Inseln über zwei Millionen Quadratkilometer Wasser verstreut sind. Bis 1965 gehörten die Cooks zu Neuseeland, jetzt sind sie unabhängig. Mehr als die Hälfte der knapp 20 000 Cook Islander lebt auf der Hauptinsel Rarotonga, auf den meisten anderen nur jeweils ein paar hundert und manche sind völlig unbewohnt. Der Bildschirm zeigte uns hellblaue Flecken in dunkelblauem Meer, und in den Himmel darüber hatten sie Propellermaschinen montiert, winzig, weiß, mit einer rosa Blume am Heck. Damit der Betrachter gleich sieht, dass es Flugzeuge gibt, die zwischen den Inseln hin und her hüpfen. Das war eindeutig ein weiteres Plus für die Cooks, weil sich ein derartiges Areal nur sehr beschwerlich per Schiff erforschen ließe.

Draußen leuchtet der Strand im Schein des vollen Mondes, und es ist so stürmisch, dass ich träume, unsere Insel würde wie eine Nussschale durch den Pazifik geweht. Am nächsten Morgen hat sich der Wind gelegt und eine erste Erkundungstour auf einem geliehenen Moped (das ortsübliche Fortbewegungsmittel, mal wieder) ergibt, dass Rarotonga mehrheitlich aus mit Urwald überwucherten Gipfeln besteht und die Menschen sich deshalb auf dem schmalen Flachlandgürtel in Strandnähe angesiedelt haben. An der schmalen Straße, die einmal rundherum führt, stehen im Hundert-Meter-Abstand kleine Shops mit noch kleinerem Warenangebot.

Wir wurden um kurz vor acht von Claire, unserer Vermieterin, geweckt. Sie klopfte an die Tür, immer wieder, bis wir endlich antworten mussten. »Ich weiß, dass ihr da drin seid«, rief sie. »Und dass ich eine Nervensäge bin.« Allerdings, und zwar von der ganz hartnäckigen Sorte, dachte ich. Und rief zurück, dass wir einen schlimmen Jetlag hätten und schlafen müssten. Sie war auch mit diesem Argument nicht zu vertreiben, also zog ich meinen aus dem Arrow Hotel entwendeten Kimono an und öffnete die Tür.

Vor mir stand eine hoch gewachsene Frau, um die vierzig, mit spitzer Nase und braunem Pagenkopf. »Hello, es ist so schön, Sie beide endlich zu treffen«, sagte sie. Wir hatten auf ihre telefonische Anweisung hin bei der nächtlichen Ankunft einfach den Schlüssel unter einem bestimmten Stein hervorgezogen.

So viel Dreistigkeit machte mich sprachlos. Aber ich musste auch nichts sagen. Claire redete auf mich ein. Dass sie die Bungalows renovieren würden und der Handwerker in einer Stunde mit unserem weitermachen wolle. Dass wir aber in Nummer sieben ziehen könnten, der sei schon fertig und super-super-clean. Dass sie auch immer ein hohes Tier von der Lufthansa zu Gast habe. Dass sie uns ein Moped besorgen könne. Dass die Eingeborenen es hier nicht so mit dem Service hätten, da wären Neuseeländer wie sie ein ganz anderes Kaliber. Das ging endlos weiter und endete mit: Wie lange wir bleiben wollen. Wissen wir nicht, antwortete ich. Macht nichts, sagte Claire. Sie würde uns einen super-super-special Preis machen. Nur ihrem Mann dürften wir nichts davon sagen.

Als ich mich erschöpft wieder ins Bett legen wollte, kam plötzlich Musik aus dem Radiowecker. Ukulele, Aloha ohé – die Abteilung. Erinnerte mich stark an das Lied, das Ursula Andress in »Dr. No« trällerte, als James Bond sie am Strand beim Muschelsuchen fand. »Under the Mango Tree, hm hm hm-hümm hm«, singt der Adler ganz leise in mein Ohr. Ich summe mit, und das macht uns richtig gute Laune.

Es gibt auf den Cook Islands nur einen Sender. Radio Cook Islands, 6,30 Kilohertz. Das Programm hat drei Standbeine: Ukulelenklänge, Bibelsprüche und aktuelle Nachrichten. Wobei die aktuellen Nachrichten vor allem lokaler Natur sind. An jenem Morgen ist der Aufmacher, dass sich die Fertigstellung der neuen Mittelstreifenbemalung der Inselrundstraße um zwei Wochen verzögert. Es folgt das Versprechen, aufzuklären, wie es zu dieser Verspätung kommen konnte.

Nudeln, Cornflakes, Mayonnaise, ein paar Zwiebeln, einige Tomaten und in einer Holzkiste diverse Exemplare des Hauptnahrungsmittels Kumera (eine Art Süsskartoffel mit lila Innenleben). Das gibt es in dem Laden bei uns an der Ecke. Ich frage nach frischen Früchten, aber die junge Frau hinter der Theke sieht mich nur verständnislos an und sagt dann freundlich lächelnd in tadellosem Englisch: »Vielleicht haben wir morgen mehr.« Sie trägt eine kleine Blume hinter dem rechten Ohr. Überhaupt tragen hier alle Frauen Blumen hinter den Ohren. In weiß, gelb, rosa oder leuchtend rot, groß und klein, was eben so in der Gegend herumblüht. Eine unermessliche Auswahl.

Später werden wir erfahren, dass eine auf der rechten Seite befestigte Blume bedeutet, dass man vergeben ist, Blume links heißt dementsprechend, dass Annäherungsversuche durchaus willkommen sind.

Nur eine Sache stellt sich sofort heraus: Ich habe kein blumenbefestigungstaugliches Ohr.

Auch die Warenknappheit hat ihren tieferen Sinn: Überall stehen Papayabäume, Bananenstauden und Kokospalmen. An die meisten Palmen ist ein kleines Ferkel gebunden. Um die Ferkel herum liegen aufgeschlagene Kokosnüsse. Die Ferkel sind enthusiastisch mit dem Ausschaben des saftigen Innenlebens beschäftigt, während die vielen Hühner (ich schätze auf jedes Ferkel kommen vier Hühner) ihnen hingebungsvoll Ungeziefer aus der Schwarte picken. Und Fische schleppen Männer an, die mit langen Angeln im Wasser stehen, am Rande des Riffs, da, wo Hellblau an Dunkelblau stößt. Wer in einem Selbstbedienungsladen wohnt, braucht schließlich keine Supermärkte, oder?

Wenn man am Muri Beach, angeblich der schönste Strand von Rarotonga, sitzt und aufs Meer hinaus schaut, sieht es aus, als hätte sich der Horizont verdoppelt. Der erste ist da, wo sich die Wellen brechen und der zweite, wo sich die nächsten auftürmen. Sie müssen haushoch sein, auch wenn sie von hier aus winzig aussehen. Ich denke an Tom Hanks in »Castaway«. Was hatte der für eine Mühe, mit seinem Behelfsfloß aus der Lagune herauszukommen. Einziger Unterschied: Hier will niemand wieder weg.

Direkt nebenan gibt es ein Restaurant namens Sails. Mit einer Terrasse aus Holzplanken und einer Speisekarte, die Köstlichkeiten wie gegrillten Thunfisch mit Sesamsoße und Papayasalat anbietet. Ich denke daran, dass so was in Deutschland unter die Rubrik kostspieliges Euro-Asia-Gedeck fallen würde. Sails will dafür 18 neuseeländische Dollar (praktischerweise ist der Neuseeland-Dollar der Mark noch ähnlicher als der australische). Das ist auf den Cooks der durchschnittliche Preis in gehobenen Lokalen. Und von gehobenen Lokalen gibt es eine ganze Reihe. Ob mich das wundert? Ja, ich hatte mir die Szenerie insgesamt etwas rückständiger vorgestellt.

Eine eindeutige Fehleinschätzung. Die Cook-Islander sind beileibe nicht im Satt-und-faul-Stadium stecken geblieben, weil ihnen alles in den Mund wächst. Sie sind sehr geschäftig und modern. Die jungen Männer tragen Flip-Flops, Hawaiihemden und Surfshorts und treffen sich in der Stunde vor Sonnenuntergang zum Rugby oder Fußball auf einem der unzähligen Sportplätze.

Allesamt wunderschön: Sie haben klar geschnittene Gesichter, Zähne, die selbst ein sündhaft teures Hollywood-Bleich-Gebiss blass aussehen lassen, eine Haut, die leuchtet wie ein handgewärmter Schluck Remy Martin und stählernes Muskelfachwerk an Bauch und Bein. Ihre Frauen glänzen mit seidigem Rapunzelhaar, neigen allerdings jenseits der zwanzig zur Fülligkeit.

Das liegt an den Genen, an den vielen Kindern, die überall herumflitzen und einer weit verbreiteten Vanillepuddingsucht. Aber das ist nicht wirklich problematisch, weil ein ausgeprägter weiblicher Beckenbereich, genauso wie stramme männliche Schenkel dem hiesigen Schönheitsideal entsprechen. Deshalb steigt das Jungvolk auch bei jeder sich bietenden Gelegenheit in offenherzige Blätterbekeidung, die die jeweiligen Vorzüge beim Tanzen optimal zur Geltung bringt. Die Bewegungen sind eher einfach gehalten (er schlackert mit den Knien, sie wippt wild mit den

Hüften), dafür ist das von Baumstammtrommlern vorgegebene Tempo atemberaubend.

Wie gesagt, jede Gelegenheit wird genutzt. Und bei einem gesellschaftlichen Ereignis wie dem internationalen Rugbyspiel Tahiti gegen Cook Islands darf eine Folkloreeinlage in der Halbzeit selbstverständlich auch nicht fehlen. Zu diesem Zeitpunkt steht es 41 zu Null für die Cook Islands.

Die Insel war seit Samstagmittag wie ausgestorben. In der Hauptstadt Avarua trabten nur noch die weit verbreiteten Wursthunde (knöchelhohe, in freier Liebe entstandene Kreuzungen, die an die geliebten Corgis der englischen Königin erinnern) durch die Vorgärten. Alles, was zwei Beine hatte, saß im National Stadium am Berghang hinter dem Flughafen. Festivalatmosphäre für drei Dollar Eintritt. Sie hatten Decken dabei und Picknickkörbe. Der Premierminister war auch da. Und als die Nationalhymne, eine von einer sehr schönen Frauenstimme gesungene Ballade, ertönte, fielen alle schunkelnd ein, selbst dreijährige Kinder schienen den Text auswendig zu kennen.

In der 69. Minute steht es, wenn man den Tafeln, die die halbwüchsigen Jungs hinten links in der Ecke über ihre Köpfe halten, glauben darf, 69 zu Null. Und Jason Fitzpatrick hat in diesem Moment, mit sieben Touchdowns in einem Spiel, einen neuen Weltrekord aufgestellt.

Der Trainer der Tahitianer beschimpft die Ersatzbank. Aber seine französischen Flüche wollen einfach nicht helfen. Und am Ende gewinnen die Cooks mit 89 zu Null. Die Tahitianer hatten nicht den Hauch einer Chance. Aber dort hat Rugby auch keine Tradition, während die Cooks, die den Neuseeländern nach wie vor Verteidigung und Außenpolitik überlassen, wohl auch in sportlicher Hinsicht

kooperieren. Immerhin gelten die »All Blacks«, die neuseeländische Rugbynationalmannschaft, als das beste Team der
Welt.

Sport und Tanz sind zwei von vielen Traditionen,
die hier liebevoll gepflegt werden. In dieselbe Kategorie gehören der obligatorische sonntägliche Kirchgang im feinsten Kleid oder das anschließende gemeinsame Kochen im
Umu, einem recht archaisch anmutenden Erdlochofen.
Selbst die Tumunus (Hüttenverstecke im Busch, in denen
die Männer das von den Missionaren verbotene selbst ge-
braute Bier tranken) sind mancherorts immer noch in Betrieb, obwohl Alkohol längst legal ist. Aber das Beste an all
diesen Veranstaltungen ist, dass es sich dabei definitiv nicht
um Touristenattraktionen handelt.

Das gibt mir das Gefühl, wieder im Leben angekommen zu sein. Was für die Perfekte-Platz-Suche viel
wichtiger zu sein scheint als alle paradiesischen Zustände.

Von den 50 000 Gästen, die jährlich herfinden
(zum Vergleich: Mallorca empfängt mehr als 30 000 am
Tag), bleiben die meisten auf Rarotonga. Deshalb buchen
wir zwei Plätze auf dem nächsten Flieger nach Mangaia. Da
gibt es auf der gleichen Fläche nur 800 Einwohner und zwei
Guesthouses, wovon eines hauptsächlich von Regierungs-
beamten frequentiert wird.

Von oben sehen wir nach einer knappen Stunde
den üblichen grünen Punkt mit hellblauem Rand. Außer
zwei Piloten und vier Insassen (darunter ein Polizist, der
mal wieder nach dem Rechten sehen soll) befördert die Maschine noch zwei Mopeds, einen Heißwasserboiler mit 1000
Litern Fassungsvermögen und etliche Kartons Konserven-
gut. Dieses Inventar fängt mächtig an zu scheppern, als wir
den Boden berühren.

»Korallenschrott«, sagt der hagere Herr neben mir, »daraus haben sie die Piste gebaut.« Er hat blonde Haare, blaue Augen und ist, wie sich herausstellt, der Besitzer des Ara Moana, in dem wir uns einquartiert haben. Jan heißt er, sagt er noch und, dass er Schwede sei, aus Stockholm. Vor dreißig Jahren wollte er um die Welt segeln, brach die Tour aber auf halber Strecke ab, weil er sich hier in Tu verliebte, gebürtige Insulanerin und Tochter eines mächtigen Häuptlings (es gibt auf den Cooks neben der parlamentarischen Demokratie immer noch das althergebrachte Stammessystem, inklusive diverser Könige und Königinnen).

Zur Begrüßung werden wir von Tu geküsst und umarmt. Sie trägt eine Nickelbrille und fühlt sich an wie ein warmes Daunenkissen. Wieder haben wir eine Blumenkette am Hals. Diesmal von einer besonderen Harzigkeit.

Während das Gepäck ausgeladen wird, unterhalte ich mich mit einem abreisenden belgischen Paar. Sie (eindeutig ein Linda de Mol-Klon) fand es auf Mangaia wohl etwas zu einsam. Aber er erzählt mir mit leuchtenden Augen von einer blauen Meeresschildkröte, die direkt da, wo wir wohnen, in einem natürlichen Pool in der ansonsten oberschenkeltiefen Lagune vor dem Riff herumschwimmt. Jeden Tag hätte er sie dort beobachtet. Hervorragend, zutrauliche Schildkröten, das ist eine eindeutige Steigerung der Freundliche-Fische-Forderung.

Der Flughafen ist eine grüne Hütte. Mit einer ausgeblichenen Holzplanke am Dach: Mangaia steht darauf. Eingeritzt. Überall springen Kinder herum. Und dazwischen stehen Männer und Frauen, die offensichtlich nicht auf jemanden warten, sondern einfach nur neugierig sind. Dass die Ankunft eines Flugzeugs irgendwo noch so viel

Aufmerksamkeit auslösen kann, hätte ich nie gedacht. Haben die denn hier kein Fernsehen?

Nein. Haben sie nicht. Nicht mal das Internet funktioniert, vielmehr nur sporadisch. Jan zeigt auf den Computer, der halb auseinander gebaut auf dem Tresen steht. Kein Wunder, sage ich. Nein, das sei ein ausrangiertes Modell. Es läge an den Telefonleitungen, genauer gesagt an der Satellitenübertragung.

Jan ist 57 Jahre alt und war gerade drei Wochen auf Rarotonga, um Geld zu verdienen. Sie hatten im vergangenen Jahr 111 Gäste und ohne Nebenjobs könnten sie sich nicht über Wasser halten, sagt er. Deshalb arbeitet er als Computertechniker. Früher war Jan auf Rarotonga als Lehrer tätig. Vor drei Jahren haben Tu und er sich entschlossen, auf ihre Heimatinsel zu ziehen, um dort etwas aufzubauen. Das ist das Gegenteil von dem, was die meisten anderen Menschen aus Mangaia machen: Die ziehen weg.

Der britische Entdecker Captain Cook hat Mangaia am 29. März 1777 auf seiner dritten Fahrt in unerforschte Gewässer gesichtet. Er ankerte in sicherer Entfernung und kam nie an Land. Wahrscheinlich fürchtete er sich vor den tätowierten Kriegern, die mit Messern zwischen den Zähnen in Kanus auf ihn zu ruderten. Vielleicht hatte er auch einfach nur Angst, sein Schiff an den trügerischen Felsen der Riffkante zu beschädigen. Die Cook Islands hießen zunächst Hervey oder Herbert Islands und wurden erst posthum nach James Cook benannt. Als Hommage an den berühmten Seefahrer, den Ureinwohner einige Jahre später auf Hawaii ermordeten.

Ich verbringe die nächsten drei Tage hoffnungsvoll auf den Klippen, die sich wie breitschultrige Riesen über die schmalen Sandstreifen beugen, oder wate im Wasser herum. Glasklar ist es da, gespickt mit Seesternen, Muscheln, Fischen, alle in sämtlichen Tuschkastenfarben. Nur eine Schildkröte, die finde ich nicht. Jan lacht, wenn er mich sieht und sagt: »Du musst Geduld haben.«

Damit ich mal etwas anderes zu sehen bekomme, verspricht er für den nächsten Tag eine Höhlenerkundungstour. Laut Jan ist Mangaia ein Speläologentraum. Unser Hüttennachbar Jonathan aus Nottingham, der dritte Inselgast, meinte auch schon, dass es an vielen Stellen ganz komisch hallt, wenn man einen Kiesel vor sich her kickt.

Aber dann ist es doch Tus Cousin Teddy, der uns abholt. Jan musste in aller Herrgottsfrühe zu einem Meeting, das wusste er, weil jemand mit einer Paté (das sind die Baumstammtrommeln, die sie auch für die Tanzmusik benutzen) durchs Dorf gelaufen war. Ich bin kurz von dem monotonen Klopfgeräusch aufgewacht, aber gleich wieder eingeschlafen.

Jan glaubt, dass diese Meetings die Lieblingsbeschäftigung der Cook Islander sind. Wegen jedem Kram würden die sich treffen, und an jeder Ecke stünde ein Meeting House, völlig schwachsinnig. Worum es geht? Das weiß niemand so genau, sagt Jan. Sie reden einfach gern. Diskutieren alles aus.

Für mich stellt sich die Sache folgendermaßen dar. Relativ neumodische Einrichtungen wie Premierminister und Parlament sind für das große Ganze zuständig. Das traditionelle Stammessystem regelt dagegen nach wie vor die Belange des täglichen Lebens. Und die wichtige Frage der Nutzung von Grund und Boden. Weil Land nie verkauft werden darf (schon gar nicht an Ausländer), sondern immer nur vergeben, also nicht Besitz, sondern eher Leihgabe ist, besteht hier naturgemäß viel Gesprächsbedarf. Tu sagt, dass die Häuptlinge in dieser Frage, nachdem alle Beteiligten ihre Erklärungen abgegeben haben, die Entscheidung fällen. Ihr Cousin Teddy, Subchief, sagt, dass allein die Subchiefs für die Landvergabe zuständig seien. Und Jan sagt, dass genau hier der Hund begraben liege: Sie müssten ihre Regeln endlich genau festlegen und aufschreiben. Daran könne man sich dann orientieren. Das würde viele Meetings überflüssig und insgesamt alles einfacher machen.

Aber Tu und Teddy, der mit seinem dichten, von vereinzelten grauen Haaren durchzogenen Schnauzbart aussieht wie Thomas Magnum im Vorruhestand, schütteln nur entsetzt den Kopf.

Auf Mangaia gibt es sechs Bezirke, mit sechs Häuptlingen und den jeweiligen Subchiefs. Über allem waltet dann noch die Königin. Wobei die Königin von Mangaia seit Jahren in Neuseeland lebt, und in der Zwischenzeit nicht ein einziges Mal ihren Palast, ein hellgrünes, für hiesige Verhältnisse sehr komfortables Haus mit breiter Terrasse, unten am Hafen betreten hat. Am Hafen liegt nur ein verrostetes Schiff. Und die Königin ist sowieso dermaßen fett, dass sie sich nicht mehr bewegen kann, sagt Jan.

Mangaia ist, wie alle Inseln der Cooks, durch einen vor langer Zeit aktiven Unterwasservulkan entstanden. Die Inseln unterscheiden sich durch die Stärke des Ausbruchs. Wenn sehr viel Lava aufgetürmt wird, entsteht eine Insel mit hohen Bergen, wie Rarotonga. Wenn die Lava in Teilen wieder unter den Meeresspiegel absinkt, entsteht ein klassisches Atoll, wie in Aitutaki (Tourismusmagnet Nummer zwei), wo sich die Kuhle mit Wasser füllt und einen prächtigen Swimmingpool bildet. Wenn die Lava komplett absinkt, siedeln sich darauf Korallen an, die mit aller Kraft dem Licht entgegenwachsen und so irgendwann wieder die

Oberfläche erreichen. Dort sterben sie ab und bilden den Untergrund, auf dem sich Palmen und andere Pflanzen langsam ansiedeln können. Unter speziellen Voraussetzungen, die ich nicht wirklich durchschaut habe, hebt sich das Riff dann noch einmal um zehn bis zwanzig Meter. Das ist auf Mangaia geschehen und in geringerem Maße auch auf der Nachbarinsel Atiu.

Das ist wer weiß wie lange her. Aber immer noch sehr deutlich zu erkennen. Ringsum gibt es einen Ring aus scharfen spitzen Steinen (Kalksandstein, die Korallenreste) und in der wesentlich niedriger gelegenen Inselmitte stoßen wir auf schwere rote Erde (längst zerbröseltes Lavagestein). Hier haben die Einwohner auch ihre Kumera- und Taroplantagen. Taro ist wie Kumera, nur noch etwas fester und aus den seerosenförmigen Blättern wird eine Art Spinat gemacht. Neben Fisch das Hauptnahrungsmittel.

Teddy erklärt, dass sich die Höhlen im porösen Kalksandsteingürtel, der so genannten Makatea, befinden. Und dass wir jetzt von der Mitte der Insel aus wieder Richtung Meer marschieren. Im Untergrund gewissermaßen.

Wir gehen immer weiter, bis ich das Gefühl für Zeit und Entfernung verliere. Da ist nur noch der Lichtstrahl der Taschenlampe, unsere Atemgeräusche und ein durchdringender Modergeruch. Irgendwo halten wir an. Der schmale Gang ist ein Gewölbe geworden. Hier hätte sein Stamm vor zweihundert Jahren gelebt, sagt Teddy. Die Menschen von Mangaia waren schon immer als besonders kriegerisch bekannt. Und damals entzweite eine schlimme Fehde die verschiedenen Dörfer. Es ging, mal wieder, um die Aufteilung der sechs Täler in der Inselmitte, die fruchtbarsten Stücke Land.

Teddys Stamm wurde vernichtend geschlagen

und verkroch sich vor dem sicheren Tod in die Höhle. Die Verfolger postierten sich vor dem Eingang. Sie konnten nicht eindringen, weil sie dann in ein Loch gestürzt wären.

Wir stehen direkt vor diesem Loch. Der Adler wirft einen Stein hinein und zählt bis zehn, dann hören wir den Aufprall. Ich schätze den Radius auf fünf Meter. Jan sei einmal auf dem schmalen Vorsprung auf die andere Seite balanciert. Aber der ist auch verrückt, sagt Teddy. Die Feinde seines Stammes hätten sich da nicht entlanggetraut, und den zweiten Weg kannten sie nicht.

Und dann kam, was kommen musste, weil es in der Höhle nichts zu essen gab, wurden die rund 150 Eingeschlossenen zu Kannibalen. Ein Jahr lang konnten sie auf diese grausige Weise überleben. Dann gaben sie auf. Weil die Tochter des Häuptlings entdeckt wurde, als sie durch den hinteren Ausgang schlüpfte, um sich im nahe gelegenen See zu waschen. Die Feinde nahmen sie gefangen und verbrannten sie vor den Augen ihres Vaters. Das brach seinen Willen.

Soweit die Legende. Niemand kann genau sagen, wie viele Menschen hier sterben mussten. Aber eins ist sicher. Bis die ersten Missionare vor rund 170 Jahren die Cook Islands erreichten, kamen rituelle Menschenopfer vor. In dieser Ecke der Welt muss damals, wenn auch mit anderen Mitteln, ein regelrechter Kirchenkrieg entbrannt sein, um die letzten verirrten Schäfchen auf den richtigen Weg zu bringen. Unterm Strich hat wohl niemand von den Bekehrern gewonnen. Sie sind alle da: Protestanten, Katholiken, Baptisten, Jesuiten, Adventisten des siebten Tages, Mormonen und Zeugen Jehovas. Und woran sich sonst noch so glauben lässt auch.

Vermutlich liegt es an der Konkurrenz, jedenfalls

ist ihr Ehrgeiz bis heute nicht erlahmt. Gerade haben die Mormonen Tu erobert. Sie war vorher Mitglied der Christian Cook Island Church. Aber die waren ihr zu sehr aufs Zeremoniell bedacht. Sie brauche wirklich etwas, woran sie glauben kann, sagt sie. Das sei bei den Mormonen besser.

Jan dürfte auf Mangaia der Einzige sein, der allen religiösen Verführungskünsten Stand hält. Ein Umstand, der auch oft zu Meinungsverschiedenheiten mit Tu führt, sagt er.

Jan kann sich solche Extravaganzen leisten. Weil er sich einen Platz in der Sozialstruktur erheiratet hat, und damit in das fein gewobene Versorgungsnetz eingebunden ist.

Was es heißt, ein atheistischer Papa'a (so werden die Weißen in der Landessprache genannt: die, die in vier Schichten gehüllt sind) zu sein, erfahren wir auf der Nachbarinsel Atiu.

Es gibt zwei Shops. Der eine, »Our Shop«, gehört dem Deutschen Jochen, der Konkurrenzbetrieb, »Centre Store«, ist in Besitz des Engländers Roger. Jochen, 57, ist der Direktor der Kaffeefabrik und seine Frau Angelika, 51, leitet das Atiu Fibre Arts Studio, wo sie mit drei einheimischen Frauen Patchworkdecken, Tischsets, Wandbehänge oder Mäntel näht.

Das Inventar der Shops erinnert an die auf Rarotonga. Nur, dass es noch weniger gibt, dafür aber in größeren Füllmengen. Was sollen wir mit einem Zehn-Kilo-Eimer Milchpulver? Auf Rarotonga aßen wir morgens Weetabix mit Milch und abends im Restaurant. Auf Mangaia morgens Toast und abends kochte Tu. Es gab in Kokosmilch und Koriander eingelegten Fisch und andere Köstlichkeiten. Aber hier?

Wir wohnen im einzigen Dorf, das sich über die Inselmitte zieht (im Gegensatz zu Mangaia pflegten die plus minus 600 Bewohner von Atiu von jeher ein freundschaftliches Miteinander, hatten also kein Abgrenzungsbedürfnis). Jochen und Angelika haben das Haus zehn Jahre lang bewohnt, bis ihr eigenes endlich fertig war. Dann wurde es als Guesthouse umgebaut, mit Wohnraum, Küche, Bad und drei Schlafzimmern. Roger hat auch ein Guesthouse. Und als wir gelandet sind, standen die beiden etwa gleichaltrigen Männer (Jochen: gedrungene Statur, Knollnase, Roger: groß, schlank, spitznasig) mit den obligatorischen Gästebegrüßungskränzchen nebeneinander und taten beide, als wäre der andere Luft.

Jochen hat früher als Ingenieur in Nigeria gearbeitet und dort auch Angelika kennen gelernt, die als Sekretärin für eine deutsche Firma tätig war. In dieser Zeit ist er mit Freunden einmal um die Welt gereist. Und weil ihnen die Strecke von Hongkong nach Hawaii zu lang erschien, hat Jochen sich mit dem Rücken vor eine Weltkarte gestellt und mit der Spitze eines Bleistifts nach hinten getippt. Das sollte die Zwischenstation sein: Rarotonga.

Er kam damals auch nach Atiu und beschloss, sich hier für immer niederzulassen. Vorausgesetzt, dass es ihm und Angelika nach einem halben Jahr Probewohnen immer noch gefiele. Irgendwie bekam der Landwirtschaftsminister Wind von den Plänen der beiden Deutschen und fragte, ob sie nicht die Kaffeeindustrie neu aufbauen wollten. Der erste Versuch in den Siebzigern war gescheitert. Jochen war zunächst skeptisch. Wir hatten keine Ahnung von der Materie, sagt er. Trotzdem schickten sie ein paar Bohnen an Jacobs und als die antworteten, es handele sich um allerbeste Qualität, beschlossen sie, das Experiment zu wagen. 18 Jahre ist das jetzt her. Und heute sei die Nachfrage größer als das, was sie unter den gegebenen Umständen produzieren könnten.

Kaffee ist das Einzige, was in der Guesthouseküche vorhanden ist. Unsere Mitbewohnerin Allison, 46, eine neuseeländische Sozialwissenschaftlerin, ist nicht zum ersten Mal hier und hat sich in weiser Voraussicht einen ganzen Karton Frischware mitgebracht. Sie sitzt auf der Terrasse, verteilt Äpfel an die Kinder von nebenan und raucht Kette. In Neuseeland könne man nicht mehr rauchen, sagt sie. Es sei überall verboten. Weil Neuseeland versucht, sich das Image des letzten intakten Fleckens auf dieser Erde zu erarbeiten: clean & green.

Allison ist auch dabei, als Jochen uns seine Kaffeeplantage zeigt. Und wieder auf die schwierigen Herstellungsbedingungen zu sprechen kommt. Für ihn liegt der Grund auf der Hand: Die Einheimischen sind einfach zu faul zum Arbeiten. Die meisten warteten lieber auf ihre Schecks von der Verwandtschaft im Ausland.

Allison steht mit grimmiger Miene daneben. Das sei mal wieder typisch, sagt sie, ausgerechnet ein Papa'a erlaube sich, anderen Papa'as so einen unreflektierten Quatsch zu erzählen.

Nach einigen Tagen haben wir uns eingelebt. Und an das gewöhnt, was sich vor Sonnenaufgang draußen abspielt. Und was es bedeutet (jeweils in Klammern). In der ersten Nacht sind wir gegen fünf Uhr vom ersten Trommelwirbel (Raus aus den Federn, sonst verpasst ihr die Morgenmesse!) aufgewacht, eine halbe Stunde später vom zweiten (Jetzt bitte zur Messe losgehen!). Kurz darauf hörten wir ein Pfeifen (Hallo Mädchen, das Softballtraining fängt gleich an!). Und dann begannen die Hähne zu krähen.

Atiu hat, was die Strände angeht, eindeutig die Cook-Island-Pole-Position. Breite Buchten an jeder Ecke, kein Mensch weit und breit. Wer jemals von Sex on the Beach geträumt hat, ist hier genau richtig. Die Chance, aufgescheucht zu werden, dürfte bei eins zu tausend liegen. Es gibt Korallengärten und an einer ganz bestimmten Stelle so genannte Sinkholes. Das sind unterirdische Tunnel im Riff, durch das die Brandung Wasser quetscht und wieder heraussaugt.

Ob er sich die Südsee als Junge so vorgestellt habe, frage ich den Adler. Nein, sagt er, ich dachte, sie ist viel lieblicher, nicht so rau und unbeherrscht. Aber es gefalle ihm so eigentlich viel besser.

Eines Abends nimmt uns Jochen mit in sein Tumunu. Es gibt mehrere, und Jochen und Roger frequentieren natürlich nicht dieselbe Dschungelbar. Das Tumunu ist eigentlich eine kleine Hütte, in der sich regelmäßig eine bestimmte Gruppe von Männern trifft (Frauen sind nicht zugelassen, aber für Papa'a-Frauen wird eine Ausnahme gemacht), um selbst gebrautes Bier aus Hopfen, Malz, Zucker und Orangensaft zu trinken. Wie gesagt, die Tumunus wurden in einer Zeit erfunden, in der eine missionarbedingte Prohibition herrschte. Auf Atiu haben sie sich bis heute gehalten.

Ist ja auch eine unterhaltsame Sache. Wenn man nicht so schnell betrunken wäre. 13 Prozent Alkohol soll das Gebräu haben. Und alle drei Minuten reicht der Barmann, der den Busch-Bierbehälter verwaltet, einen frisch gefüllten Kokosnussbecher zu uns herüber. Linker Hand sitzt ein Mann, der sich als Atiu Earthquake vorstellt und vermutlich einen toten Wal an Land ziehen könnte. Er ist Mechaniker und arbeitet für das Development Department.

Rechts sitzt der Schuldirektor. Und an einem selbst gebauten Kontrabass musiziert eigentlich der örtliche Telekom-Repräsentant. Der wurde auf allgemeinen Wunsch hin durch den Adler ersetzt. Und der zupft jetzt an der Paketschnur, die unten in einer Teekiste steckt und oben an so was wie einer beweglichen Galgenvorrichtung befestigt ist. Wir anderen singen: »Free Nelson Mandela«.

Die Jungs treffen sich da jeden Tag um fünf und sonntags direkt nach der Kirche. Wir fühlen uns am nächsten Morgen wie von innen mit Hartholz getäfelt und greifen doch lieber wieder auf australischen Wein aus Jochens Laden zurück. 17 Dollar kostet die Flasche. Bei Roger ist er etwas billiger. Aber der schmeckt nicht so gut, sagt Jochen, weil er in seinem Laden nicht richtig gelagert wird.

Jochen ist auch so freundlich, uns in die inseleigene Speisefolge einzuweihen. Er sagt uns, wann der Bäcker sein merkwürdiges Brot verkauft (es ist schmal und lang und wabbelig, so dass sich entweder drei große Scheiben oder dreißig winzige ergeben und wenn man es zu weit unten anfasst, lehnt es sich langsam zur Seite, wie eine Kerze in der Sauna). Und wann wo Geld gesammelt wird (in der Regel für ein neues Meetinghaus). Bei solchen Gelegenheiten kann man dann für ein paar Dollar einen Pappteller mit Essen kaufen. Das reicht für zwei Tage, sagt Jochen.

Und mit dem, was Angelikas Mitarbeiterin Tini am Sonntag nach der Kirche aus dem Umu holt, kommen wir sogar drei Tage aus. Ich bin nicht sicher, ob sie uns auch etwas gegeben hätte, wenn wir nicht zum Gottesdienst gegangen wären. Auf jeden Fall klopft Tinis Tochter Malina um halb neun an die Tür und sagt, sie würde uns jetzt in die katholische Kirche bringen. Die aufgequollenen Füße des Pfarrers stecken in grauen Filzpantoffeln und er predigt in

Maori mit einem starken holländischen Akzent (so hört es sich für mich an). Wir müssen alle fünf Minuten aufstehen und singen. Und am Ende schüttelt jeder jedem die Hände. Alle werden umarmt und geküsst. Wir auch. Und der Pfarrer legt mir seinen Kranz aus weißen duftenden Blumen um den Hals.

Bin ich jetzt aufgenommen? Oder wollte er den Kranz einfach nur loswerden, weil er im Nacken kratzt? Beinahe bin ich etwas stolz, andererseits möchte ich jetzt nicht jeden Sonntag in die Kirche gehen müssen. Was ich damit machen soll, frage ich den Adler. Aber der lacht nur.

Um acht Uhr haben die Frauen den Erdofen gefüllt. Fische, Hühner, Schweineköpfe, Lammrücken. Der Deckel besteht aus einer dicken Hibiskus- und Bananenblätter-Schicht. Fast fünf Stunden hat das alles vor sich hingeschmort, und das Ergebnis ist fantastisch, zartes, saftiges Fleisch mit leichtem Räuchergeschmack.

Na bitte, denke ich, wenn man bereit ist, sich an gewissen Verhaltensregeln zu orientieren, ist alles ganz leicht. Sicher, eine gewisse Eintönigkeit, zumindest was Lebensmittel, Alkohol und Geselligkeit angeht, bringt das Leben hier mit sich. Aber dafür gibt es diese traumhafte Umgebung, man findet schnell fast-familiären Anschluss und offensichtlich sind offizielle Stellen ebenfalls bemüht, den Papa'as neue Beschäftigungsfelder zu eröffnen.

Jochen und Angelika haben ein herrliches Haus auf einem Hügel. Bei gutem Wetter bietet die breite Fensterfront vor dem Wohnzimmer einen prächtigen Blick aufs Meer. An den Wänden sind deckenhohe Bücherregale. Grass, Heym, Böll, Wolf. Kein Ort, nirgends. Verlorene Ehre. Bleierne Zeit. Natodoppelbeschluss. Ich fühle, wie der Dunst der achtziger Jahre langsam in meine Kleider kriecht.

Und Jan geht zu den Meetings, weil er auf Mangaia Bürgermeister werden will. Damit er endlich mal zeigen kann, wie man alles richtig macht.

Die Papa'as sind da stehen geblieben, wo sie waren, als sie kamen. Vielleicht, weil sie zu sehr damit beschäftigt sind, die Menschen zu ändern. Oder, weil Auswandern in dieser Generation noch Aussteigen und damit eigentlich auch Anhalten bedeutet.

Wir können leider nicht im Paradies leben. Weil wir woanders hinwollen.

Gibt es den perfekten Platz zum Leben?

Zwölf Monate stand ich mit beiden Beinen im Leben, ohne festen Boden unter den Füßen zu haben, und seit ich wieder in Deutschland bin, scheine ich durch die Luft zu wehen. Wie ein Löwenzahnsamen.

Sicher, es dauerte nicht lange, bis ich mich wieder hineingefunden hatte, in das, was hier Alltag ist. Aber die Wurzellosigkeit blieb.

Trotzdem habe ich die Entscheidung für dieses Projekt keine Sekunde bereut. Das ist auch gar nicht möglich, weil ich tief in meinem Inneren vom ersten Moment an wusste, dass dieser Schritt wichtig ist, einen Platz für den Adler und mich zu finden, eine neuen, den perfekten Platz, der die Basis für unser gemeinsames Leben sein kann. Ich wollte nicht, dass er zu mir nach Hamburg (das er drei Jahre zuvor gegen London eingetauscht hatte) zieht, weil ich insgeheim fürchtete, dass er mir diesen Rückschritt anlasten könnte, wenn sich die erste Liebesumnebelung gelegt hat. Und an seiner damaligen Heimat London störte mich der Gedanke an die monatlichen Ausgaben. Es hat sich im Nachhinein als gut herausgestellt, dass ich dieses unbehagliche Gefühl nicht verdrängt habe, weil ich dem Adler das hohe Preisniveau unter dem Druck meiner Existenzängste vielleicht tatsächlich irgendwann in die Schuhe geschoben hätte.

Diese Überlegungen führten schließlich dazu, dass ich mich eigenhändig aus der Erde rupfte. Immerhin war ich vor unserer Abreise schon ganz gut angewachsen, hatte mir ein Leben an einem Platz aufgebaut, der mir gefiel, an dem ich mich wohl fühlte. Aber wie gesagt, ein Teil von mir glaubte, dass es möglich sei, einen Ort zu finden, der im Vergleich zu Hamburg und London unbelastet ist und der unseren Ansprüchen (preisgünstig, lebendig, nicht zu abgelegen, von netten Menschen bewohnt) genügt. Und der andere Teil von mir redete sich einfach ein, die Konsequenzen dieses Tuns einschätzen zu können. Nicht, dass ich unseren Plan für wirklich vernünftig gehalten hätte. Aber das ehrgeizige Vorhaben schien durchführbar. Und spannend. Und viel versprechend. Ich sagte mir: Ich spaziere einfach in die Welt hinein, sehe mich aufmerksam um, und der Rest findet sich von selbst.

Aus der heutigen Sicht war das eine Vorstellung, die mir zwar die Abfahrt erleichtert hat, aber nur die halbe Wahrheit bedeutete. Denn tatsächlich ist es so, dass in der Fremde alles, was im geistigen Vorratslager aufbewahrt wird, jeder Gedanke, jede Überzeugung, jede geliebte Gewohnheit oder Handlungsweise überprüft, angepasst oder verworfen werden muss. Anders ausgedrückt: Die persönliche Substanz muss verfeinert und verdichtet, ein neuer, konzentrierter Ausgangspunkt für die weitere Entwicklung geschaffen werden.

Nur dann besteht die Chance, überhaupt irgendetwas zu finden, das die Lücke füllt. Wenn nicht, geschieht, was sich für viele Menschen, die sich verpflanzt haben, im Laufe der Zeit als Verhängnis entpuppt: Je mehr die ungewohnte Umgebung ihre persönlichen Ansprüche und Vorstellungen zersetzt, desto stärker halten sie daran fest.

Dieses Phänomen manifestiert sich auf unterschiedlichste Weise: Deutlich sichtbar in einem abgetakelten Kolonialherrschafts-Relikt wie dem Candy Breach Club in Bombay (nach wie vor ein Erholungsort für westliche

Bessergestellte, die sich von indischen Lakaien bedienen lassen). Oder sehr subtil in der vermeintlich besseren Welt, die die europäischen Papa'as auf den Cook Islands verwirklichen wollen. Wir dagegen haben dieses Bedürfnis nicht und wollen uns lieber auf das Leben vor Ort einlassen.

Phnom Penh steht auf einem anderen Blatt, weil dort sowieso sämtliche Werte ad acta gelegt wurden, und deshalb große Teile der internationalen Gemeinde einer geförderten Gewissenlosigkeit frönen können (und die entstehende innere Leere nicht mit neuem Sinn, sondern der Einfachheit halber mit Wahnsinn füllen).

Die Orte, die wir als Perfekter-Platz-Kandidaten unter die Lupe genommen haben, wurden eher zufällig, zumindest unbewusst ausgewählt. Eigentlich haben wir Flaschenpost gespielt. Und das war eine wunderbare Sache, weil wir das Korsett, das eine normales Leben ummantelt, abstreifen konnten und ein Gefühl von Freiheit erlebten, das ich kaum für möglich gehalten hätte. Oft war es nur eine vage Sehnsucht, der wir gefolgt sind, oder, wie in Sachen Weihnachtsinsel, ein lange gehegtes Hirngespinst. In keinem Fall aber handelte es sich um klassische Hinzieh-Ziele wie New York (im August 2001 noch eine durchaus begehrenswerte Adresse) oder Sydney.

Vor allem in New York lassen die meisten mir bekannten Hingezogenen eine echte Auseinandersetzung mit den Auswirkungen auf die eigene Persönlichkeit von vornherein nicht zu. Aus Angst vor der Verständnislosigkeit, die einem entgegenschlägt (hier und dort), wenn man feststellt, dass der gewählte Ort eben doch nicht so großartig ist, wie alle gern glauben wollen.

Nun könnte man natürlich einwenden, dass weder die eingangs erwähnte Erkenntnis, dass jedes Land eine interne Inventur erfordert, noch das unkonventionelle Besichtigungsprozedere besonders hilfreich waren. Immerhin lässt sich die Frage, ob uns dieses Unternehmen nun den perfekten Platz beschert hat, nur mit einem »fast« beantworten. Fast, weil jede Möglichkeit einen kleinen Haken aufweist: Christmas Island wäre perfekt, wenn sich die Insel eine zuverlässige Verkehrsverbindung zulegt. Bangkok inklusive Tong Nai Pan Noi, wenn es uns damals nicht zu bequem erschienen wäre. Phnom Penh, wenn ich mein Herz in Blei gieße. Schanghai, wenn uns ein dem dortigen Kostenrahmen entsprechend dotierter Korrespondentenposten angeboten wird. Myella, wenn wir uns doch noch für eine Zukunft als Cowboys entscheiden.

Ich konnte mir zunächst keinen Reim auf dieses merkwürdig unbefriedigende Ergebnis machen. Es erschien mir wie eine Rechnung mit einer Unbekannten. Wir hatten doch auch im Reisealltag alles richtig gemacht: waren immer wieder mühevoll den Touristenpfaden entronnen, hatten uns den Menschen geöffnet (was mir bekanntlich nicht immer leicht fiel), sind eingetaucht in das, was das vermeintlich wahre Leben eines Landes ist und hatten immer (bis auf Japan) den Plan im Hinterkopf (was mich manchmal lächerliche Dinge hat bemängeln lassen, weil ich meinte beweisen zu müssen, dass mir nichts entgangen ist).

Das Ausloten meiner aktuellen Situation gelang erst durch den Vergleich mit zwei anderen Personenkreisen: Einerseits mit denen, die nie den Wunsch verspürten, sich selbst einen Platz zu suchen, an dem alles passt (vielleicht die natürlichere Daseinsform, weil die Wahl eines Wohnortes eigentlich eine passive Angelegenheit ist, keine aktive Entscheidung, sondern eine, bei der äußere Umstände wie Job, Liebe, schöne oder schreckliche Ereignisse entscheidend ins Geschehen eingreifen). Und anderererseits mit denen, die ich in diesem Zusammenhang als erfolgreiche Umzugsunternehmer bezeichnen würde.

Nehmen wir Gruppe eins: Sie zeichnet sich entweder durch Zufriedenheit mit dem Wohnort, Bequemlichkeit oder mangelnde Möglichkeiten aus. Vielleicht messen die Angehörigen dieser Gruppe dem Ort auch nicht eine solch entscheidende Bedeutung bei. Das sind Kriterien, denen ich nicht entspreche. Ganz im Gegenteil. Ich will vergleichen, meine eigene Wahl treffen, mir nicht einfach etwas vorsetzen lassen. Weil ich als Kind keine Antworten auf meine Fragen bekommen habe und mich, je älter ich wurde, immer mehr um einen Röntgenblick bemühte, der mir zu einem eigenen Verständnis verhelfen sollte. Deshalb zerpflücke ich meine Umgebung, wie es der Adler in Vietnam so gut ausgedrückt hat, mit derart viel Aufwand und Akribie. Immer noch, obwohl ich weiß, dass die Welt mit jedem neu entdeckten Aspekt ihr Gesicht verändert. Wie ein Kaleidoskop sich völlig anders aufbaut, sobald die Linse ein Stückchen nach links oder rechts gedreht wird.

Zu Gruppe zwei, den erfolgreichen Umzugsunternehmern, zählen unter anderem Marianne aus Nepal und Tamara und Woytzek, die polnischen Australier, die jetzt auf der Weihnachtsinsel leben. Marianne hat eine Mission, sie wird gebraucht, sie kann helfen, das macht sie unempfindlich für die negativen Aspekte des Lebens in Katmandu. Ihre persönliche Pro-und-Contra-Rechung wird immer ein Plus für die Leprastation aufweisen. Tamara und Woytzek sind aus einem Polen geflüchtet, das ihnen die Luft zum Atmen nahm. Sie haben zwanzig Jahre in Perth gearbeitet und Geld gespart, um sich dann ihr Traumhaus bauen zu können. Ich denke, sie sind wirklich glücklich, weil sie mit Anfang zwanzig alles aufs Spiel gesetzt haben und jedes Ereignis, das danach kam und die, die noch kommen werden, dazu immer in Relation stehen.

Ich habe keine Mission und ich musste meine Heimat nicht verlassen. Ich bin eine Suchende, Punkt. Und das ist gut so. Vielleicht gilt es darum sogar, nicht DEN perfekten Platz zum Leben zu finden (bis in alle Ewigkeit), sondern den, der im Moment am besten dem Bewusstseinszustand entspricht.

Wir haben uns nun der Momentaufnahme gemäß entschlossen, eine Wohnung in Berlin zu suchen und eine Filiale in Bangkok zu eröffnen. Das hättet ihr auch schneller haben können, sagte ein Freund, als ich ihm davon erzählte. Stimmt, antwortete ich, aber ich sehe die Reise im Nachhinein als eine Art Aussieben. Zum Schluss blieb etwas übrig, das schon lange da war, nur bis dahin noch nicht gesehen oder erkannt werden konnte. Berlin ist wie ein Tischtuch, auf dem wir das, was wir unterwegs über uns und die Welt gelernt haben, ausbreiten können. Auch Bangkok war schon da, aber wie der Adler ganz richtig erkannt hat, ist die Stadt als alleiniger Platz zu eindimensional, oder, wie er es ausdrückte, zu bequem.

Der Adler meint, ich sollte an dieser Stelle darauf hinweisen, dass wir uns in Berlin inzwischen rund dreißig Wohnungen angesehen haben und für einen bestimmten Stadtteil hätten wir uns auch erst nach mehrfachen Besuchen entschieden. Das würde doch mal wieder Bände sprechen, sagt er.

Es wäre aber auch eine Schande, nicht die beste aller möglichen Welten herauszufischen, finde ich.